utb 6468

Eine Arbeitsgemeinschaft der Verlage

Brill | Schöningh – Fink · Paderborn
Brill | Vandenhoeck & Ruprecht · Göttingen – Böhlau · Wien · Köln
Verlag Barbara Budrich · Opladen · Toronto
facultas · Wien
Haupt Verlag · Bern
Verlag Julius Klinkhardt · Bad Heilbrunn
Mohr Siebeck · Tübingen
Narr Francke Attempto Verlag – expert verlag · Tübingen
Psychiatrie Verlag · Köln
Psychosozial-Verlag · Gießen
Ernst Reinhardt Verlag · München
transcript Verlag · Bielefeld
Verlag Eugen Ulmer · Stuttgart
UVK Verlag · München
Waxmann · Münster · New York
wbv Publikation · Bielefeld
Wochenschau Verlag · Frankfurt am Main

Prof. Dr. Michael von Hauff war Inhaber des Lehrstuhls für Volkswirtschaftslehre, insbesondere Wirtschaftspolitik und internationale Wirtschaftsbeziehungen an der TU Kaiserslautern.

Seine Forschungsschwerpunkte liegen in der Nachhaltigkeits- und Entwicklungsökonomie. Er hat eine Vielzahl von Arbeiten über den Zusammenhang von Ökologie und Ökonomie und über die ökonomische und ökologische Entwicklung von Entwicklungsländern wie Indien, Vietnam und Myanmar publiziert.

In den letzten Jahren hat er sich besonders dem Leitbild Nachhaltiger Entwicklung im Rahmen von Publikationen und Forschungsprojekten zugewandt. Der Studiengang „Nachhaltige Entwicklungszusammenarbeit" am Fernstudienzentrum der TU Kaiserslautern geht auf seine Initiative zurück.

Michael von Hauff

Wachstum

Bruttoinlandsprodukt versus Inclusive Green Growth

UVK

Umschlagabbildung: © Umschlagbild AVTG · iStockphoto

Bibliografische Information der Deutschen Nationalbibliothek
Die Deutsche Nationalbibliothek verzeichnet diese Publikation in der Deutschen Nationalbibliografie; detaillierte bibliografische Daten sind im Internet über http://dnb.dnb.de abrufbar.

DOI: https://doi.org/10.36198/9783838564685

– Ein Unternehmen der Narr Francke Attempto Verlag GmbH + Co. KG
Dischingerweg 5 · D-72070 Tübingen

Internet: www.narr.de
eMail: info@narr.de

Einbandgestaltung: siegel konzeption | gestaltung
Druck: Elanders Waiblingen GmbH

utb-Nr. 6468
ISBN 978-3-8252-6468-0 (Print)
ISBN 978-3-8385-6468-5 (ePDF)
ISBN 978-3-8463-6468-0 (ePub)

FSC
www.fsc.org
MIX
Papier | Fördert gute Waldnutzung
FSC® C016368

Inhalt

Vorwort

Wirtschaftswachstum wird sowohl im Mainstream der Wirtschaftswissenschaften als auch in der Wirtschaftspolitik global eine herausragende Bedeutung beigemessen. Das wird damit begründet, dass die Entwicklung des Wirtschaftswachstums über die Leistungsfähigkeit bzw. Dynamik einer Volkswirtschaft Auskunft gibt. Daraus wird auch der Wohlstand einer Gesellschaft abgeleitet. Daher sind Politikerinnen und Politiker bemüht steigende Wachstumsraten zu fördern bzw. zu erhalten. Ein wichtiger Indikator ist das Bruttoinlandsprodukt (BIP), das in vielen Ländern tendenziell gestiegen ist und somit den wirtschaftlichen Wohlstand erhöht hat.

Dadurch wurde entsprechend der ökonomischen Lehrmeinung ein wichtiges Ziel wirtschaftlichen Handels erreicht. Die wirtschaftliche, aber auch gesellschaftliche Relevanz von Wachstum wird durch weitere Argumente gestärkt: es hat positive Effekte auf den Arbeitsmarkt, indem die Beschäftigung stabilisiert wird oder auch zu einer Erhöhung der Beschäftigung beiträgt. Wachstum trägt auch zu einer Stabilisierung sozialer Sicherungssysteme bei. Es wird auch positiv bewertet, dass Wachstum zu einer Erhöhung des staatlichen Budgets beiträgt, wodurch sich der Handlungsspielraum für den Staat vergrößert. Schließlich wird auch angeführt, dass Wachstum den Verteilungsspielraum vergrößert.

Dem wird entgegengehalten, dass Wachstum auch Kosten verursacht, wie u. a. Victor feststellt. Die Kosten von Wachstum können in Umweltkosten und soziale Kosten untergliedert werden. Zu den Umweltkosten sind die negativen Auswirkungen der Ressourcengewinnung aber auch des Ressourcenverbrauchs, der Entstehung von Abfällen und des Verlustes von Lebensraum und Arten im Kontext der Biodiversität zu nennen. Hinzu kommen verschiedenartige Emissionen die u. a. den Klimawandel verursachen. Bei den sozialen Kosten besteht auch die Gefahr des Auseinanderbrechens von Gemeinschaften, Entfremdung und Kriminalität. Hinzu kommt die Ungleichheit zwischen Menschen, die in einer Stadt oder verschiedenen Regionen eines Landes leben. Am gravierendsten ist die Ungleichheit zwischen verschiedenen Ländern, indem das Wirtschaftswachstum in einigen Ländern auf Kosten von Ausbeutung und Unterdrückung in anderen Ländern stattgefunden hat bzw. stattfindet (Victor 2019, S. 243).

Daher befindet sich die Bewertung von Wirtschaftswachstum in einem Dilemma, das eine intensive Kontroverse auslöste und zu der Frage führte, wie diese überwunden werden kann. Negative Auswirkungen des Wachstums wie die Umweltbelastungen, aber auch eine Ungleichverteilung bzw. wachsende Einkommensdisparitäten trotz wirtschaftlichen Wachstums fanden in vielen Ländern aber auch auf globaler Ebene in zunehmendem Maße eine wachsende Beachtung. Das führte dazu, dass besonders der Indikator des Bruttosozialproduktes kritisch reflektiert und alternative Indikatoren zur Messung der Lebensqualität entwickelt wurden. Dennoch werden Wachstum, Umwelt und Ungleichverteilung bis heute überwiegend getrennt behandelt. Daher stellt sich die Frage, wie diese drei Bereiche zusammengeführt werden können. Hierzu bietet sich der Ansatz inclusive green growth an. In dem Buch geht es also primär darum, den Pfad vom Bruttoinlandsprodukt zu inclusive green growth aufzuzeigen und die Gegensätzlichkeit zu klären.

Die Kritik am Wirtschaftswachstum und seinen negativen Folgen wurde durch das Paradigma der nachhaltigen Entwicklung, zu dem sich die Völkergemeinschaft 1992 auf der Konferenz in Rio de Janeiro bekannte, verstärkt. Das Novum nachhaltiger Entwicklung ist die Dreidimensionalität, wonach sich Ökologie, Ökonomie und Soziales in einem ausgewogenen Verhältnis zueinander entwickeln sollen. Damit wurde das einseitige Dogma des Wachstums als stabilisierendem Faktor wirtschaftlicher Entwicklung in Frage gestellt und entgegnet: ohne stabile ökologische Systeme ist langfristig keine wirtschaftlich und gesellschaftlich stabile Entwicklung möglich und eine wachsende Ungleichverteilung trägt zur gesellschaftlichen, aber auch wirtschaftlichen Instabilität bei.

Im Rahmen der Kritik gibt es jedoch unterschiedliche Begründungen. Vielfach wurde bezweifelt, dass steigende Wachstumsraten und der Schutz der Ökologie in einer harmonischen Beziehung zusammengeführt werden können. Im Rahmen des 1992 globalen Paradigmas der nachhaltigen Entwicklung und der folgenden Konferenzen, die zu dem Rioprozess führten, kam es zu Ansätzen wie der „green economy“ oder des „green growth“ die jedoch die Wachstumskontroverse nicht auflösen bzw. überwinden konnten. Die Realisierung eines grünen Wachstums zur Lösung der herausragenden Umweltprobleme wie dem Klimawandel und der Verringerung der Biodiversität wird bis heute vielfach bezweifelt. Hinzu kommt, dass neben einem green growth im Kontext nachhaltiger Entwicklung auch soziale Herausforderungen, d. h. das Gerechtigkeitsgefälle im Rahmen des inclusive growth verringert werden soll. Die Zusammenführung von green growth und inclusive growth führte schließlich zu inclusive green growth, das auf dem Paradigma nachhaltiger Entwicklung basiert und zu einem neuen Wachstumsverständnis führte.

In dem folgenden Kapitel werden zunächst einige Grundlagen zum Verständnis wirtschaftlichen Wachstums aufgezeigt, was verdeutlicht, dass Wachstum ein komplexes Konstrukt ist. Die kurze Einführung macht die Wachstumskontroverse verständlicher. Anschließend werden einige Ursachen für wirtschaftliches Wachstum und Entwicklungstendenzen des Wachstums erläutert. Auf den Grundlagen wirtschaftlichen Wachstums lässt sich dann die Wachstumskontroverse aufzeigen. Sie untergliedert sich in mehrere Argumentationslinien bzw. Ansätze, wobei sich im Prinzip die Wachstumsbefürworter und Wachstumsgegner (Befürworter eines Nullwachstums) gegenüberstehen. Es kann jedoch festgestellt werden, dass teilweise gewisse Annäherungen zwischen den konträren Positionen erkennbar sind.

In Kapitel 3 geht es sowohl auf theoretischer Ebene um den Versuch der Überwindung der Kontroverse als auch im Zusammenhang des Rio Prozesses im Rahmen der Diskussion eines grünen Wachstums (green growth). Die Förderung eines green growth wird besonders von internationalen Organisationen wie der OECD, der Weltbank aber auch der UNESCO gefordert. Für die Mehrzahl der Wachstumsgegner ist green growth jedoch kein Lösungsansatz, sondern nur eine Verschleierung des Konfliktes zwischen Wachstum und Umwelt. Sie fordern im Rahmen eines großen Transformationsprozesses einen grundlegenden Struktur- bzw. Systemwandel. Im Rahmen dieser Diskussion werden von den Wachstumsgegnern jedoch eine Reihe von Hemmnissen bei der Umsetzung von green growth und deren Beseitigung vernachlässigt. Daher besteht noch Potenzial einer Annäherung zwischen Wachstumsgegnern und -befürwortern.

In Kapitel 4 werden die Hemmnisse für ein green growth exemplarisch vorgestellt und Möglichkeiten ihrer Überwindung diskutiert. Dabei werden zunächst konzeptionelle Grenzen wie die Pfadabhängigkeit und der Rebound-Effekt vorgestellt. Hiervon zu unterscheiden sind politökonomische Widerstände wie der Einfluss der Bürokratie und des Lobbyismus. Grundsätzlich geht es bei Hemmnissen um die Widerstände bei der Entkopplung von Wachstum und Umwelt die näher analysiert werden.

Inclusive growth basiert auf der sozialen Dimension nachhaltiger Entwicklung und zielt auf eine Partizipation der Menschen am Wachstum ab. Daher wird in Kapitel fünf zunächst aufgezeigt, ob bzw. welchen Beitrag Wachstum für Gerechtigkeit bzw. die Verringerung von Ungleichheit leistet. Die theoretische Begründung von Gerechtigkeit erfolgt auf dem Ansatz von Amartya Sen. Der Capability-Ansatz von Sen bietet einen theoretischen Rahmen, der sich auf die positive Freiheit konzentriert. Dabei geht es um die tatsächliche Fähigkeit einer Person etwas zu sein oder zu tun. Anschließend geht es um empirische Erkenntnisse zu der Beziehung von Wachstum und Gerechtigkeit. Abschließend folgt eine Erläuterung der Relevanz von inclusive growth für Deutschland.

In Kapitel 6 wird das Konzept des inclusive growth vorgestellt und diskutiert. Zunächst werden die Anforderungen an und die Bedeutung von Innovationen für inclusive growth aufgezeigt und begründet. Es folgt die Darstellung der Operationalisierung von inclusive growth, wobei für die Messung von Ungleichheit Kennzahlen erforderlich sind. Wichtig hierbei sind die Verfügbarkeit und die Qualität der Kennzahlen. Die Kennzahlen ermöglichen es die Wirkung von Maßnahmen zu überprüfen. Betrachtet man die Maßnahmen zur Förderung von inclusive growth, so haben hierzu besonders die OECD und die EU konkrete Konzepte vorgelegt, die vorgestellt werden.

Abschließend geht es in Kapitel 7 darum inclusive und green growth in dem Ansatz inclusive green growth zusammen zu führen. In diesem Ansatz, der besonders im asiatischen Raum breite Aufmerksamkeit erreichte und Anwendung fand geht es darum, einen neuen umfassenden Indikator nachhaltigen Wachstums, in dem die drei Dimensionen der ökologischen, der ökonomischen und der sozialen Nachhaltigkeit, einschließlich Klimawandel und Klimaanpassung berücksichtigt werden, zu entwerfen und umzusetzen.

Der Inclusive Green Growth Index (IGGI) ermöglicht es Fortschritte aber auch mögliche Defizite bei der Verwirklichung der in internationalen Vereinbarungen festgelegten Entwicklungsagenden umfassend zu messen und zu überwachen. Der IGGI soll im Einklang mit dem zentralen Grundsatz der Agenda 2030 „leave no one behind“ stehen. Der Indikator zielt darauf ab politische Entscheidungsträger dabei zu unterstützen, Entscheidungen über die Priorisierung u. a. von Infrastrukturinvestitionen und Finanzzuweisungen zu treffen, um damit eine ausgewogenere bzw. nachhaltige Wachstumsqualität zu erreichen.

Eine Vielzahl von Literaturquellen ermöglicht es dem interessierten Leser, einzelne Themenschwerpunkte zu vertiefen.

Stuttgart Juni 2025
Michael von Hauff

1 Wirtschaftswachstum - Jenseits von Ökologie und Verteilung

Wirtschaftswachstum wird besonders in der Politik vielfach auf die Entwicklung des Indikators Bruttoinlandsprodukt (BIP) reduziert. Daher stellt sich die Frage, ob ein Blick auf die entsprechenden Statistiken ausreicht. Es besteht heute Konsens, dass diese enge Betrachtung unzureichend ist: wirtschaftliches Wachstum zeichnet sich durch eine Vielzahl von Phänomenen aus, woraus sich eine sehr komplexe Situation für die konkrete Lebenssituation der Menschheit begründet. Es gibt eine sehr breite und umfassende wissenschaftliche Literatur zu Wachstum die sich inhaltlich auch durch gegensätzliche Positionen auszeichnet, wie in Kapitel zwei ausführlich erläutert wird. Daher ist es unzureichend Wachstum auf den Indikator Bruttoinlandsprodukt, d. h. auf die Zu- oder Abnahme wirtschaftlichen Wachstum zu beschränken. Die Ausführungen dieses Kapitels konzentrieren sich auf wesentliche Grundlagen des Mainstreams zum Wirtschaftswachstum.

Nach einem kurzen und exemplarischen Überblick über verschiedene Phänomene wirtschaftlichen Wachstums, wenden sich die folgenden Ausführungen dem Wachstum der Produktion von Gütern und Dienstleistungen zu. Sie wird in der Regel an der intertemporalen Entwicklung des Bruttoinlandsproduktes gemessen. Dabei wird der Gesamtwert von Waren und Dienstleistungen, die innerhalb eines Jahres hergestellt werden, monetär gemessen. In diesem Verständnis gibt das Bruttoinlandsprodukt Auskunft über die Leistungsfähigkeit einer Volkswirtschaft. Dieses Verständnis von Leistungsfähigkeit vernachlässigt jedoch eine Vielzahl von Leistungen wie ehrenamtliche Tätigkeiten und Pflege besonders im familiären Umfeld die für eine Gesellschafft von großer Bedeutung sind. Hinzu kommen noch Leistung, die der Schwarzarbeit zuzurechnen sind. Insofern ist die gesamte Leistung deutlich höher als sie durch das Bruttoinlandsprodukt gemessen wird.

Umweltbelastungen wie Emissionen durch den Verkehr, durch Haushalte und durch die Produktion von Gütern und Dienstleistungen aber auch Verteilungsfragen bleiben bei der Berechnung des Bruttoinlandsproduktes unberücksichtigt. Dieses enge Verständnis und die ausschließlich monetäre Messung von Leistungsfähigkeit, wird seit vielen Jahren kritisiert. Aus diesem Grund wurde von einigen Ökonomen wie Binswanger aber auch von der OECD gefordert ein qualitatives Wachstum einzuführen. Dies hat sich jedoch nicht durchgesetzt. Das wird damit begründet, dass sich der Indikator Bruttoinlandprodukt zur Messung der Leistungsfähigkeit von Volkswirtschaften weltweit etabliert hat und so die Möglichkeit des internationalen Vergleiches von Nationen möglich ist.

1.1 Die Relevanz von Wirtschaftswachstum im Verständnis des Mainstreams

Eine weit verbreitete Aussage, die besonders in der Politik geäußert wird, ist: die Wirtschaft wächst bzw. die Wirtschaft schrumpft oder stagniert. Diese Aussage ist zu pauschal, da immer nur einige Sektoren entweder wachsen, schrumpfen oder stagnieren. Somit kann sich eine Wirtschaft auch dadurch auszeichnen, dass einige Sektoren wachsen und andere schrumpfen bzw. stagnierten. Dabei gilt zu berücksichtigen, dass die Wirtschaftssektoren für die Bevölkerung teilweise eine unterschiedliche Bedeutung haben. So führte beispielsweise das Wachstum im medizinischen und pharmazeutischen Bereich dazu, dass fast jeder Bürger davon profitierte, was dazu führte, dass die Menschen vielfach länger und gesünder als beispielsweise im 19. Jahrhundert leben können.

Allgemein bedeutet ein Mangel an Wachstum besonders in Entwicklungsländern, dass die Lebensbedingungen von vielen Millionen Menschen, gemessen an den Standards der reichen Länder, völlig unzureichend sind. In vielen Ländern ist das pro-Kopf-Einkommen im 21. Jahrhundert geringer als jenes in Europa im 19. Jahrhundert. Die Folgen lassen sich an einem ausgewählten Indikator verdeutlichen: entsprechend dem Welthunger Index hungerten 2024 weltweit 733 Millionen Menschen. Seit 2016 konnten in diesem Zusammenhang kaum Fortschritte erzielt werden. In 22 Ländern hat der Hunger zugenommen wogegen in 20 Ländern es zu Erfolgen bzw. zum Stillstand gekommen ist. Um zu verstehen, warum die Ungleichheit des Wohlstandes von Menschen weltweit so ausgeprägt ist, muss man die Treiber von Wirtschaftswachstum kennen.

Ein häufig vorgetragenes Argument ist, dass Wachstum zur Verringerung von Armut beitragen kann. Deaton und Drèze haben in einer Studie aufgezeigt, dass Indien nach einer langen Phase geringen Wachstums besonders nach der Wirtschaftsreform von 1990 das Wachstum deutlich anstieg. Dadurch hat sich der Anteil der indischen Bevölkerung, die unter der Armutsgrenze lebte, wesentlich verringert (Deaton, Drèze 2002). Die Wachstumsdynamik hat sich in Indien besonders in Städten fortgesetzt. 2011/2012 hatte Indien unter allen großen Volkswirtschaften nach China das zweitschnellste Wachstum weltweit. Eine ähnliche Entwicklung konnte auch in China festgestellt werden.

Zur Erklärung gibt es eine Reihe von Faktoren wie die Liberalisierung und die Öffnung der Wirtschaft. Ein weiteres Beispiel: Südkorea gehörte nach dem Ende des Koreakrieges 1953 zu den ärmsten Ländern weltweit. In den folgenden Jahrzehnten kam es jedoch zu einer starken Belebung des Wirtschaftswachstums, das dazu führte, dass Südkorea in den südostasiatischen „Konvergenzclub" aufstieg. Heute zählt Südkorea zu der Gruppe der wirtschaftlich hochentwickelten Länder. Dagegen hatten andere Länder auf dem asiatischen Kontinent wie Laos und Nepal eine deutlich geringere Wachstumsdynamik, was das deutlich geringere Pro-Kopf-Einkommen erklärt.

Ein weiteres Phänomen auf nationaler als auch internationaler Ebene ist die Ungleichheit. Hierzu lässt sich feststellen, dass es teilweise zu einer Reduzierung der weltweiten Ungleichheit bei den Einkommen auf individueller Ebene gekommen ist. Viele Menschen in Ländern wie Indien und China konnten bei ihren Einkommen gegenüber den Ländern des globalen Nordens aufholen. Daraus ergibt sich für Aghion und Howitt die Frage, ob Wachstum die Ungleichheit reduziert oder ob eine reduzierte Ungleichheit das Wirtschaftswachstum senkt (Aghion, Howitt 2015, S. 4). Zunächst ging man davon aus, dass in Ländern mit beginnender Industrialisierung die Ungleichheit wuchs, jedoch bei einer späteren Wachstumsphase sich die Einkommensverteilung verdichtete. Zu der Beziehung Wachstum und Ungleichheit folgte die Erkenntnis, dass in wirtschaftlich hochentwickelten Ländern die Entlohnung qualifizierter Arbeitskräfte schneller stieg als jene der gering qualifizierten Arbeitskräfte.

Ein weiteres Phänomen ist die Beziehung von Wachstum und dem Finanzsektor. Die entscheidende Frage hierbei ist, ob die Finanzierungsbedingungen Ursache oder ein Symptom des Wachstums sind. Die These hierbei ist, dass industrielles Wachstum mit der finanziellen Entwicklung korreliert. Somit stellt sich die Frage, ob die finanzielle Entwicklung eines Landes ein schnelleres Wachstum erlaubt, oder ob Länder die schnell wachsen auch eine große Menge an Finanzmitteln einsetzen.

> „Natürlich spielt diese Frage eine große Rolle, denn wenn das Finanzwesen Wachstum bedingt, dann sollte ein Land, das schneller wachsen möchte, eventuell seine Finanzinstitutionen reformieren, wenn aber das Finanzwesen nur ein Symptom ist, dann verursachen Finanzreformen die Fallstricke des Wachstums, ohne das Wachstum zu realisieren." (Aghion, Howitt 2015, S. 5)

Abschließend ist im Kontext von Wachstumspolitik noch zu klären, welche Relevanz Wettbewerb und Bildung haben. Zunächst ging man von einem Trade-off zwischen Wettbewerb und Wachstum aus, der auf Schumpeter zurück geht. Ausgangspunkt dabei ist, dass Innovationen eine bedeutende Quelle für langfristiges Wachstum sind. Die Begründung des Trade-off zwischen Wettbewerb und Wachstum wurde wie folgt begründet: eine stärkere Wettbewerbspolitik führt dazu, dass Innovationen nicht zu den gewünschten Vorteilen – man spricht hier auch von Monopolgewinnen – führen. Die Folge wäre, dass es zu einer Verringerung von Innovationen käme, was zu einer Senkung langfristigen Wachstums führen würde. Ökonomen haben diese Argumentation jedoch verworfen. Sie kamen zu der Erkenntnis, dass Unternehmen bzw. Branchen mit mehr Wettbewerb zunächst dazu tendieren stärker zu wachsen als ihre kompetitiven Konkurrenten. Bei einem hohen Wettbewerbsniveau tritt dann jedoch der Schumpeterianische Trade-off ein.

Betrachtet man die Relevanz von Bildung für Wachstum, so gibt es hier einen großen Konsens. Aus gesamtwirtschaftlicher Perspektive fördert Bildung das Wirtschaftswachstum. Die Begründung ist, dass Bildung die gesamtwirtschaftliche Produktivität erhöht. In diesem Zusammenhang ist es jedoch wichtig, Bildung in die geläufige primäre, sekundäre und tertiäre Bildung zu differenzieren. Bei hochentwickelten Ländern geht man davon aus, dass die Investition in die tertiäre Bildung zu einem höheren Wachstum führt. Das erklärt sich daraus, dass tertiäre Bildung für die Entstehung von Innovationen und technischem Fortschritt besonders förderlich ist. Tertiäre Bildung trägt jedoch in weniger entwickelten Ländern weniger zum Wachstum bei, da sie oft kein adäquates Forschungsumfeld haben. Daher ist es wichtig, dass Länder ihr Bildungssystem so organisieren, dass ein Maximum an Wachstum erzielt werden kann (Aghion, Howitt 2015, S. 8).

Die Beziehung Wachstum und Umwelt, die in den beiden folgenden Kapiteln noch ausführlich behandelt wird, zeichnet sich durch einen hohen Grad an Komplexität aus und wird vielfach durch eine konfliktäre Beziehung gekennzeichnet. Die weit verbreitete These ist, dass Wachstum grundsätzlich zu Umweltbelastungen bzw. -schäden wie dem Klimawandel führt. Daher ist zu analysieren, wie sich die Entwicklung von Wachstum in einem Land darstellt. In der folgenden Abbildung werden die Entwicklungen des Bruttoinlandsproduktes (BIP) und der Treibhausgasemissionen dargestellt. Es zeigt sich, dass das Wachstum seit 1991 gestiegen ist, während die Treibhausgasemissionen gesunken sind. Dabei stellt sich jedoch die Frage, ob die Treibhausgasemissionen in dem Maß gesunken sind, wie die Bundesregierung dies im Kontext des Paris Abkommens intendiert hat.

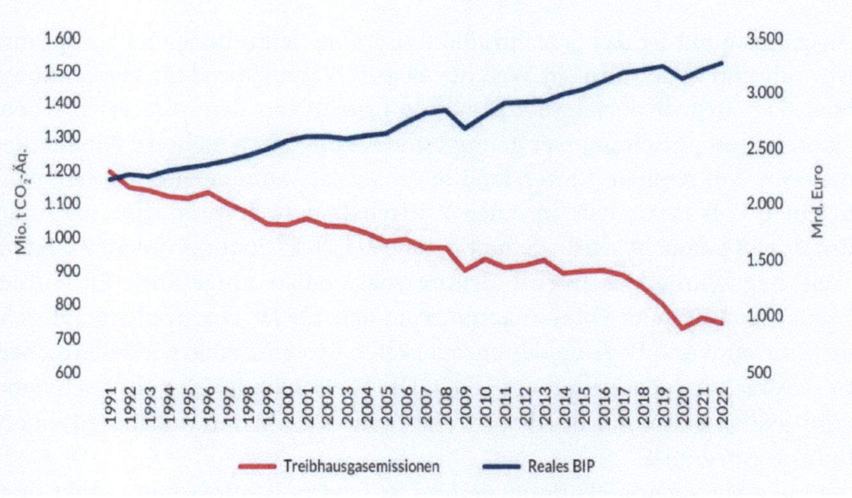

Abb. 1: Entwicklung des realen BIP und der Treibhausgasemissionen in Deutschland von 1991-2022

Quelle: in Anlehnung an Statistisches Bundesamt (Destatis) 2023 und Umweltbundesamt 2023 für die Treibhausgasemissionen

Wachstum belastet durch Emissionen die Umwelt, was den Klimawandel verursacht, als auch die Gesundheit der Menschen beeinträchtigt. Exemplarisch sind der Film von Al Gore „An Inconveniente Truth" aber auch der Stern Report *„Review on the Economics of Climate Change"* aus dem Jahr 2006 zu nennen, die vor den enormen Kosten einer nicht ausreichenden Berücksichtigung der CO_2 Emissionen warnten, was zu einer gewissen Aufmerksamkeit des Problems führte. Auch das „Intergovernmental Panel on Climate Change IPCC" (Weltklimarat) hat in mehreren Gutachten darauf hingewiesen, dass Wachstum zu Umweltbelastungen führt. Eine konfliktäre Beziehung zwischen Wachstum und Umwelt besteht auch dann, wenn

Wachstum den Bedarf von Ressourcen, die beispielsweise für die Produktion zukunftsorientier Technologien benötigt werden, beschleunigt (v. Hauff 2024, S. 27). Die negativen Auswirkungen von Wachstum auf die Umwelt führt zu der Frage, ob es zu einer Entkopplung von Wachstum und Umweltbelastungen kommen kann, was in Kapitel 4 diskutiert wird.

1.2 Begriffliche Grundlagen

Ausgangspunkt ist das Sozialprodukt, das eine deutsche Sprachschöpfung ist, während in der übrigen Welt der Begriff Nationalprodukt Verwendung fand. Der Begriff Sozialprodukt wurde primär von dem österreichischen Ökonom Joseph Schumpeter geprägt und wurde durch mehrere Publikationen von ihm populär. Er verstand darunter „die Summe alles dessen, was in einer Volkswirtschaft in einer Wirtschaftsperiode produziert und auf den Markt gebracht wird." (Schumpeter 1911, S. 8). Erst nach dem Zweiten Weltkrieg wurde der Begriff Bruttosozialprodukt eingeführt. Er wurde gemeinsam mit dem Volkseinkommen in den 1990er Jahren offiziell durch die Konzepte und Begriffe des europäischen Systems volkswirtschaftlicher Gesamtrechnungen weiterentwickelt. Die Vielschichtigkeit von Wachstum wird jedoch erst dann deutlich, wenn man es nicht nur auf diesen einen Indikator begrenzt.

Eine erste wichtige Differenzierung ist jene in Bruttosozialprodukt und Bruttoinlandsprodukt.

- Das Bruttosozialprodukt (BSP) misst den Gesamtwert aller Güter und Dienstleistungen die von den Einwohnern eines Landes weltweit, d. h. im eigenen Land aber auch in anderen Ländern, hergestellt werden.
- Das Bruttoinlandsprodukt (BIP) misst dagegen nur die im Inland von Inländern und Ausländern hergestellten Güter und Dienstleistungen.

Daher wird heute eher der Indikator Bruttoinlandsprodukt verwendet, um damit die wirtschaftliche Leistung eines Landes zu messen. Dagegen wird das Bruttosozialprodukt eher auf das Einkommen der Beschäftigten ausgerichtet. Als Indikator wird das Bruttosozialprodukt pro Kopf verwendet. Weiterhin wird noch das Bruttonationaleinkommen (BNE) unterschieden, welches alle von Inländern erwirtschafteten Einkommen misst. Dabei bleibt unberücksichtigt, ob sich die Produktionsfaktoren (Kapital, Arbeit und Boden) im Besitz der Inländer befinden.

Der Begriff des wirtschaftlichen Wachstums wird allgemein als dauerhafte, d. h. langfristige Zunahme des realen Bruttoinlandsproduktes interpretiert. Oder anders formuliert: Der kontinuierliche

> „Anstieg der Gesamtproduktion spiegelt eines der Grundprinzipien der Volkswirtschaftslehre wider: eine steigende Leistungsfähigkeit der Volkswirtschaft führt im Laufe der Zeit zu wirtschaftlichem Wachstum." (Krugman, Wells, 2023, S. 654).

Hiervon zu unterscheiden sind die kurzfristigen, konjunkturell bedingten Veränderungen des Sozialproduktes, die hier jedoch vernachlässigt werden. Eine weitere Differenzierung ist das tatsächlich erarbeitete Sozialprodukt einer Volkswirtschaft von dem Produktionspotenzial zu unterscheiden, das erwirtschaftet werden könnte, wenn der vorhandene Bestand an Sachkapitel und Arbeitskräften im Produktionsprozess voll ausgelastet wären.

Einige weitere Differenzierungen sind für das Verständnis und die Bewertung von Wirtschaftswachstum von Bedeutung.

Zunächst ist zwischen **nominalem und realem Wirtschaftswachstum** zu unterscheiden. Die Methoden unterscheiden sich in der Bewertung der Wertschöpfung. Das reale Wachstum wird um Preisveränderungen, d. h. durch die Inflation bereinigt. Es bedeutet also die Zunahme des Inlandsproduktes in Preisen eines Basisjahres. Nach diesem Konzept geht es um die reale Leistungsentwicklung der Gesamtwirtschaft (preisbereinigt). Das nominale Wachstum wird direkt über die Preise bewertet. Eventuelle Änderungen der Marktpreise durch Inflation oder auch Deflation können so zu einem Anstieg oder Rückgang des Wachstums führen. Eine weitere Unterscheidung ist jene in absolutes und relatives Wachstum. Absolutes Wachstum zeigt die Veränderung des Bruttoinlandsproduktes in absoluten Zahlen gegenüber dem Vorjahr an. 2022 betrug das Bruttoinlandsprodukt € 3.876,81 Milliarden und stieg 2023 auf 4.122,21 Milliarden €. Das relative Wachstum beschreibt die Wachstumsrate prozentual: 2022 betrug die Wachstumsrate 1,8 % und 2023 -0,3 %.

Die bisherigen Ausführungen zu Wachstum haben, wie schon erwähnt, gezeigt, dass Wachstum über den Indikator des Bruttoinlandsprodukts Auskunft zur Leistungsfähigkeit einer Volkswirtschaft gibt. Dagegen bleiben Umweltbelastungen und Verteilungsfragen unberücksichtigt. Über viele Jahrzehnte wurde somit aus politischer Sicht Wirtschaftswachstum aus einer quantitativen Perspektive betrachtet (Schmelzer 2016). Seit einiger Zeit wird jedoch innerhalb der OECD verstärkt die Relevanz qualitativen

Wachstums wahrgenommen.[1] Die Unterscheidung in **quantitatives und qualitatives Wachstum** zeigt im Prinzip schon den Kern der Wachstumskontroverse auf, die im zweiten Kapitel vertieft wird.

- Quantitatives Wachstum spiegelt das rein mengenmäßige Wachstum wider. Die politische Intension dabei ist, „sämtliche wirtschaftlichen, sozialen und politischen Probleme vor allem mit Wirtschaftswachstum" zu lösen. (Steurer 2010, S. 424).
- Qualitatives Wachstum, das ganz wesentlich durch Binswanger geprägt wurde, zielt dagegen auf eine Steigerung bzw. möglichst hohe Lebensqualität und Wirtschaftlichkeit, sowie eine verringerte Belastung der Umwelt und einem geringeren Verbrauch von Rohstoffen ab (Binswanger 1978). Die UNESCO erweiterte qualitatives Wachstum, indem sie zusätzlich Kulturschutzgüter[2], hochwertige Bildung, kulturelle Vielfalt und sozialen Zusammenhalt in bewaffneten Konflikten mit einbezieht (Hosagrahar 2017).

Hiervon wird wiederum immaterielles Wachstum abgegrenzt, indem es vom industriellen Sektor in den Dienstleistungs- und Informationssektor verlagert wird. Weiterhin kann es durch umwelttechnischen Fortschritt wie Recycling oder Miniaturisierung zu einer Entkopplung von Wachstum und der Nutzung natürlicher Ressourcen bzw. der Natur als Senke kommen. Danach kann Umweltbelastung durch Wachstum zumindest reduziert werden. Eine der zentralen Fragen in diesem Kontext ist, ob es grundsätzlich zu einer Entkopplung von Wirtschaftswachstum und Umweltbelastung kommen kann.

Das *European Environmental Bureau* kommt in ihrer Megastudie zu dem Ergebnis, dass es hierzu bisher keinen empirischen Beweis gibt. Die wenigen Untersuchungen, die eine Entkopplung aufzeigen, seien methodisch nicht ausreichend fundiert und hätten nur eine temporär und räumlich begrenzte Entkopplung nachgewiesen (The European Environmental Bureau).

1 Die OECD (Organization for Economic Cooperation and Development) ist eine Organisation von Industrieländern mit Sitz in Paris, die sich wirtschaftlichen und sozialen Themen zuwendet.

2 Es geht um den Schutz von Kulturgut, das in Deutschland wegen seiner Bedeutung für die kulturelle Identität unseres Landes wichtig ist.

1.3 Ursachen des Wirtschaftswachstums

Langfristiges Wirtschaftswachstum wird wesentlich von steigender Produktivität gefördert. Die Arbeitsproduktivität wirkt sich dabei wesentlich auf die Entwicklung des materiellen Wohlstands aus.

Die Arbeitsproduktivität lässt sich dadurch kennzeichnen, dass die Produktionsmenge eines Arbeitnehmers steigt. Es geht also um den Output je Arbeitnehmer pro Arbeitsstunde. Somit ergibt sich die **Produktivität** einer Volkswirtschaft aus dem Quotienten des realen Bruttoinlandsprodukts und der Anzahl der Arbeitskräfte. Es gibt eine Reihe von Gründen, weshalb ein Arbeitnehmer heute mehr produziert als beispielsweise in den ersten Jahrzehnten nach dem zweiten Weltkrieg. Ein Durchschnittsarbeitnehmer verfügt heute über mehr Produktionskapital wie Maschinen bzw. eine moderne Büroausstattung. Hinzu kommt eine bessere Ausbildung vieler Arbeitnehmer, d. h. der durchschnittliche Arbeitnehmer besitzt heute ein höheres Humankapital. Die Arbeitsproduktivität wird in geleisteten Arbeitsstunden je Erwerbstätigen berechnet, womit verschiedene Formen von Teilzeitarbeit aber auch Kurzarbeit Berücksichtigung finden.

Eine wesentliche Ursache für die langfristig gestiegene Produktivität ist schließlich der technische Fortschritt, der vielfach als wichtigster Einflussfaktor für das Produktivitätswachstum bezeichnet wird. Bei aller Bedeutung des technischen Fortschritts für die Entwicklung der Produktivität lässt sich jedoch ein widersprüchliches Phänomen beobachten. Die technologische Entwicklung hat nach dem zweiten Weltkrieg zu einem enormen Anstieg der totalen Faktorproduktivität geführt. In der jüngeren Vergangenheit hat das Wachstum der totalen Faktorproduktivität[3] jedoch deutlich nachgelassen, obwohl der technische Fortschritt besonders im Rahmen der Digitalisierung weiterhin stark zugenommen hat.

Dieses Phänomen wird in der Ökonomie als **Produktivitätsparadoxon** bezeichnet, das zu einer Abkopplung des starken technischen Fortschritts von der tatsächlichen Produktivitätsentwicklung geführt hat. Hierzu gibt es in der Ökonomie keine eindeutige Begründung. Schließlich ist noch zu erwähnen, dass bei der Erläuterung des technischen Fortschritts der umwelttechnische Fortschritt in der Regel keine explizite Berücksichtigung findet.

---

3 Totale Faktorproduktivität bedeutet die Addition der Produktivität aller Produktionsfaktoren unter Berücksichtigung des technischen Fortschritts.

Die Betrachtung der aufgeführten Einflussfaktoren sollte sich jedoch nicht nur auf die einzelnen Einflussfaktoren beschränken, sondern auf die Kombination der Einflussfaktoren ausrichten. So stehen, wie schon erwähnt, den Arbeitskräften beispielsweise mehr bzw. effizientere Maschinen zur Verfügung, Arbeitskräfte werden immer besser ausgebildet und Arbeitskräfte profitieren von neuen technologischen Verfahren und neuen technologischen Anlagen (Krugman, Wells 2023, S. 726). Generell kann man davon ausgehen, dass in allen drei Sektoren die Produktivität wächst, wobei es große Unterschiede in den einzelnen Branchen gibt. Ein besonders großes Wachstum der Produktivität lässt sich in der IT-Branche beobachten.

Führt man die Produktionsfaktoren zusammen, spricht man von der totalen Faktorproduktivität. Eine Wirtschaft kann bei steigender totaler Faktorproduktivität mit derselben Ausstattung an physischem Kapital, Humankapital und Arbeit mehr produzieren. Dabei gehen Ökonomen davon aus, dass bei den Zuwächsen der totalen Faktorproduktivität die Wirkungen des technischen Fortschritts miterfasst werden. In einer differenzierten Betrachtung kann also zwischen Arbeitsproduktivität und in einer erweiterten Betrachtung die totale Faktorproduktivität unterschieden werden.

In vielen entwickelten Volkswirtschaften lässt sich jedoch ein rückläufiges Trendwachstum der Arbeitsproduktivität beobachten, was gerade in Deutschland mit seiner perspektivisch abnehmenden Erwerbsbevölkerung nicht zu unterschätzen ist: die Arbeitsproduktivität verliert seit einiger Zeit an Dynamik. Betrachtet man sich den Verlauf der Produktivität, so haben jedoch alle EU-Länder außer Spanien in der zweiten Hälfte der 1990er Jahre ihr höchstes Produktivitätswachstum erreicht. In Deutschland erklären sich die hohen Zuwachsraten von deutlich über 2 % ganz wesentlich aus dem Boom nach der deutschen Einheit. Danach setzte ein starker Rückgang in der EU ein, was auch für Deutschland gilt. In dem Zeitraum von 1995 bis 2018 verzeichnete Deutschland einen Zuwachs von 1,1 %, während der Durchschnitt in der EU bei 1,3 % lag. Dieser Anstieg erklärt sich aus dem überdurchschnittlichen Zuwachs der Produktivität in den osteuropäischen Ländern (Kuntze, Mai 2020, S. 14).

Im Rahmen der Finanzkrise brach 2009 die Arbeitsproduktivität um -2,6 % deutlich ein. In den vergangenen Jahren betrug sie 0,6 %. Auch die totale Faktorproduktivität hatte seit Beginn der 1990er Jahre einen rückläufigen Trend. Während sie in den 1990er Jahren noch über 1 %

stieg, ging sie nach der Jahrtausendwende auf 0,6 % pro Jahr zurück und fiel seit 2014 auf 0,4 %.

Somit ist für die Arbeitsproduktivität und die totale Faktorproduktivität ein weitgehend ähnlicher Verlauf zu beobachten. Betrachtet man die sektorale Produktivitätsentwicklung, so gingen besonders von den Sektoren Produzierendes Gewerbe, Handel, Verkehr und Gastgewerbe, sowie Information und Kommunikation ein Zuwachs zur gesamtwirtschaftlichen Produktivitätsentwicklung aus (Bundesministerium für Finanzen 2017). Neben dem aufgezeigten Trend können auch für die Produktivität Schwankungen festgestellt werden, die sich auch im Wachstum widerspiegeln.

Die inhaltliche Konkretisierung der Produktivität zeigte, dass im Mainstream der Ökonomie Umwelt- und Verteilungsaspekte unberücksichtigt bleiben. Dabei kann ein Produktivitätswachstum zu Umweltschäden aber auch zu einer verstärkten Ungleichverteilung führen. Weiterhin lässt sich nicht erkennen, ob bzw. in welchem Maße besonders bei einem Wachstum der Arbeitsproduktivität die Arbeitskräfte entsprechend beteiligt werden. So stellte bereits 2010 Ortlieb fest:

> „Da sich in den letzten 30-40 Jahren die Produktivität verdoppelt hat, in derselben Arbeitszeit sich also die doppelte Menge an Gütern herstellen lässt wie noch in den 1970er Jahren, müssten wir folglich seither dem guten Leben einen großen Schritt nähergekommen sein. Wer das freilich heute angesichts der gleichzeitig sich auftürmenden Umwelt-, Ressourcen-, Wirtschafts- und Finanzkrisen behaupten wollte, würde zurecht als Phantast gelten. Irgendetwas kann an der Rechnung und dem in ihr enthaltenen Versprechen also nicht stimmen." (Ortlieb 2010, S. 1)

In diesem Kontext entstand der „grüne Produktivitätsindex (Green Productivity Index)" der von Aufderheide entwickelt wurde. Dabei ging sie von folgender Problemstellung aus: ein Unternehmen, das viel produziert und dabei die Umwelt stark belastet, kann aus ökonomischer Sicht gute Kennzahlen erzielen, da es einen positiven Wachstumseffekt hat. Der Indikator rückt dagegen die Umweltbelastung in den Fokus. Dieser Index bietet die Möglichkeit, die Nachhaltigkeit von Produkten und Produktionsprozessen zu beurteilen. Dieser Index eignet sich somit zur Steuerung von Produktionsprozessen, um Umweltschäden zu verringern oder zu vermeiden. Weiterhin kann er für nachhaltigkeitsorientierte Kaufentscheidungen eine wichtige Basis sein.

Der **Green Productivity Index** kann die Umweltbelastung durch umweltfördernde Maßnahmen wie Recycling ausgleichen (v. Hauff 2024). Weiterhin können Produktivität und Umweltwirkungen in einer neuen Formel über einen Faktor gewichtet werden. Daher wäre es nach Aufderheide und Steven wünschenswert, dass Unternehmen den Indikator für ihre Nachhaltigkeitsberichterstattung nutzen. Dadurch könnte ein Unternehmen berechnen, ob es im Zeitverlauf durch bestimmte Maßnahmen nachhaltiger wird. Der Index bietet auch die Möglichkeit Vergleiche zwischen Unternehmen einer Branche vorzunehmen (Aufderheide, Steven 2021).

1.4 Entwicklung des Wirtschaftswachstums

Die langfristige Entwicklung des Bruttoinlandsproduktes in Deutschland zeichnet sich dadurch aus, dass die deutsche Wirtschaft in der Mehrzahl der Jahre gewachsen ist. Von 1950 bis 2022 ist das Bruttoinlandsprodukt im Durchschnitt um 3,1 % pro Jahr gewachsen. Dabei ist jedoch festzustellen, dass sich das Wachstum in den letzten Jahrzehnten deutlich verlangsamt hat. So ist in den beiden letzten Jahrzehnten von 2000 bis 2020 das Bruttoinlandsprodukt preisbereinigt pro Jahr nur um 1 % gewachsen, während es in dem Zeitraum von 1950 bis 1970 durchschnittlich um 6,4 % pro Jahr gewachsen ist. Eine Begründung, wonach die deutsche Wirtschaft im 21. Jahrhundert wesentlich moderater gewachsen ist als in den 50 Jahren bis zur Jahrtausendwende, wird mit dem allgemeinen Phänomen nachlassenden Wachstums in entwickelten Volkswirtschaften begründet. Hinzu kamen einige Wirtschaftskrisen, die diesen Effekt verstärkt haben.

Die erste **Rezession** trat in Deutschland 1967 ein. Bis zu diesem Zeitpunkt war die wirtschaftliche Entwicklung durch den Aufschwung nach dem Kriegsende und dem damit verbundenen Nachholbedarf geprägt. Hinzu kam die steigende Nachfrage aus dem Ausland. Weitere Wachstumseinbrüche mit negativen jährlichen Veränderungsraten gab es während der beiden Ölkrisen Anfang der 1970er und der 1980er Jahre, nach dem Ende des Wiedervereinigungsbooms 1993 und der Strukturkrise 2002/2003. Die Strukturkrise begründet sich aus dem „Platzen der sogenannten Internetblase“ und den Auswirkungen der Terroranschläge vom 11. September 2001 (Statistisches Bundesamt 2023).

Eine **Rezession** tritt ein, wenn es zu einem Rückgang des BIP über mehr als zwei Quartale kommt.

In den ersten beiden Jahrzehnten dieses Jahrhunderts kam es 2009 durch die Finanzmarktkrise und 2020 durch die Corona Krise zu einem Wachstumseinbruch. Dabei handelte es sich um die schwersten Rezessionen der Nachkriegszeit. Nach der Gründung der Bundesrepublik Deutschlands 1949 kam es insgesamt zu sieben Rezessionsphasen. Die verschiedenen Wachstumsphasen von jeweils 10 Jahren werden in dem folgenden Schaubild abgebildet. Die Durchschnittswerte der zehnjährigen Wachstumsphasen zeichnen sich jedoch teilweise durch heftige Schwankungen aus.

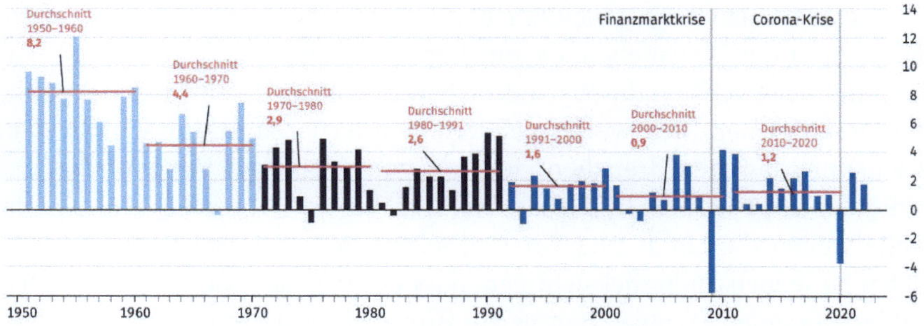

Abb. 2: Wirtschaftswachstum: Bruttoinlandsprodukt preisbereinigt, Veränderungen gegenüber dem Vorjahr in %
Quelle: Statistisches Bundesamt 2023

Seit Ende Februar 2022 kommt es durch den Angriffskrieg Russlands auf die Ukraine zu neuen Unsicherheiten, wodurch sich Deutschland entlang einer Rezession bewegt. Die Wachstumsschwäche in Deutschland ist gut dokumentiert. Dagegen wird die längerfristige Entwicklung des Wachstums im Rahmen von Entwicklungsszenarien eher vernachlässigt. Mittelfristig (bis 2027) wird für Deutschland mit einer Wachstumsrate pro Jahr von 0,7 % gerechnet. In längerfristigen Szenarien (bis 2060) des Bundesministeriums für Finanzen wird mit einer Wachstumsrate zwischen 0,5 % und 1,1 % pro Jahr gerechnet (Kurz 2023, S. 446).

Bei der Berechnung der Wachstumsraten gilt zu berücksichtigen, dass es zu methodischen Änderungen kam. Daher sind die Ergebnisse zum Bruttoinlandsprodukt für den Zeitraum von 1950 bis 1970 nicht in vollem Maße mit den Ergebnissen von 1970 bis 1991 und den Angaben ab 1990 vergleichbar. Ein wesentlicher Grund hierfür ist, dass die preisbereinigten Ergebnisse für den Zeitraum von 1950 bis 1970 in Preisen von 1991 berechnet wurden. Dagegen wurden die Ergebnisse von 1970-1991 und die Angaben ab 1991 mit Endpreisen des jeweiligen Vorjahres als Kettenindex nachgewiesen.

Das Wachstum einer Volkswirtschaft ist auf der Grundlage des Indikators Bruttoinlandsprodukt eine gesamtwirtschaftliche Größe, die weiter differenziert werden kann. Ergänzend zu der Entwicklung des Bruttoinlandsproduktes (BIP) geht es um die Analyse der Wirtschaftsbranchen wie von Stiglitz, Senn und Fitoussi festgestellt wurde (2009). Es stellt sich die Frage, welche Branchen oder Sektoren einer Volkswirtschaft wachsen, da nie die gesamte Volkswirtschaft wächst, wie ein steigendes BIP suggerieren mag.

Analysiert man die Entwicklung der Bruttowertschöpfung der Branchen, dominieren die Dienstleistungsbranchen: sechs der acht Wirtschaftsbranchen mit der höchsten durchschnittlichen Zuwachsrate des in der Produktion geschaffenen Mehrwertes gehören dem tertiären Sektor an. Die zwei wachstumsstärksten Branchen sind in Deutschland das Baugewerbe, das zwischen 2012 und 2022 durchschnittlich um 6,7 % wuchs. An zweiter Stelle stehen die Land- und Forstwirtschaft und die Fischerei mit 6,3 %. Dabei ist jedoch zu berücksichtigen, dass der primäre Sektor in absoluten Zahlen nur einen geringen Beitrag zur Bruttowertschöpfung[4] und auch zum Bruttoinlandsprodukt beiträgt, wogegen die Versorgung der Bevölkerung natürlich nicht zu unterschätzen ist.

4 Die Bruttowertschöpfung erfasst nur den im Produktionsprozess geschaffenen Mehrwert. Sie wird durch den Abzug der Vorleistungen von den Produktionswerten und zu Herstellerpreisen errechnet.

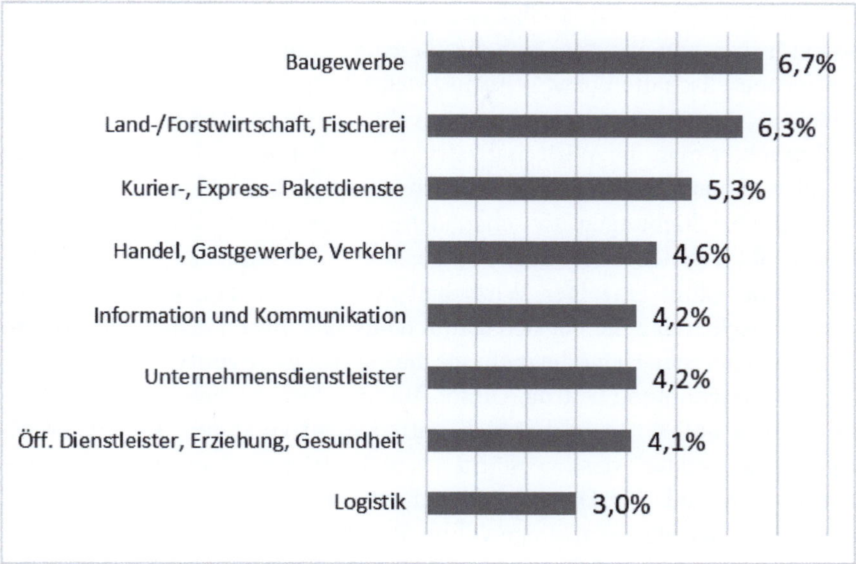

Abb. 3: Die wachstumsstärksten Branchen Deutschlands nach durchschnittlichem jährlichem Wachstum der Bruttowertschöpfung für den Zeitraum 2012 bis 2022
Quelle: in Anlehnung an Zandt 2023

Bei der Wirtschaftsstruktur geht es um das Verhältnis der einzelnen Wirtschaftssektoren zueinander. Insofern geht es um die Disaggregation einer Gesamtgröße, d. h. der Wirtschaftsstruktur in Teilgrößen bzw. Wirtschafssektoren. Die Unterteilung der drei Sektoren

- Landwirtschaft, Fischerei und Forstwirtschaft (primärer Sektor),
- Industrie (der kapitalintensive sekundäre Sektor) und
- Dienstleistung (tertiärer Sektor, der arbeits-, personal- und wissensintensiv ist)

geht 1940 wesentlich auf Colin Clark zurück (Clark 1940). Die Drei Sektorenhypothese wurde von Jean Fourastié weiter differenziert, indem er aufzeigte welche Bedeutung der technische Fortschritt für die wirtschaftliche Entwicklung in den einzelnen Sektoren hat (Fourastié 1949). Neben den drei klassischen Sektoren wurde teilweise noch der quartäre Sektor (Informationssektor) mit aufgenommen, der sich besonders durch expandierende Informationsdienstleistungen auszeichnet. Dabei geht es um Branchen die sich mit der Erstellung, der Verbreitung und dem Verkauf von Informationen beschäftigen. In der wirtschaftswissenschaftlichen Forschung ging man schon früh davon aus, dass sich die Dienstleistungsgesellschaften zu Informationsgesellschaften bzw. Wissensgesellschaften weiterentwickeln (Elger 1988).

Betrachtet man die Wirtschaftsstruktur, so kam es in Deutschland, wie in allen industrialisierten Ländern, zu einem Wirtschaftsprozess, der zu starken Verschiebungen zwischen den drei Sektoren führte. Der sektorale Strukturwandel begründet sich aus dem unterschiedlich starken Wirtschaftswachstum einzelner Wirtschaftszweige. Der Transformationsprozess Deutschlands zeichnet sich dadurch aus, dass bis Ende der 1960er Jahre das produzierende Gewerbe mehr als die Hälfte zur gesamtwirtschaftlichen Bruttowertschöpfung beitrug. Dieser Anteil reduzierte sich bis zur Jahrtausendwende auf 30 % und hat sich seither nicht verändert. Es gilt jedoch zu berücksichtigen, dass verstärkt Dienstleistungen dem Industriesektor zuzuordnen sind. Die Dienstleistungen haben mit steigendem Wohlstand und sich ändernden Konsumgewohnheiten stark an Bedeutung gewonnen und haben einen Anteil von knapp 70 %. Schließlich hat sich der Anteil der Land- und Forstwirtschaft im Jahr 1950 von 10 % der Wertschöpfung auf 1 % 2022 verringert.

Die Zahl der Erwerbstätigen nahm im primären Sektor ebenfalls kontinuierlich auf etwa 554.000 Personen ab. Gleichzeitig wurde die Effizienz u. a. durch moderne Maschinen und die Massentierhaltung deutlich gesteigert. Während 1949 noch eine Person in der Landwirtschaft 10 Personen ernährte, sind es aktuell etwa 139 Menschen, wobei der Selbstversorgungsgrad für die Gesamtbevölkerung mit Nahrungsmitteln bei 86 % liegt. (Statistisches Bundesamt 2023). Wie schon erwähnt wird etwa ein Drittel der Bruttowertschöpfung im industriellen Sektor, d. h. im produzierenden und verarbeitenden Gewerbe, erwirtschaftet.

Dabei kommen der Automobilbranche, dem Maschinenbau und der chemischen Industrie auch beim Außenhandel eine besondere Bedeutung zu. Der sekundäre Sektor umfasst neben dem Verarbeitenden Gewerbe auch das Baugewerbe mit einem Anteil von 6,2 %. Der tertiäre Sektor hat sich zum wichtigsten Wirtschaftssektor moderner Volkswirtschaften, so auch in Deutschland, entwickelt. In Deutschland werden 70 % der Bruttowertschöpfung im Dienstleistungssektor erzeugt. In diesem Sektor sind 75 % der Erwerbstätigen beschäftigt, wobei der öffentliche Dienst mit etwa 5 Millionen Beschäftigten einen großen Anteil ausmacht.

2 Die Wachstumskontroverse

Im Kontext nachhaltiger Entwicklung gibt es eine intensive und vielfältige Kontroverse über die Relevanz wirtschaftlichen Wachstums. Für eine erste Orientierung kann man zwischen Wachstumsbefürwortern und Wachstumsgegnern unterscheiden deren Positionen sich auch heute noch weitgehend unversöhnlich gegenüberstehen. Diese Kontroverse wurde zunächst durch die gegensätzlichen Positionen der neoklassischen Ökonomie (Wachstumsbefürworter) und der Ökologischen Ökonomie (Wachstumsgegner) geprägt. Im Rahmen der Wachstumsgegner wurden weitere Ansätze entwickelt, die sich im Wesentlichen durch die Forderung nach einem Nullwachstum auszeichnen. Zu nennen sind neben der Ökologischen Ökonomie die Postwachstumsökonomie, der Degrowth-Ansatz und das LowGrow-Modell. Die Begründung für ein Nullwachstum ist, dass nur dadurch eine weitere existenzielle Belastung der Umwelt zu vermeiden ist.

Noch weiter gehen einige Vertreter des Degrowth-Ansatzes, die besonders von Industrieländern ein rückläufiges Wirtschaftswachstum fordern, um zu einer Entlastung besonders gefährdeter ökologischer Systeme beizutragen. Vor dem Beginn dieser Kontroverse kam es zu einer Diskussion über die Grenzen des Wachstums. Dabei geht es um die Frage, ob Wachstum aus ökonomischer Perspektive an Grenzen stößt und dadurch ein weiter kontinuierliches Wachstum nicht mehr möglich ist. In den Ansätzen der Wachstumsgegner steht somit die ökologische Dimension nachhaltiger Entwicklung im Mittelpunkt.

Die soziale Dimension wird dagegen weitgehend vernachlässigt. Dabei weist die soziale Dimension nachhaltiger Entwicklung im Kontext der Forderung eines Nullwachstums einen indirekten Bezug auf, indem es um den Schutz der Gesellschaft vor den Folgen wachsender Umweltbelastungen für die Gesundheit, vor Extremwetterereignissen und dem Klimawandel geht. Weiterhin wird von einigen Wachstumsgegnern wie Tim Jackson die Frage gestellt, ob eine kontinuierliche Steigerung wirtschaftlichen Wachstums besonders in wirtschaftlich hoch entwickelten Ländern zu einer weiteren Bedürfnisbefriedigung führt. Im Rahmen der Wachstumskontroverse gab es in jüngerer Vergangenheit Beiträge, die dazu beitragen die gegensätzlichen Positionen zu verringern

2.1 Grenzen des Wachstums

Eine sehr markante Bewertung zu den Grenzen des Wachstums geht auf den Ökonomen Kenneth Boulding zurück, indem er feststellte:

> „Wer glaubt exponentielles Wachstum könnte in einer endlichen Welt unendlich weiter gehen, ist entweder ein Wahnsinniger oder ein Wirtschaftswissenschaftler." (Boulding bei einer Anhörung vor dem US-Kongress 1973)

Grenzen des Wachstums werden häufig auf den ersten Bericht an den Club of Rome, der große Beachtung fand, fokussiert. Dabei ist die Diskussion über die Grenzen des Wachstums schon sehr alt. In der weit zurückliegenden Geschichte werden die Grenzen jedoch nicht in dem heutigen Verständnis interpretiert, sondern gelten als das Fundament des Wohlstandes. Begrenzungen werden beispielsweise in dem chinesischen Buch der Wandlungen, dessen Ursprünge etwa 1000 Jahre vor unserer Zeitrechnung zurück reichen, mit Erfolg gleichgesetzt. Die Natur hat durch die vier Jahreszeiten feste Schranken. Das entsprach dem Grundsatz, dass man durch Sparsamkeit im Alltag vor Zeiten der Not gerüstet sei. Dagegen wird ein Leben ohne Respekt gegenüber Grenzen als töricht und zerstörerisch angesehen. Dabei wurden die Grenzen im Leben der Menschen häufig aus der Natur selbst entlehnt. Dagegen werden Grenzen heute als unbequem oder sogar als Illusionen betrachtet. So hat bereits der französische Jesuiten Priester Pierre Teilhard de Chartin festgestellt, dass es die menschliche Pflicht sei einzuschreiten, als ob es keine Grenzen hinsichtlich unserer Fähigkeiten gebe (Jackson 2017, S. 41).

Bereits im 19. Jahrhundert vertraten Ökonomen die Position, dass Wirtschaftswachstum durch die begrenzte Verfügbarkeit von Ressourcen stark eingeschränkt wird. So veröffentlichte der britische Ökonom 1865 William Stanley Jevons sein zukunftsweisendes Buch *„The Coal Question"* in dem er vor einer wachsenden Knappheit der Kohlereserven im Rahmen der industriellen Revolution warnte (Jevons 1865). In den 1960er Jahren haben dann Ökonomen wie Kenneth Boulding, John Galbraith und Edwin Mishan die negativen ökologischen Folgen des Wirtschaftswachstums aufgezeigt. Dabei fand das Buch von Mishan mit dem Titel *„The Costs of Economic Growth"*, das 1967 erschien, besondere Beachtung. Er kritisierte besonders den Indikator Sozialprodukt als Indikator für „human welfare". Ein weiterer Meilenstein war die erste große Umweltkonferenz der UN, die in Stockholm stattfand. Auf dieser Konferenz entstand 1980 das „United Nations Environment Programme (UNEP)".

> "UNEP's mission is to inspire, inform, and enable nations and peoples to improve their quality of life without compromising that of future generations. .... UNEP's work is focused on helping countries transition to low-carbon and resource-efficient economies, strengthening environmental governance and law, safeguarding ecosystems, and providing evidence-based data to inform policy decisions."

Eine Folge davon war, dass in vielen Staaten Umweltministerien entstanden. Dabei wurde erstmals der Begriff „Sustainable Development" in einem größeren wissenschaftlichen und politischen Kreis verwendet.

Exkurs: „The Limits to Growth" – der erste Bericht an den Club of Rome

Eine besondere Aufmerksamkeit fand in diesem Kontext der erste Bericht an den Club of Rome der 1972 unter dem Titel *„The Limits to Growth"* erschien. 2022 jährte sich die Veröffentlichung zum 50. Mal. Der Bericht entstand wesentlich durch Dennis und Donella Meadows (Meadows et al. 1972).

Die wesentliche Botschaft des Berichtes im engeren Sinne ist, dass eine Fortschreibung der aktuellen Trends unter Berücksichtigung des weltweiten Bevölkerungswachstums und der steigenden Nachfrage nach nichtregenerativen Ressourcen wie Rohöl bis Mitte des 21. Jahrhunderts zu großen wirtschaftlichen Beeinträchtigungen, d. h. zu Grenzen des Wachstums, führen würde Der Bericht wurde im Auftrag des Club of Rome erstellt und ist ein Meilenstein der Analyse der ökonomischen, demografischen, technischen und ökologischen Zukunftsfolgen des bestehenden Wirtschaftssystems.

> „Insbesondere in den westlichen Industrieländern trug die kritische Untersuchung des seinerzeit sowohl im Markt- als auch im Planwirtschaftlichen System vorherrschenden Entwicklungsmodells kontinuierlichen Wirtschaftswachstums maßgeblich zu einer breiten gesellschaftlichen Diskussion um die weit reichenden Implikationen einer auf Wachstum programmierten globalen Wirtschaft unter den Rahmenbedingungen eines Planeten mit endlichen natürlichen Ressourcen bei." (Döring 2022, S. 1)

Die Studie zeichnete sich besonders durch ihre inhaltliche Breite der durchgeführten Systemanalysen aus. Dadurch wurden die bestehenden ökologischen wie sozialökonomischen Entwicklungstrends eingehender untersucht. Ein Novum zu jener Zeit war die Nutzung von Computermodellen, mit denen auf der Grundlage der verfügbaren Daten unterschiedliche Entwicklungsszenarien simuliert wurden. Aus heutiger Sicht werden die Grenzen des Wachstums nicht mehr ausschließlich bzw. primär auf der Grundlage der Knappheit nichtregenerativer Ressourcen diskutiert, sondern aus der Perspektive der planetaren Belastungsgrenzen bzw. „planetary bounderies".

Ein Überschreiten der Grenzen führt, wie hinreichend bekannt, zu der Gefahr nicht steuerbarer ökologischer, aber auch ökonomischer Funktionsweise des Planeten (Rockström et al. 2009). Es besteht ein weitgehender Konsens, dass die Grenzen der Biodiversität, des Stickstoffkreislaufs und des Klimas schon überschritten sind.

Methodisch beruht die Studie auf einem computersimulierten Weltmodell. Es wurden fünf Entwicklungstendenzen mit globalen Wirkungen untersucht:

- Bevölkerungswachstum,
- Industrialisierung,
- Unterernährung,
- Rohstoffausbeutung und
- Zerstörung von Lebensraum.

Die analysierten Szenarien unterschieden sich durch die jeweiligen Annahmen zu Rohstoffvorräten, zur Produktionseffizienz in der Landwirtschaft und auch zum Ausmaß der Geburtenkontrolle und Umweltschutz.

Der Bericht des Club of Rome kommt zu der Prognose, dass sich die Menschheit auf einem sogenannten „Boom and Burst"-Pfad befindet. Die zentrale Aussage ist: ein exponentielles Wachstum führt zur Überschreitung der natürlichen Grenzen ökologischer Systeme. Dadurch tritt, wie schon erwähnt, eine Knappheit nicht regenerativer Ressourcen wie Erdöl und Erdgas ein. Das führte dazu, dass das „optimistische Wachstumsmodell", wie es in dieser Zeitphase dominierte, infrage gestellt wurde.

In der Studie wird prognostiziert, dass ab dem Jahr 2100 verstärkt Krisenphänomene auftreten, wie ein Absinken der Bevölkerung, eine Deindustrialisierung einhergehend mit einer irreversiblen Umweltzerstörung sowie weitgehend aufgebrauchten Rohstoffen, was zu einer massiven Einschränkung der Lebensbedingungen führt.

Es wird in der Literatur jedoch vielfach vernachlässigt, dass in einigen Szenarien auch aufgezeigt werden konnte, dass durch ein langfristig tragfähiges ökologisches und wirtschaftliches Gleichgewicht die Weltbevölkerung und der Wohlstand konstant gehalten werden können. Die Voraussetzung hierfür ist eine Vielzahl politischer Maßnahmen hinsichtlich der Voraussetzung von Wachstum wie weitreichender Umweltschutz, die Erhöhung der Recyclingquote und die Steigerung der landwirtschaftlichen Produktivität. Schließlich gehen Meadows et al. auch auf die Beziehung von Wachstum und Gerechtigkeit ein:

> „Eines der in unserer Gesellschaft gern geglaubten Märchen ist die Behauptung, dass die Fortdauer des Wachstums zu einer stärkeren menschlichen Gleichberechtigung führen müsse. Wir haben bereits dargestellt, wie das gegenwärtige Wachstum von Bevölkerung und Kapital tatsächlich die Kluft zwischen Arm und Reich weltweit vergrößert." (Meadows et al. 1972)

Donella Meadows, Jorgen Randers und Dennis Meadows veröffentlichten 1992 eine aktualisierte Neuauflage mit dem Titel *„Beyond the Limits"*. In der Neuauflage wurden die globalen Entwicklungen zwischen 1970 und 1990 aufgenommen. Zunächst haben sie die Erkenntnisse aus der ersten Auflage weitgehend bestätigt. Eine wesentliche Aussage war, dass die Menschheit die Grenzen der „Earth's support capacity" überschritten hat und in ein nicht nachhaltiges Territorium vorgedrungen sei, was mit dem Titel der zweiten Auflage zum Ausdruck gebracht wird. Als Beispiel nennen sie die Vernichtung von Regenwäldern in Dimensionen von „nicht nachhaltigen Raten", was den Klimawandel beschleunigt. 2004 erschien schließlich von dem gleichen Autorenteam die dritte Auflage mit dem Titel *„Limits to Growth – The 30 Year Update."* Sie kommen zu der Schlussfolgerung:

> „This 30-year update presents the essential parts of our original analyses and summerizes some of the relevant data and the insights we have acquired over the past three decades" (S. ix).

Die Verfasser konstatieren, dass es zu einigen positiven Entwicklungen gekommen ist wie der Einsatz neuer umweltfreundlicherer Technologien, ein verändertes Konsumverhalten, die Gründung und Etablierung umweltorientierter Institutionen und internationale Vereinbarungen, die zu einer Stärkung nachhaltiger Entwicklung beigetragen haben. Sie stellen aber auch fest, dass der steigende Wohlstand zu einem wachsenden ökologischen Fußabdruck mit allen negativen Folgen geführt habe. So wurden die positiven Effekte durch die negativen Effekte kompensiert oder entsprechend dem rebound effect sogar überkompensiert. Daher führen sie eine Vielzahl von Maßnahmen bzw. Ansätzen auf, die einen Transformationsprozess ermöglichen, der zu einem nachhaltigen System führen kann (Meadows et al. 2004, S. 235 ff).

Die Fortschreibung des Berichtes von Randers, die 2012 erschien, prognostiziert für den Zeitraum bis 2052 eine weiterhin steigende Beeinträchtigung des Klimas und der Natur, die durch das dominierende Wirtschaften verursacht werden. Das führt zu einer Verringerung des Produktivitätswachstums und zu einer Verlangsamung des Wachstums. Hierzu stellt er fest (Randers 2012, S. 2):

> "I have spent the past four decades trying to make the world a sustainable place, preaching about what ought to be done from all kinds of different positions. Last year, I succumbed to the temptation to try to think through what will happen over the next 40 years. Not what I would like to happen, but what the parliaments and voters and semi-authoritarian regimes of the world will actually do. How is that future going to look? This is, of course, much less of a scientific activity than the type of scenario analysis I commonly do; it is educated guesswork."

Die Diskussion über die Grenzen des Wachstums wurde in den vergangenen Jahren weitergeführt. Dabei wurde allgemein das weit verbreitete politische Bekenntnis, wonach ein hohes Wachstum der zentrale „Problemlöser" für ökologische, wirtschaftliche und soziale Herausforderungen sei und mehr Wohlstand und Zufriedenheit für die Gesellschaft bringe, kritisch hinterfragt. In diesem Zusammenhang kam es zu unterschiedlichen Argumentationslinien. So argumentierte Scitovsky in seinem 1976 erschienen Buch von der „Joyless Economy." (Scitovsky 1976)

Diese Position wurde von anderen Autoren aufgegriffen und vertieft. Jacobs und Worcester kamen in ihrer Untersuchung zu der Erkenntnis, dass Menschen trotz steigender Einkommen weniger zufrieden waren. Dieses Phänomen wird auch in den neueren Veröffentlichungen der Glücksforschung bestätigt. Danach nimmt das Glücksgefühl bei steigendem Wohlstand bis zu einem gewissen pro-Kopf-Einkommen deutlich zu. Danach stagniert es jedoch oder fällt ab (v. Hauff, Jörg 2017, S. 43).

Dem ersten Bericht des Club of Rome wurde teilweise entgegengehalten, dass es bei Ressourcen wie Öl und Erdgas bis in die Gegenwart zu keiner Knappheit gekommen ist. Dagegen lässt sich bei Ressourcen wie seltenen Erden und in einigen Regionen auch bei Wasser Knappheit mit steigender Tendenz erkennen, die sich auf das Wachstum negativ auswirken können (v. Hauff 2024, S. 27 ff). In einem weiteren Sinne ist festzustellen, dass

Wirtschaftswachstum Material, Fläche und Energie benötigt. Hierbei kann festgestellt werden, dass Materialien, also Ressourcen, im System Erde vorhanden sind und mithilfe von Energie und Technologien in andere Materialien umgewandelt werden. Sie können jedoch, wie beispielsweise Flächen, nicht neu geschaffen werden. Daher kann die Wirtschaft nicht ins unendliche wachsen (Hinterberger, Pirgmaier 2009, S. 60).

Schließlich ist der Klimawandel zu nennen, der zu einer zunehmenden Begrenzung des Wachstums führen wird. Klimawandel als Folge menschlichen Verhaltens von Produktion und Konsumtion ist weltweit durch großflächige Umweltzerstörung spürbar. Der Mensch zerstört, von dem er Jahrtausende gelebt hat und zukünftige Generationen leben wollen. Markante Zeichen dafür sind u. a.

- die Verwüstung landwirtschaftlicher Nutzflächen durch Trockenheit und
- Überflutungen von teilweise großen Landflächen,
- das Abschmelzen der Eisgletscher an den Polarkappen oder in den Hochgebirgen,
- das Absterben von Wäldern,
- der Verlust an Biodiversität und
- die Erwärmung der Erdatmosphäre und damit auch der Meere.

(Adler et al. 2021).

2.2 Kritik an den Grenzen des Wachstums

Die folgenden Ausführungen beschränken sich auf einige kritische Entgegnungen zu dem Bericht „Grenzen des Wachstums." Der Bericht fand, wie zu erwarten war, eine sehr kontroverse Resonanz. Bei den Befürwortern ist besonders Paul Ehrlich zu nennen, der besonders die Verknappung natürlicher Ressourcen und die Folgen, wie sie in dem Bericht aufgezeigt wurden, positiv wertete. Unter Berücksichtigung des Aufholprozesses von Entwicklungsländern sei das dominierende Wachstumsmodell des exponenziellen Wachstum nicht weiter aufrechtzuerhalten. Weiterhin wurde in dem Bericht betont, dass es zu Schadstoffemissionen und einer größeren Menge an Müll und Abfallstoffen kommt, die weitgehend parallel zu einem steigenden Wirtschaftswachstum zunehmen würden.

Damit wurde auch die steigende Umweltverschmutzung, die besonders von den Industrieländern verursacht wird, als Belastung hervorgehoben. Daraus ergab sich die Schlussfolgerung, dass eine steigende Entnahme von Ressourcen, die Akkumulation von Müll und die Konzentration von Emissionen die Assimilationsgrenzen der Umwelt übersteigen und die Umweltqualität zunehmend belasten. Das wirkt sich negativ auf die Wohlfahrt der Bevölkerung trotz steigender Einkommen aus. Der Bericht des Club of Rome fokussierte sich ganz wesentlich auf den Engpassfaktor der Ressourcen. In den vergangenen Dekaden zeigte sich, dass die Erdatmosphäre zum bedeutenden Engpassfaktor für unser Wirtschaftswachstum geworden ist. Das wird, wie schon erwähnt, durch den fortschreitenden Klimawandel und seine Folgen immer deutlicher. Aber auch die sich verschärfende Ressourcenknappheit besteht weiterhin und hat sich besonders auf seltene Erden und bestimmte Metalle verlagert.

1974 haben bereits namhafte Kritiker des Berichtes auf dem Symposium des Review of Economic Studies die Möglichkeit des wirtschaftlichen Wachstums bei begrenzten Ressourcen diskutiert. Besonders hervorzuheben ist Stiglitz der auf die in Meadows „Grenzen des Wachstums“ nicht berücksichtigten Faktoren hinweist, welche die Begrenzungen durch die endlichen Ressourcen zumindest entschärfen:

> „There are at least three economic forces offsetting the limitations imposed by natural resources: technical change, the substitution of man-made factors of production (capital) for natural resources and returns to scale.“ (Stiglitz 1974, S. 123)

Zumindest zu dem Vorwurf der mangelnden Berücksichtigung des technologischen Wandels lässt sich feststellen, dass dieser in dem Bericht ausführlich berücksichtigt wurde. Meadows et al. stellten vielmehr fest, dass in dem vorgegebenen Modellrahmen technische Lösungen allein die Grenzen des Wachstums nicht beseitigen können. Weiterhin führten empirische Untersuchungen in dem Bericht zu den Prognosen, dass die Entwicklung mit den Vorhersagen in dem Standartszenario übereinstimmen. Danach käme es Mitte bis Ende des 21. Jahrhunderts zu einem Zusammenbruch des Weltwirtschaftssystems (Turner 2014). Die Aktualisierung der Simulationen führen auf der Grundlage des berechneten Standardmodells ebenfalls zu einer Überschreitung der Wachstumsgrenzen und zu einem „collapse“.

An dem Bericht wurde weiterhin kritisiert, dass die Umweltpolitik, die zu Beginn der 1970er Jahre in vielen Industriestaaten durch die Entstehung von Umweltministerien etabliert wurde, keine Beachtung gefunden habe. Es kam aber auch zu einer grundlegende Gegenposition zu dem Bericht von Meadows et al., die eine relativ breite Zustimmung fand. Danach ist eine schnelle Umweltverbesserung untrennbar mit einer Steigerung des Wirtschaftswachstums und damit auch mit einem steigenden Pro-Kopf-Einkommen verbunden. Das basiert auf der Annahme, dass bei höherem Einkommen die Nachfrage nach Gütern und Dienstleistungen steigt, die weniger materialintensiv sind. So kommt es zu einer Umweltverbesserung, die von Beckermann wie folgt begründet wird:

> „Further more there is a clear evidence that, although economic growth usually leads to environmental deterioration in the early stages of the process, in the end the best – and probably the only – way to attain a decent environment in most countries is to become rich." (Beckerman 1992, S. 482)

In diesem Kontext kam es zu unterschiedlichen Begründungen. So kam Toman in seiner Untersuchung zu der Erkenntnis, dass es einen zweiseitigen Effekt gibt:

> „Economic growth affects the natural environment, but the natural environment also affects growth." (Toman 2003, S. 14)

Autoren wie beispielsweise Barrett (1994) gehen sogar so weit, dass Umweltregulierungen, die das Wirtschaftswachstum reduzieren oder gar verhindern, dazu führen, dass die Umweltqualität sich verschlechtert. Eine dritte Gruppe von Autoren geht davon aus, dass der Zusammenhang zwischen Wirtschaftswachstum und Umweltqualität weder negativ noch positiv ist. Shafik und Bandyopadhyay (1992), Panayotou (1993), Grossman und Krueger (1995) und Selden und Song (1994) kommen schließlich zu dem Ergebnis, dass für einige Indikatoren eine U-förmige Beziehung, die sogenannte *„Environmental Kuznets Curve"*, zwischen Wirtschaftswachstum und Umweltqualität existiert.

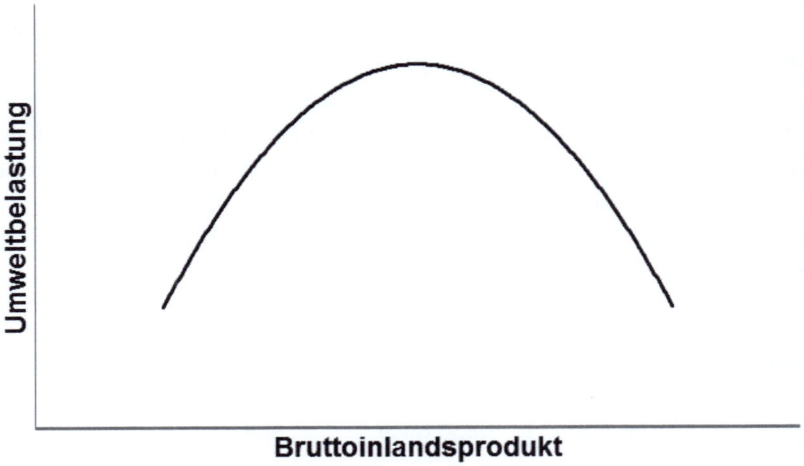

Abb. 4: Die Environmental-Kuznets-Kurve
Quelle: Eigene Darstellung

Basierend auf einer Hypothese von Simon Kuznets entstand die Environmental-Kuznets-Kurve. Zunächst untersuchte Kuznets (1955) das Wirtschaftswachstum in Bezug zur Einkommensverteilung. Er stellte die These auf, dass in Perioden mit geringem Pro-Kopf-Einkommen die Einkommensdisparitäten mit steigendem Einkommen zunächst zunehmen und ab einem bestimmten Wendepunkt wieder abnehmen. Dies impliziert einen umgedreht U-förmigen Verlauf des Zusammenhangs zwischen Pro-Kopf-Einkommen und der Einkommensverteilung und wird allgemein als Kuznets-Kurve bezeichnet.

Zwischen dem Pro-Kopf-Einkommen und der Umwelt wurde ein ähnlicher Zusammenhang vermutet. Nachdem Anfang der 1990er Jahre empirische Daten verschiedener Schadstoffe, z. B. durch das *Global Environmental Monitoring System (GEMS)* für die Luft- und Wasserqualität, zugänglich wurden, haben Grossman und Krueger (1991) als erste, gefolgt von weiteren Untersuchungen, diesen Zusammenhang für einige Schadstoffe nachgewiesen. Panayotou (1993) bezeichnete diesen Zusammenhang als Environmental-Kuznets-Kurve. Im Prinzip besagt sie, dass die Emissionen verschiedener Umweltschadstoffe in einer sich entwickelnden Volkswirtschaft zunächst zunehmen und bei zunehmenden Pro-Kopf-Einkommen nach Erreichung des Gipfels wieder abnehmen.

Die wirtschaftliche Entwicklung wird durch den Indikator Bruttoinlandsprodukt pro Kopf und die Umwelt bzw. Umweltentwicklung wird beispielsweise durch den Indikator Kohlendioxydausstoß abgebildet. Empirische Untersuchungen zu der Kuznets Kurve kommen jedoch nicht zu einem einheitlichen Ergebnis (Jörg 2007; Achten et al. 2018).

Die Position wonach steigendes Einkommen zu einer Umweltentlastung führen, haben sich nicht durchgesetzt. Es besteht heute weitgehend Konsens, dass die hohe und vielfach noch steigende Umweltbelastung zu einer Erosion der natürlichen Lebensgrundlagen führt und Wachstum auf Kosten der Umwelt an Grenzen stößt. So gibt es bis in die Gegenwart eine Kontroverse, ob eine Erhöhung wirtschaftlichen Wachstums unter Berücksichtigung der Umwelt weiter befürwortet werden kann.

2.3 Ansätze zur Wachstumskontroverse

Die Wachstumskontroverse ist im Wesentlichen dadurch geprägt, dass sich, wie schon festgestellt, Wachstumsbefürworter und Wachstumsgegner gegenüberstehen. In einer sehr rudimentären Abgrenzung kann man feststellen, dass die Wachstumsbefürworter im Rahmen des Wachstums die Chance für mehr Wohlstand und Stabilisierung marktwirtschaftlicher Systeme sehen. Wirtschaftliches Wachstum fördert die Beschäftigung bzw. vermeidet Arbeitslosigkeit und stabilisiert die sozialen Sicherungssysteme. Diese strikte Abgrenzung findet jedoch in der Realität nicht statt wie noch aufgezeigt wird. Wachstumsbefürworter erkennen teilweise wachstumsbedingte Umweltbelastungen und beziehen sie in ihre Studien mit ein. So stellen exemplarisch Krugman und Wells in ihrem international weit verbreiteten Lehrbuch zur Volkswirtschaftslehre fest:

> „Wenn nichts weiter getan wird, führt Wirtschaftswachstum unweigerlich zu einer steigenden Umweltbelastung durch den Menschen. … Es gibt einen breiten wissenschaftlichen Konsens, dass die Verbrennung von fossilen Energieträgern Kohle, Erdöl und Erdgas zu steigenden Kohlendioxidemissionen in die Atmosphäre führt. Neueste Schätzungen gehen davon aus, dass sich die Kosten eines ungebremsten Klimawandels im Jahr 2100 auf bis zu 20 % des weltweiten BIP belaufen können.“ (Krugman, Wells 2023, S. 744)

In der Literatur wird jedoch nur mit wenigen Bezügen auf das Problem der Umweltbelastung hingewiesen. Insgesamt ist festzustellen, dass es sowohl Lehrbücher zur Volkswirtschaftslehre als auch zu Wirtschaftswachstum gibt, in denen Umwelt bzw. Umweltbelastungen nicht erwähnt werden. Beispielhaft kann hier das Lehrbuch von Acemoglu zur Wachstumsökonomie genannt werden: *„Introduction to Modern Economic Growth"* (2009).

Aber auch bei den Wachstumsgegnern gibt es teilweise eine Diskussion um ein grünes bzw. nachhaltiges Wachstum. Sie lehnen Wachstum nicht per se ab.

Die Wachstumskontroverse wurde zunächst wesentlich durch die gegensätzlichen Positionen der schwachen und der starken Nachhaltigkeit geprägt. Die schwache Nachhaltigkeit kam in den 1970er Jahren als Reaktion auf die aufkommende Wachstumskritik auf und war somit auch eine Gegenposition zu den „Grenzen des Wachstums." Dabei zeigt sie deutliche Parallelen zum neoklassischen Mainstream. Als wichtigste Vertreter sind Solow und Stiglitz zu nennen. Für die Vertreter der schwachen Nachhaltigkeit ist das Wachstum der Schlüssel zur Nachhaltigkeit. Die Maxime dabei ist ein nicht sinkendes Nutzenniveau pro Kopf. Damit muss die durchschnittliche Wohlfahrt von Menschen dauerhaft erhalten werden.

Das Ziel ist das Gesamtkapital (K), das sich aus dem Sachkapital (K_S) und Naturkapital (K_N) zusammensetzt, zu erhalten. Die Sicherung eines nicht sinkenden Kapitalstocks pro Kopf wird entsprechend zur intergenerationellen Gerechtigkeit, d. h. zu Gerechtigkeit zwischen der heute lebenden und der zukünftigen Generation (Solow 1974). Kommt es zur Verringerung des Sach- oder Naturkapitals, muss die jeweils andere Kapitalart den Verlust kompensieren, d. h. sie muss steigen.

> Hierzu ein **Beispiel**: Ein großer amerikanischer Automobilkonzern strebt an in Deutschland ein großes Werk aufzubauen. Dafür muss eine größere Waldfläche für den Bau des Werks frei gelegt bzw. gerodet werden. Durch den Bau der Produktionsstätte erhöht sich das Sachkapital und das Naturkapital wird durch die Abholzung der Waldfläche verringert.

Allgemein kann festgestellt werden, dass in der Regel eine Substitution von Naturkapital durch Sachkapital stattfindet. Hierzu stellt Solow fest:

„The world can, in effect, get along without natural resources, so exhaustion is just an event, not a catastrophe." (Solow 1974, S. 11).

Somit positionierte sich Solow als Vertreter der schwachen Nachhaltigkeit, die von einer vollständigen Substituierbarkeit des natürlichen durch den reproduzierbaren Kapitalstock ausgeht. In Anlehnung an den Brundtland-Bericht definiert Solow Nachhaltigkeit wie folgt:

"I could think of this to say that it is an obligation to conduct ourselves so that we leave to the future the option or capacity to be as well off as we are. (*Solow 1993*, S. 181)"

Diese Formulierung zeigt, dass es nach Solow theoretisch kein Gebot gibt, einen bestimmten Bestand an Natur zu erhalten. Vielmehr ist bei diesem Nachhaltigkeitsverständnis immer der Gesamtbestand an Kapital von zentraler Bedeutung. Die Substitutionsregel wird von Umweltgegnern wie den Vertretern der Ökologischen Ökonomie grundsätzlich abgelehnt wie noch ausführlich begründet wird. In der folgenden Abbildung werden die verschiedenen Ansätze, die in die Wachstumskontroverse involviert sind, genannt und anschließend vorgestellt.

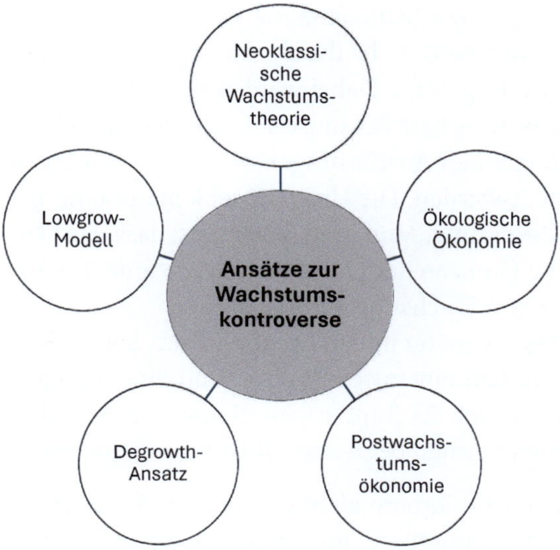

Abb. 5: Ansätze zur Wachstumskontroverse
Quelle: eigene Darstellung

Neoklassische Wachstumstheorie

Die Wachstumstheorie zeichnet sich durch unterschiedliche Strömungen bzw. Ansätze aus. Eine Hauptströmung ist die neoklassische Wachstumstheorie. Grundsätzlich beschreibt sie wie Arbeit, Kapital und Technologie zu einem stetigen Wirtschaftswachstum beitragen. Die neoklassische Wachstumstheorie basiert auf den Grundannahmen von flexiblen Preisen, effizienten Märkten und einer neoklassischen Produktionsfunktion

$$Y=f(K,L)$$

wobei Y die Menge der hergestellten Güter, also der Output und K das eingesetzte Kapital und L die eingesetzte Arbeit darstellt.

Weiterhin geht man davon aus, dass sämtliche Preise und Löhne flexibel sind. Daher sind Märkte für Güter und Produktionsfaktoren jeweils durch einen Ausgleich von Angebot und Nachfrage gekennzeichnet. Es herrscht vollkommene Konkurrenz und man geht von einem Wachstumsgleichgewicht aus, das einen Zustand widerspiegelt, in dem sich alle Produzenten und Nachfrager optimal an Faktorpreise anpassen.

Die neoklassische Wachstumstheorie ist wesentlich durch eine Vielzahl von formalen Modellen, d. h. durch eine mathematische Modelltheorie geprägt (v. Hauff, Jörg 2017). Dabei werden teilweise umweltrelevante Faktoren wie nicht erneuerbare Ressourcen in einigen Modellen berücksichtigt, wobei in den folgenden Ausführungen nur einige wenige Modelle exemplarisch vorgestellt werden. Die Umweltproblematik fand in der Neoklassik jedoch wenig Beachtung. Man ging davon aus, dass das Wirtschaftswachstum nicht an die Grenzen der Umwelt stoßen würde. Daher spricht man in diesem Kontext von Wachstumsoptimismus.

Die bekannteste Version in der Theorie ist das Solow-Swan-Wachstumsmodell, das zwischen einem temporären und einem langfristigen Gleichgewicht unterscheidet. Es folgten eine Reihe von Modellen, die sich den unterschiedlichen Formen begrenzter Ressourcen zuwandten:

- eine nicht substituierbare nicht erneuerbare Ressource,
- eine nicht substituierbare, unzerstörbare Ressource und eine substituierbare, nicht erneuerbare Ressource und
- die Backstop Technologie ist ein Produktionsverfahren, bei dem auf den Einsatz von erschöpflichen Ressourcen verzichtet wird. Erschöpfliche

Ressourcen werden durch unbegrenzt verfügbare Ressourcen, Backstop Ressourcen, ersetzt.

Allgemein wurde festgestellt, dass Umweltschäden eine physische Begrenzung der Produktionsmöglichkeiten aufweisen, da sie die Produktivität der endogen vermehrbaren Faktoren herabsetzen. Wenn die Umweltsituation stabil gehalten oder verbessert werden soll, sind Schadensvermeidungsausgaben erforderlich, die durch eine Reduzierung des Konsums oder durch eine Reduzierung der Investitionen in die Produktion möglich sind. Bei Berücksichtigung der Umweltsituation ist das Sozialprodukt im Wachstumsgleichgewicht geringer, als wenn die Umwelt nicht berücksichtigt wird. Oder in anderen Worten: die Berücksichtigung der Umwelt verringert das Wachstum.

Die endogene Wachstumstheorie, die in der zweiten Hälfte der 1980 Jahre aufkam, ist sehr viel breiter angelegt als die neoklassische Wachstumstheorie. Dabei kommt auch der Umwelt eine steigende Beachtung zu. Von großer Bedeutung hierbei ist, dass in der endogenen Wachstumstheorie ein weiterer Faktor hinzukommt: das Wissen bzw. die Humankapitalbildung. So wird von verschiedenen Autoren aufgezeigt, dass ökonomische Aktivitäten von der Umwelt abhängen (Smulders 1995). Insofern interagieren Wirtschaftswachstum und die physikalischen Bedingungen der Umwelt, wonach ökonomische Aktivitäten Umweltprobleme verursachen können.

Daher wird besonders von Smulders unter Berücksichtigung der Umwelt der Einsatz von Humankapital in den Produktionsprozess gefordert. In den meisten Modellen werden jedoch nur Teilaspekte der Umwelt wie Ressourcen berücksichtigt.

Im Modell von Bovenberg und Smulders (1995) werden dagegen die Ressourcen und die Umweltqualität und in weiteren Modellen die Umweltqualität und Emissionen betrachtet. Schließlich wird in einem erweiterten Modell die Umweltqualität in Zusammenhang mit der Ausbeutung der Ressourcen und den anfallenden Emissionen betrachtet (v. Hauff, Jörg 2017, S. 112).

Weitere Modelle der endogenen Wachstumstheorie mit Umweltbezug weisen ähnliche Ziele und Vorgehensweisen auf. Allgemein wird der Bestand der Natur oder die Verschmutzung untersucht. Unter Berücksichtigung der vorliegenden Modelle kommen Van den Bergh und Nijkamp jedoch zu der Schlussfolgerung, dass sowohl die neoklassischen als auch die endogenen Wachstumsmodelle bei dem Zusammenhang von Wirtschaftswachstum und Umwelt der Aspekt der globalen Umwelt ausgeblendet wird (Van den Bergh, Nijkamp 1998). Daher entwickeln sie ein Zwei-Länder-Modell, bei dem sie die möglichen Interaktionen zwischen der regionalen Umwelt und der globalen Umwelt untersuchen. Schließlich üben Welsch und Eisenack Kritik an der Diskussion bezüglich der Umweltressourcen, da in keinem der Beiträge natürliche Ressourcen mit Kosten versehen werden (Welsch, Eisenack 2002).

Betrachtet man die neuere Entwicklung der endogenen Wachstumstheorie so hat sie in zunehmendem Maße den technologischen Wandel in den Fokus der Forschung gestellt (Gran 2017, S. 56). Es werden häufig Umwelttechnologien wie zum Beispiel die Windkraft in Modelle integriert.

Ein weiterer Forschungsschwerpunkt beschäftigt sich mit den ökologischen und ökonomischen Auswirkungen des Klimawandels (Martens et al. 2016, S. 305). Es konnte gezeigt werden, dass sich Modelle der endogenen Wachstumstheorie, die sich der Beziehung von Wachstum und Umwelt zuwenden, nur auf einzelne bzw. wenige Determinanten beschränken, die zu begrenzten Erkenntnissen führen.

Dagegen zielt die neoklassische Umweltökonomie darauf ab, eine umfassende Analyse und Lösungsansätze zu der Beziehung von Ökonomie und Umwelt aufzuzeigen. Endres stellt hierzu fest, „dass die Existenz von Umweltproblemen (in der ökonomischen Terminologie: externe Effekte) eine Abweichung zwischen Marktgleichgewicht und Optimum begründet." Anschließend geht es um den Versuch externe Effekte im Rahmen von Internalisierungsstrategien dem Verursacher zuzurechnen. (Vgl. u. a. Endres 2022).

> Hierzu ein einfaches **Beispiel**: in zwei nebeneinander liegenden Wohnungen ist einer der Mieter ein starker Raucher, der andere Mieter in der Nachbarwohnung ist Nichtraucher. Der Nichtraucher fühlt sich durch seinen Nachbarn stark belästigt (negativer externer Effekt). Im Rahmen einer Verhandlung suchen sie nach einer Lösung (Internalisierung). Eine Lösung könnte sein, dass der Raucher während des Tages nur bis zu einer bestimmten Zeit (z. B. bis zum späten Nachmittag) raucht und der Nichtraucher durch die dann rauchfreie Zeit eine gewisse Entlastung erfährt.

Die Internalisierung externer Effekte ist somit der Versuch, wirtschaftspolitische Korrekturen am Marktmechanismus vorzunehmen, um ein Gleichgewicht bzw. Optimum zu erzielen. Neben der Internalisierungsstrategie die Problemlösung durch eine Verhandlung zu erreichen, werden in der Umweltökonomie als Lösungsstrategie noch das Haftungsrecht und die Pigou-Steuer genannt. Eine weitere Konkretisierung findet im Rahmen der Umweltpolitik durch die Auflistung des umweltpolitischen Instrumentariums statt (Endres 2022, S. 123 ff). Ein direkter Bezug zu Wachstum ist bei Endres jedoch nicht zu finden.

Exkurs: Neuorientierung durch William D. Nordhaus

Abschließend wird aufgezeigt, wie sich ein Ökonom, der im Prinzip dem Mainstream zuzurechnen ist, die Gefahren der Ökologie erkennt und sich ihnen eindrucksvoll zuwendet. William D. Nordhaus, einer der bedeutendsten US-amerikanischen Wirtschaftswissenschaftler und 2018 Träger des Alfred-Nobel-Gedächtnispreises für Wirtschaftswissenschaften, wurde besonders für seine Forschung über den Klimawandel bekannt. Nun hat er sich in seinem lesenswerten Buch mit dem Titel „*The Spirit of Green – The Economics of Collisions and Contagions in a Crowded World*“ sowohl aus dem ökonomischen als auch dem umweltökonomischen Mainstream gelöst. Sein Buch hat er aus der Perspektive der Umweltbelastung geschrieben. Das begründet er wie folgt:

> “Green has taken on a life of its own, becoming a social movement that reflects a new approach to individual actions, companies, political activities, and laws. It is an interconnected set of ideas about the dangers side effects of modern industrial societies and how we can cure, or at least curb, them. In this book, “Green” with a capital G represents the movement to deal with the collisions and contagions of the contemporary world.” (Nordhaus 2022, S. 1)

Zunächst geht er von der Frage aus, was unter einer „green economy“ zu verstehen ist. Für ihn handelt es sich um einen wachsenden Wirtschaftszweig, der sich mit Umwelt, Umweltverschmutzung und Klimawandel sowie der Analyse von externen Effekten befasst. Dagegen beschäftigt sich die Mainstream Ökonomie primär mit der Funktionsweise der Marktwirtschaft und deren zentralen Bereichen wie dem Gesundheitswesen, dem Arbeitsmarkt und dem Finanzsektor. Dagegen ist die green economy ein Zweig der Ökonomie, der das Verhalten der nicht marktwirtschaftlichen Systeme betont und analysiert, die der Mensch beeinflusst.

Michael Jacobs ist dagegen in seinem Buch „*The green economy*" gegenüber der Möglichkeit, die Umwelt in den Mainstream oder die neoklassische Ökonomie zu integrieren, skeptisch (1991). Entsprechend dem Mainstream gilt, dass Umweltgüter und -dienstleistungen wie normale Güter zu betrachten sind, jedoch unter „Marktversagen leiden." Das lässt sich nach dem Mainstream dadurch überwinden, das Marktversagen zu korrigieren und danach wie gewohnt, d. h. mit *business as usual*, fortzufahren. Wenn beispielsweise städtischer Smog das Ergebnis unterbewerteter Emissionen von Schwefeldioxid ist, müssen Schwefeldioxidemissionen angemessen bewertet werden und die Wirtschaft wird danach ordnungsgemäß funktionieren.

Diese Sicht, so Nordhaus, ist neoklassischen Ökonomen zu einfach. Worauf zielt die Kritik von Jacobs und anderen Ökonomen, die sich der green economy zuwenden, ab.

- Eine wesentliche Kritik ist, dass Präferenzen (oder die Anforderungen an Angebot und Nachfrage) nicht die Interessen zukünftiger Generationen widerspiegeln. Aktuelle Entscheidungen werden von den heutigen Konsumenten und Wählern getroffen, während zukünftige Generationen hierbei kein Mitspracherecht haben. Weigern sich also heute Politiker Maßnahmen zu ergreifen, um die Zerstörung von Ozeanen zu vermeiden, haben zukünftige Wähler keine Möglichkeit sie aus ihrem Amt zu wählen.
- Ein zweites und damit zusammenhängendes Problem besteht darin, dass die Finanzmärkte und die öffentlichen Entscheidungen der Gegenwart und Zukunft nicht gewissenhaft abwägen. Die Ausrichtung auf die Gegenwart spiegelt sich in den Abzinsungssätzen einschließlich der zu hohen Marktzinssätze wider. Dadurch werden die aktuellen Kosten zu hoch und der zukünftige Nutzen wird unterbewertet.
- Ein dritter Mangel ist, dass im Rahmen der Ökonomie öffentliche Güter wie Umweltqualität und Umweltgüter und -dienstleistungen unterbewertet werden. Das begründet sich daraus, dass sie in einer „laissez-fair market economy" grundsätzlich unterbewertet werden. Beispielsweise können bestimmte Tierarten wie Fische aussterben, da ihr Zuchtbestand unterbewertet ist und es daher auch auf dem Fischmarkt zu einer Unterbewertung kommt. Das gilt in noch stärkerem Maße für globale öffentliche Güter wie den Klimawandel oder den Schutz der Ozonschicht wo die Marktpreise nicht nur niedrig, sondern gleich null sind. Allgemein lässt sich feststellen, dass die Mehrzahl der Preise für

öffentliche Güter zu niedrig angesetzt werden. Das lässt sich an der Tatsache verdeutlichen, dass der Preis der Kohlendioxidemissionen in den meisten Sektoren bzw. in den meisten Ländern gleich Null ist und damit deutlich unter den sozialen Kosten liegt.

„A final area is that mainstream economics downplays the central concern – which in some sense encompasses the first three – which is the need to ensure sustainability or sustainable growth. Sustainability has deep roots in environmental history and has spread to economic development." (Nordhaus 2021, S. 75)

Das verdeutlicht er an folgendem **Beispiel**: Dabei geht er von dem Indikator Nettosozialprodukt (NSP) aus und analysiert ihn im Kontext der Umwelt. Nach Nordhaus sind Niveaukorrekturen und Wachstumskorrekturen zu ermitteln. Die Niveaukorrekturen addieren oder subtrahieren die Schätzungen der negativen externen Effekte, d. h. Umweltbelastungen oder der Auslassungen vom NSP. So beträgt die Korrektur für die Verschmutzung X im Jahr 2014 möglicherweise 1,0 % des NSP und 1,1 % des NSP im Jahr 2015. Bei der Wachstumskorrektur wird untersucht, wie sich die Korrektur auf das Wachstum des NSP auswirkt. Wenn die negativen externen Effekte zunehmen, wird die Wachstumsrate sinken, wenn die externen Effekte abnehmen, wird die Wachstumsrate steigen. Daraus ergibt sich die Differenz zwischen dem konventionellen NSP und dem grünen NSP.

Mit dem soeben genannten Zahlenbeispiel würde die Verschmutzungskorrektur die Wachstumsrate von einer konventionellen Wachstumsrate des NSP von beispielsweise 3 % auf eine korrigierte Rate des grünen NSP von 2,9 % absenken. Das lässt sich am Beispiel der Auswirkungen der externen Effekte des Klimawandels, insbesondere durch den Ausstoß an $CO_{2,}$ exemplarisch konkretisieren. Hier geht es darum, Schätzungen der Menge und des Preises zu erhalten und dann das Konto, um die Gesamtsumme zu korrigieren. Es beginnt also mit der Messung der Treibhausgasemissionen von CO_2. Dann wird die Menge mit dem Preis der Emissionen multipliziert. Für den Preis werden die Schätzungen der sozialen Kosten von Kohlenstoffdioxid verwendet. Nordhaus hat weiterhin die Bereiche „Climate Change" und „Susoil Assets" untersucht.

Eine mögliche Handlungsoption wäre, dass bei einer wachsenden Differenz zwischen dem konventionellen NSP und dem grünen NSP politischer Handlungsbedarf für alle Bereiche verpflichtend ist. Würden Schätzungen der Auswirkungen von Ressourcen und der Umwelt mit einbezogen, die gegenwärtig in der volkswirtschaftlichen Gesamtrechnung nicht berücksichtigt werden, kann dies einen erheblichen Unterschied im Produktionsniveau ausmachen. Nach Nordhaus besagt eine grobe Schätzung, dass die Auswirkungen der ausgeschlossenen Sektoren, entsprechend dem hier aufgezeigten Sektor, in der Größenordnung von 10 % der Produktion der Vereinigten Staaten abnehmen würde.

Da die Forschung hierzu jedoch die notwendigen Erkenntnisse noch nicht liefert, könnte die Gesamtsumme noch höher sein. So kommt er zu der Schlussfolgerung:

> „So if the young radical were to come back today as an old radical, the attitude towards national accounts might be quite different. Having seen the experience of recent years and studied the work of environmental economists, the old radical might write, „Those who claim that environmental regulations harm economic growth are completely wrong because they are using the wrong yardstick. Pollution should be in our measures of output, but with a negative sign. If we use Green national output as our standard, then environmental and safety regulations have increased true economic growth sustainability in recent years." (Nordhaus 2022, S. 94)

Ökologische Ökonomie

Die Ökologische Ökonomie entstand und etablierte sich in den 1980er Jahren als Gegenposition zur neoklassischen Theorie und deren Paradigma der schwachen Nachhaltigkeit. Die Gegenposition der Ökologischen Ökonomie ist die starke Nachhaltigkeit, bei der die Substitutionsregel grundsätzlich abgelehnt wird. Interessant ist jedoch, dass Vertreter der Ökologischen Ökonomie vielfach die konventionellen Methoden der neoklassischen Umwelt- und Ressourcenökonomie nutzen wie z. B. die

- Kosten-Nutzen-Analyse,
- umweltökonomische Gesamtrechnung,
- Input-Output-Analysen und
- ökonometrische Ansätze.

Sie entwickeln diese Methoden aber auch weiter wie beispielsweise die deliberativen Bewertungsansätze bei denen die Annahme, wonach Menschen vordefinierte Präferenzen haben, aufgegeben wird. Die Anwendung von Methoden, die auch in der neoklassischen Ökonomie angewandt werden, ist jedoch in der Ökologischen Ökonomie teilweise umstritten indem einige Vertreter sich von ihr inhaltlich völlig, d. h. auch von den Methoden, lösen wollen.

Die Ökologische Ökonomie hatte Vorläufer und wurde ganz wesentlich durch Arbeiten von Nicholas Georgescu-Roegen, Kenneth Boulding und Karl W. Kapp, die in den 1970er Jahre entstanden, inspiriert (Georgescu-Roegen 1971, Boulding 1976, Kap. 1979). Sie kam zunächst in den Vereinigten Staaten unter der Bezeichnung *„Ecological Economics"* auf. Im Herbst 1987 wurde die *„International Society of Ecological Economics (ISEE)"* gegründet. In den folgenden Jahren hat sie sich auch in Deutschland etabliert. 1985 wurde die Vereinigung der Ökologischen Wirtschaftsforschung (VÖW) und das Institut für ökologische Wirtschaftsforschung und 1996 die Vereinigung der Ökologischen Ökonomie (VÖÖ) gegründet.

Die Ökologische Ökonomie basiert im Gegensatz zur neoklassischen Ökonomie nicht auf einer in sich geschlossenen Theorie. Sie versteht sich vielmehr als interdisziplinäre Zusammenführung von Erkenntnissen unterschiedlicher Wissenschaften die gemeinsam die vielfältigen Dimensionen der ökologischen Nachhaltigkeit berücksichtigen und sich so disziplinübergreifend der Wirklichkeit annähern (Brown, Timmermann 2015, Spash 2017).

So entstand bis heute keine einheitliche konsistente Theorie, was auch in Zukunft nicht zu erwarten ist. Das trifft zumindest dann zu, wenn man als Ökonomin oder Ökonom mit neoklassischen Modellen bzw. Theorien „aufgewachsen" ist. Es kann sicher auch bei der Heterogenität der Beiträge nicht von einem einheitlichen Wissenschaftsverständnis ausgegangen werden (Finke 2005, S. 21). Die Ökologische Ökonomie strebt vielmehr danach komplexe Zusammenhänge nachhaltiger Entwicklung zu analysieren und Lösungen zu entwickeln bzw. anzustreben.

Daher kam es in der Vergangenheit auch zu einer kritischen Diskussion über die mangelnde theoretische Fundierung der Ökologischen Ökonomie (vgl. u. a. Anderson, M'Gonigle 2012, S. 37ff.). Spash fordert in diesem Kontext auch eine Weiterentwicklung der empirischen Fundierung und stellt hierzu fest:

„Ecological Economics is, and should be in part, an empirically based subject but the form of that emiricism needs development and should not be restricted to a narrow, docmaticanti-pluralist, priscriptive caricature, nor based upon appeals to the most popular methodology." (Spash 2013, S. 45)

Eine tiefere wissenschaftliche Fundierung fordert mit Nachdruck u. a. Perrings mit folgender Begründung:

„My own view is that ecological economics has an obligation to develop the science needed to understand, model and predict the dynamics of coupled ecological-economic systems. Indeed, it is the rai- son-d'être of the field." (Perrings 2006, S. 19)

Dagegen hat Costanza, einer der bedeutendsten Protagonisten, die Ökologische Ökonomie als Wissenschaft dargestellt, die einen leitbildorientierten Rahmen sowohl für die Ressourcen- als auch die Umweltökonomie und auch für alternative Ansätze bietet (Costanza et al. 2001, S. 60 ff.). Im Hinblick auf die drängenden Umweltprobleme stellt Shemlev zur Relevanz der Ökologischen Ökonomie besonders für Studierende fest:

"When he (she) starts to study ecological economics, the student embarks on an exciting interdisciplinary journey, which will bring answers to important questions, help to understand the ecological-economic system in all its intricacy and lead to new insights. Ecological economics emerged as a response to the pressing environmental problems of the twentieth century and the inability of neoclassical economic theory to solve them or provide adequate explanations for the unprecedented decline in biodiversity, changing climate, increased generation of waste, all caused by the pursuit of economic growth." (Shemlev 2012, S. 3)

Die folgenden Ausführungen wenden sich nun der Kritik der Ökologischen Ökonomie an der neoklassischen Ökonomie und ihrem Wachstumsverständnis zu. Eine wesentliche Kontroverse besteht zu der bereits erwähnten Substitutionsregel. Im Kontext der Ökologischen Ökonomie wird die Ökonomie als ein Subsystem des Ökosystems eingeordnet, das endlich ist, d. h. materiell geschlossen ist und somit nicht wachsen kann. Von Costanza et al. wird die Ökologische Ökonomie inhaltlich wie folgt konkretisiert:

„Die transdisziplinäre Sichtweise vermittelt eine übergreifende Perspektive, die das Wissen der einzelnen Disziplinen verbindet und eine Lösung der immer drängender werden[den] Probleme ermöglicht, die innerhalb einzelner Disziplinen nicht gelöst werden können. In diesem Sinne ist die Ökologische Ökonomik

> nicht als Alternative zu einer der bestehenden Wissenschaften zu betrachten. Vielmehr beruht sie auf einer neue[n] Sichtweise der Probleme, welche die bestehenden Ansätze ergänzt und einige Defizite des disziplinären Ansatzes beseitigt." (Costanza et al. 2001, S. 94f.)

Daraus ergeben sich für die Ökologische Ökonomie vier Maximen:

- Nach den Vertretern der Ökologischen Ökonomie ist die Erde ein geschlossenes thermodynamisches und ein nicht materiell wachsendes System, in dem die Wirtschaft ein Subsystem darstellt. Daher existieren Grenzen für die Ressourcenentnahme.
- Das Ziel ist ein nachhaltiges Gesellschaftssystem mit hoher Lebensqualität für alle Bewohner im Rahmen der natürlichen Grenzen anzustreben.
- Die Vertreter der Ökologischen Ökonomie stellen fest, dass komplexe Systeme mit großen Unsicherheiten behaftet sind. Es besteht die Gefahr irreversibler Prozesse bzw. Ereignisse. Sie erfordern einen präventiven Ansatz.
- Daher sind agierende und nicht reagierende Institutionen und Politiken notwendig.

Die Ökologische Ökonomie vertritt die Position, dass Naturkapital und anthropogenes Kapital nicht substitutiv sind. Danach gilt: sollte anthropogenes Kapital vollständig durch Naturkapital substituierbar sein, müsste auch der Umkehrschluss möglich sein wonach Naturkapital durch anthropogenes Kapital ersetzbar ist. Vielmehr gilt, dass anthropogenes Kapital benötigt wird, um Naturkapital effizient zu nutzen und Naturkapital benötigt wird, um anthropogenes Kapital zu generieren. Daraus wird deutlich, dass die beiden Kapitalarten komplementär zueinander sind (Brown, Timmermann 2015, S. 97).

Nach den Vertretern der Ökologischen Ökonomie ist das Naturkapital der knappe Faktor. Daher sollte in Naturkapital investiert werden. Das setzt jedoch einen Politikwandel voraus, wonach nicht die Produktivität und der Wert des anthropogenen Kapitals, sondern jener des Naturkapitals erhöht wird. Nach dieser Bestandsaufnahme einiger wesentlicher Grundpositionen der Ökologischen Ökonomie lässt sich nun ein zentraler Kritikpunkt an der neoklassischen Ökonomie aufzeigen.

> „Neoklassische Ökonomie ist wie die klassische Physik eine spezielle Lehre, die annimmt, dass wir von jeglichen Grenzen weit entfernt sind – (...), im Falle

der Ökonomie von den Begrenzungen der ökologischen Tragfähigkeit, oder der Sättigung der Konsumentenbedürfnisse." (Daly 1987, S. 2)

Daher stellt Daly, einer der Mitbegründer der Ökologischen Ökonomie fest: Das Streben nach ständig steigendem Wirtschaftswachstum ist nach den Erkenntnissen der Ökologischen Ökonomie auf lange Frist nicht tragfähig, da die Umweltbelastung und der Ressourcenverbrauch dazu führen, dass das globale Ökosystem irreversibel geschädigt wird. In diesem Zusammenhang kommen Common und Stagl zu der IPAD-Identität:

I = P x A x T
I Auswirkungen auf die Umwelt (Impact)
P Bevölkerungszahl (Population)
A Wohlstand (Affluence)
T Technologie (Technology)

Bei gleichbleibenden Bedingungen (entsprechend *der* ceteris paribus Regel) kommt es bei wachsender Bevölkerung zu steigendem Konsum und damit auch zu einer steigenden Produktion. Das hat negative Auswirkungen auf die Umwelt. I spiegelt die Umweltbelastung wider, indem die Umwelt einerseits als Quelle natürlicher Ressourcen und andererseits als Senke z. B. für Emissionen genutzt wird.

Es ist jedoch zu berücksichtigen, dass die IPAD-Identität Anregungen für eine Auseinandersetzung mit verschiedenen Szenarien liefert, jedoch keine verlässlichen Aussagen über die Zukunft möglich sind. Auch Costanza et al. gehen davon aus, dass bei einer dauerhaft wachsenden Bevölkerungszahl, wie das global seit Jahrzehnten zu beobachten ist, die Tragfähigkeit der Erde überschritten wird. Ein Indikator ist der Overshoot Day, der ökologische Fußabdruck, der anzeigt, dass der Ressourcenverbrauch und das Abfallaufkommen ständig ansteigen: Global hat die Menschheit einen Ressourcenverbrauch von 1,6 Erden und Deutschland von etwa drei Erden (v. Hauff 2024, S. 15).

In der Ökologischen Ökonomie bestand schon früh ein Konsens, dass ein stetig wachsender Verbrauch natürlicher Ressourcen nicht zukunftsfähig ist.[5] Daly (1973) und die Mehrzahl der Vertreter der Ökologischer Ökonomie lehnen daher auch ein weiter steigendes Wachstum ab. Sie fordern eine Gleichgewichts-Ökonomie (Steady-State-Economy), worunter Daly ein Wirtschaftssystem versteht, das darauf ausgerichtet ist, eine konstante Ausstattung mit Gütern zu gewährleisten, die für ein „gutes Leben“ ausreicht.

Es handelt sich also um eine Wirtschaft, die ein optimales Niveau erreicht, also physisch nicht mehr weiterwächst. Sie entwickelt sich auf einem nachhaltigen Konsumniveau bzw. konstanten physischen Kapitalstock und einer konstanten Bevölkerung weiter.

Die Gleichgewichts-Ökonomie basiert im Prinzip auf den Gesetzen der Thermodynamik. Danach hat die Menschheit ein begrenztes Budget an Energie mit niedriger Entropie. Übersteigt der Verbrauch an Energie für wirtschaftliche Aktivitäten ein bestimmtes Maß, versagen die komplexen lebenserhaltenden ökologischen Systeme. Darauf basiert seine Kritik an der neoklassischen Theorie und ihrer Wachstumslogik, die gegen das zweite Gesetz der Thermodynamik verstoße: Danach kann eine Wirtschaft mit begrenztem Vorrat an Energie und Ressourcen nicht unendlich wachsen. Stagnation bedeutet für Daly ein dynamisches Gleichgewicht zu erreichen, wobei Wirtschaft und Gesellschaft sich innerhalb der regenerativen Kapazitäten der Natur entwickeln (Daly 1973 und 2005). Das *„Center for the Advancment of the Steady State Economy (CASSE)“*, eine wissenschaftliche Vereinigung in den USA, ist darum bemüht die Steady State Economy weiterzuentwickeln und zu verbreiten.

> „CASSE is an organization that explores economic growth in earnest, including its downsides. We refuse to ignore the costs of economic growth, and our position sets the record straight. We recognize the conflict between economic growth and various goals for society, and we stand up for rational macroeconomic policies. Continuous economic growth on a finite planet is wishful thinking. We confront the truth that there are limits to growth, and we examine other possibilities for managing our economic affairs.“(Casse 2024)

Dieser Ansatz basiert auf der Maxime

> „an economy that does not grow nor shrink physically in the long run.“ (Daly 2005, S. 125)

---

5 Zur Erinnerung: diese Position wird, wie im Rahmen des „Symposium on the Economics of exhaustible Resources“ seit 1974 kontrovers diskutiert.

Er kommt im Gegensatz zur neoklassischen Wachstumstheorie somit zu der Erkenntnis, dass quantitatives Wachstum nicht nur an Grenzen stößt, sondern auch unwirtschaftlich ist. Seine Begründung ist: Es werden immer mehr natürliche Ressourcen (green flow) verbraucht um materielle Güter (brown flow) herzustellen.

> „As we expand the brown flow, we reduce the green flow." (Daly, Farley 2011, S. 70)

Die ökologischen Grenzen des Wachstums sind dann erreicht, wenn die marginalen Kosten gleich groß sind wie der marginale Nutzen des Wachstums. Eine Volkswirtschaft hat in diesem Punkt ihr Optimum erreicht.

Es besteht jedoch das Problem, dass die Vertreter der Ökologischen Ökonomie nicht ausreichend begründen, wie die Steady State Economy auszugestalten ist. So zielt die Kritik der Vertreter der neoklassischen Ökonomie darauf ab, dass die makroökonomischen Effekte eines stagnierenden Wachstums wie z. B. die Wirkungen auf den Arbeitsmarkt, auf die Verteilung, auf den Finanzmarkt und das Steuersystem nicht ausreichend analysiert werden. Ein Wachstumsverzicht führt auch dazu das gesamtwirtschaftliche Einkommen einzufrieren. Daher haben sich Vertreter der Ökologischen Ökonomie zunehmend der Ökologischen Makroökonomie (Ecological Macroeconomics) zugewandt (Jackson 2017, S. 108 ff.).

Einige Vertreter der Ökologischen Ökonomie stellen fest, dass es überraschend sei, dass ihre Relevanz bisher nicht mehr Beachtung gefunden habe. Sie begründen die Relevanz mit dem zentralen Lehrsatz der Ökologischen Ökonomie: Die Welt ist endlich. Da die Weltwirtschaft ständig wächst, wird die Menschheit zunehmend mit den biophysikalischen Grenzen des Planeten konfrontiert.

Die Ökologische Ökonomie hat von Beginn an auf die Erkenntnis der nicht-Nachhaltigkeit des Wirtschaftswachstums hingewiesen bzw. entstand aus dieser Erkenntnis. Dabei wurden Fortschritte bei der Frage des Durchsatzes des Wirtschaftswachstums bei der Erhebung der relevanten empirischen Daten im Rahmen der Input-Output-Analyse erzielt (Rezai, Stagl 2016, S. 181).

Ökologische Ökonomen stellen weiterhin fest, dass sie nachgewiesen haben, dass die konventionelle Makroökonomie die grundlegenden sozialen Probleme, mit denen ein Übergang zur nachhaltigen Entwicklung konfrontiert ist, nicht lösen konnten. Dagegen geht die Makroökonomie davon aus, dass die Festlegung von Obergrenzen und Preissignalen ausreichen um eine Marktwirtschaft in Richtung eines nachhaltigen Wachstums und einer nachhaltigen Ressourcennutzung lenken können. So kommt Daly zu dem Konzept der ökologischen Makroökonomie als

> „the physical exchanges crossing the boundry between system and subsystem constitute the subject matter of environmental macroeconomics." (Daly 1991, S. 35)

Rezai und Stagl kommen in diesem Zusammenhang zu der Schlussfolgerung:

> "In modern capitalist societies, societal relations are mediated to a large extent through market interactions and, as a consequence, ecological macroeconomics aims at highlighting this central element. The establishment of more equitable living conditions within biophysical limits, however, must go beyond understanding market relations. Creating a fruitful exchange with those members of the ecological economics community who research the broader questions of societal transformation will be the ongoing challenge for ecological macroeconomics" (Rezai, Stagl 2016, S. 184).

Die Zielsetzung einer Gleichgewichtsökonomie und deren Umsetzung ist mit vielfältigen Problemen verbunden, die noch zu lösen sind. Daher fordert Binswanger eine minimale Wachstumsrate damit es nicht zu Schrumpfungsprozessen mit den damit verbundenen Belastungen kommt (Binswanger 2006, S. 368). Für eine Wirtschaft ohne Wachstum zeigt Tichy ansatzweise die Konsequenzen für die Wirtschaftspolitik auf: es werden arbeitsmarkt- und verteilungspolitische Absicherungsmaßnahmen unverzichtbar sein. Das gilt es jedoch nach ihm noch differenziert auszuarbeiten (Tichy 2009, S. 9). Ein weiteres fehlendes Forschungsfeld der Ökologischen Ökonomie ist ein Ansatz menschlichen Handelns (Vatn 2016).

In jüngerer Zeit wurden in Anlehnung weitere Ansätze zu der Beziehung von Umwelt und Wachstum entwickelt. Sie zeichnen sich dadurch aus, dass sie auf ein Nullwachstum (Postwachstumsökonomie) oder zumindest für Industrieländer ein schrumpfendes Wachstum (Degrowth) abzielen. Als weiterer kritischer Ansatz ist das LowGrow-Modell zu nennen, das ganz wesentlich auf den kanadischen Ökonom Peter Victor zurückzuführen ist. Entsprechend der Dreidimensionalität nachhaltiger Entwicklung wird im Kontext der sozialen Dimension teilweise auch die Gerechtigkeit mit einbezogen. Dabei findet besonders die wachsende Einkommensdisparität Beachtung, die sich negativ auf die wirtschaftliche und gesellschaftliche Entwicklung auswirken kann.

Die Postwachstumsökonomie

Der Begriff Postwachstum wurde im deutschen Kontext eingeführt, aus dem dann die Postwachstumsökonomie entstand. Sie widerspricht ebenfalls der „technologischen Entkopplung" wonach unerwünschte ökologische Schäden des Wirtschaftswachstums durch den technologischen Fortschritt aufgefangen werden können. Die ökologische „Entgiftung" reicht aus wachstumskritischer Sicht nur begrenzt aus, da sie allenfalls zu einer relativen Entkopplung führen kann (Adler 2022, S. 113).

> Hierfür ein **Beispiel**: Es ist unzureichend die CO_2 Emissionen etwas zu senken. Um die Erderwärmung auf 1,5 Grad oder maximal auf 2,0 Grad zu reduzieren ist eine absolute Senkung der Emissionen so anzustreben, dass dieses Ziel auch wirklich erreicht werden kann.

In der Postwachstumsökonomie entstanden unterschiedliche Strömungen. Es besteht jedoch Konsens, dass sie in Anlehnung an die Steady State Economy eine Wirtschaft ohne Wachstum fordert. Hiervon ist der Ansatz der Postwachstumsgesellschaft abzugrenzen, der jedoch nicht vertieft wird, da es Überschneidungen zu der Postwachstumsökonomie gibt (Seidl, Zahrnt 2011).

Die Verbindung der Postwachstumsökonomie zur Ökologischen Ökonomie besteht somit in der grundlegenden Maxime der Erhaltung und Stabilisierung der Natur bzw. der ökologischen Systeme und die Einordnung der Ökonomie in die Ökologie. Eine Klärung bedarf die Frage nach der Beziehung von Postgrowth und Degrowth, die von einigen Vertretern der Postwachstumsökonomie als identisch eingeordnet werden.

Die folgenden Ausführungen orientieren sich an jenen Vertretern, die Postgrowth als Oberbegriff einstufen und Degrowth dann unterordnen (vgl. u. a. Post Growth Institute 2016). Diese Unterscheidung wird deutlich, wenn man sich auf die inhaltliche Abgrenzung von Degrowth von Latouche bezieht, was in dem folgenden Abschnitt zu dem „Degrowth-Ansatz" noch erläutert wird.

Das Post Growth Institute, eine internationale, gemeinnützige Organisation, die sich für das kollektive Wohlergehen innerhalb ökologischer Grenzen engagiert, hat eine inhaltliche Abgrenzung vorgenommen, die eine breite Zustimmung findet. Danach zeichnet die Postwachstumsökonomie einen Weg zu kollektivem Gedeihen innerhalb ökologischer Grenzen auf. Dieser Weg versteht sich als Alternative zur derzeitigen extraktiven, wachstumsabhängigen Wirtschaft, die zur Spaltung führt. Die Postwachstums-Bewegung wird von ihren Vertretern gefordert, die eine Wirtschaft anstreben, in der Geld auf natürliche Weise zirkuliert, anstatt es auf wenige zu konzentrieren, eine Wirtschaft, die die Bedürfnisse der Menschen über das Profitstreben von Unternehmen stellt, eine Wirtschaft, die mehr gibt als sie unserem lebenserhaltenden Planeten nimmt.

Diese erste Orientierung lässt sich weiter ausdifferenzieren. Dabei gilt jedoch zu berücksichtigen, dass sich die Postwachstumsökonomie inhaltlich durch unterschiedliche Ansätze auszeichnet. Bei allen Unterschieden der verschiedenen Ansätze im Kontext der Postgrowth-Bewegung gibt es jedoch auch grundlegende Gemeinsamkeiten, die im Folgenden benannt werden (Kopfmüller, Nierling 2016, S. 46):

- Ganz wesentlich ist die gemeinsame Ablehnung der BIP-orientierten Definition wirtschaftlichen Wohlstands. Damit ist auch eine Neuorientierung der Wirtschaftspolitik, die sich auf geeignete Wohlfahrtsmaße hin orientiert, erforderlich.
- Es besteht die Auffassung, dass die natürlichen Ökosysteme eine harte Begrenzung und Rahmung menschlicher Aktivitäten darstellen.
- Beim Wachstum wurde im Kontext des Postgrowth die Unterscheidung zwischen gutem und schlechtem Wachstum getroffen. Daly und Farley haben in diesem Zusammenhang zwischen „ökonomischem Wachstum" und „unökonomischem Wachstum" differenziert (Daly, Farley 2003).
- Im Zentrum von Postgrowth richtet sich der Fokus auf die menschliche Dimension. Somit hat der Mensch Vorrang vor der Wirtschaft, was weitgehend dem aristotelischen Verständnis von „Oikonomika" entspricht.

Ein wichtiger Aspekt der Post Growth Community ist die kontroverse Diskussion zu dem Paradigma der nachhaltigen Entwicklung. Einerseits wird dem Leitbild nachhaltiger Entwicklung vorgeworfen, dass es bei der Umsetzung noch viele Defizite gibt. Eine vorläufige Bilanz zeigt jedoch, dass es in wichtigen Bereichen Fortschritte gibt. So lässt sich exemplarisch feststellen, dass es bei einigen Indikatoren der deutschen Nachhaltigkeitsstrategie zu positiven Entwicklungen kam. Es können die Indikatoren

- 3.2.a (Emissionen Luftschadstoffe),
- 7.2.a (Anteil erneuerbarer Energien am Brutto-Endenergieverbrauch),
- 8.2.c (Schuldenstand) und 11.1.c (Siedlungsdichte)

als On-Track-Indikatoren eingestuft werden. Weiterhin ist die Beseitigung der Emissionen ozonabbauender Stoffe aber auch die Bekämpfung von Armut und Hunger und die Verbesserung der Bildung in einigen Regionen positiv zu werten.

Eine weitere Kritik an der Umsetzung der nachhaltigen Entwicklung ist, dass es eine „Verschleierung des Wachstumsparadigmas" sei und sich daher von dem Post Growth Ansatz unterscheide. Diese Kritik ist unter Berücksichtigung des SDG 8 nachvollziehbar. Dort heißt es:

> „Dauerhaftes, breitenwirksames und nachhaltiges Wirtschaftswachstum, produktive Vollbeschäftigung und menschwürdige Arbeit für alle fördern."

Ein wesentlicher Indikator ist das Bruttoinlandsprodukt pro Kopf. Dabei besteht, wie schon ausgeführt, International ein breiter Konsens, dass dieser Indikator sowohl im Kontext nachhaltiger Entwicklung als auch auf Post Growth bezogen unzureichend bzw. widersprüchlich ist. Der Indikator ist explizit auf Wachstum der Wirtschaft ausgerichtet. So stellt auch die Bundesregierung fest: Im Kontext von Wachstum steht bei der Bundesregierung noch Kohärenz aus. Das *„International Panal on Climate Change"* hat in seinen Gutachten mehrfach darauf verwiesen, dass wirtschaftliches Wachstum zu Umweltbelastungen führt (Vgl. u. a. IPCC 2023). Aus diesem Grund ist das SDG 8 das am meisten kritisierte Nachhaltigkeitsziel. Auch Kreinin und Aigner stellen hierzu fest, dass das BIP im Sinne der starken Nachhaltigkeit die sozialen Anforderungen und die biophysikalischen Grenzen vernachlässigt und daher die Möglichkeit der Gesellschaft, die anderen SDGs zu realisieren und katastrophale Umweltkrisen zu vermeiden, hemmt:

> „SDG 8 currently forms a part of a discourse of climate delay, as the inclusion of economic growth and the focus on increasing employment both lead to unsustainable and unjust outcomes. Currently, only sub-goal 8.4 (with the focus on resource use), 8.7 and 8.8 (with their foci on the decency of work) are adequate in meeting the overall aims of the SDGs and Agenda 2030 – ending poverty, providing wellbeing and protecting the planet." (Kreinin, Aigner 2022, S. 281).

Weiterhin wurde der Finanzsektor im Rahmen der Agenda 2030 und den SDGs nicht berücksichtigt, was dem Post Growth Ansatz ebenfalls widerspricht. Dabei sollte der Finanzsektor im Transformationsprozess zu nachhaltiger Entwicklung eine herausragende Bedeutung einnehmen. Hierzu stellt der langjährige Generalsekretär des Rates für nachhaltige Entwicklung in Deutschland Bachmann bereits 2017 fest: „Nachhaltige Finanzwirtschaft,

Green Finance, muss einen wesentlichen Beitrag zur Transformation hin zu einer nachhaltigen Gesellschaft leisten." (Bachmann 2017, S. 48 ff.)

Bisher kann festgestellt werden, dass Finanzwirtschaft und nachhaltige Entwicklung noch weitgehend ein Antagonismus sind. Gegenwärtig gibt es nur einzelne Institute des Finanzsektors, die sich an dem Paradigma der Nachhaltigkeit orientieren, während die Mehrzahl der Finanzinstitute ausschließlich gewinnorientiert sind. Die nachhaltigkeitsorientierten Finanzinstitute befinden sich noch in einer Nische des Finanzmarktes, wobei sie erfolgreich wirtschaften. Im Jahr 2015 begann jedoch ein gewisser Wandel. Sustainable Finance könnte danach das „New Normal" werden. Das fordert das Abkommen von Paris wonach Finanzmittelflüsse in Einklang mit einer emissionsarmen und gegenüber Klimaänderungen widerstandsfähigen Entwicklung zu lenken sind.

Der Finanzsektor ist jedoch noch ein Teil des Nachhaltigkeitsproblems und trägt bisher nicht zu dem Transformationsprozess nachhaltiger Entwicklung bei. Dabei könnte die Finanzierung von wirtschaftlichen Projekten nachhaltigkeitsrelevant sein, wenn sie sich positiv auf ökologische Anforderungen und Menschenrechte auswirken. Analysiert man den Transformationsprozess zu nachhaltiger Entwicklung, so zeigen Untersuchungen, dass hierfür enorme Summen an Finanzmitteln erforderlich sind. Die EU stellt in ihrem Aktionsplan *„Finanzierung nachhaltigen Wachstums"* von 2018 fest, dass für die Erreichung der Klima- und Energieziele bis 2030 von einem jährlichen Investitionsstau von etwa 180 Milliarden € auszugehen ist. In ihrem Beitrag *„Green Finance zum Erreichen von Klimaneutralität"* hat die Kreditanstalt für Wiederaufbau bis 2045 einen Bedarf von 5 Billionen € berechnet (Umweltbundesamt 2024). Dabei sollen jedoch nur die jährlichen Mehr- und Ersatzinvestitionen berücksichtigt werden:

> „Diese hohen Zahlen relativieren sich (aber), wenn lediglich die jährlichen Mehr- und Ersatzinvestitionen betrachtet werden. Ersatzinvestitionen, die für den turnusmäßigen Ersatz bzw. die Instandhaltung bereits bestehender Infrastruktur, Anlagen und Gebäude ohnehin aufgewendet werden müssten, nun aber gezielt unter Nachhaltigkeitskriterien getätigt werden sollten, machen den Großteil aus. Tatsächliche Neuinvestitionen belaufen sich laut KfW auf 72 Milliarden € pro Jahr." (Umweltbundesamt 2024)

Zu der Beziehung Post Growth und nachhaltiger Entwicklung kann somit festgestellt werden, dass zumindest bei der Umsetzung nachhaltiger Entwicklung im Rahmen der Nachhaltigkeitsstrategie Inkonsistenzen bestehen. Es gilt jedoch zu berücksichtigen, dass es für Post Growth bzw. Postwachstumsökonomie keine vergleichbare Umsetzungsstrategie gibt. Die aufgezeigten Defizite der nationalen Nachhaltigkeitsstrategie könnten jedoch für einen Transformationsprozess zu einer Postwachstumsökonomie wichtige Anregungen vermitteln.

Tim Jackson gehört als Vertreter der Postwachstumsökonomie zu den renommiertesten Kritikern eines exponentiellen Wachstums. Er argumentiert in seinem viel beachteten Buch *„Prosperity without Growth"*, dass Wohlstand ohne Wachstum in hochentwickelten Volkswirtschaften kein utopischer Traum ist, sondern vielmehr eine finanzpolitische und ökologische Notwendigkeit. Er kommt zu der Begründung, dass in reichen Nationen die Grundbedürfnisse vielfach im Überfluss gedeckt sind. Eine Vermehrung der Konsumgüter könne daher den materiellen Komfort vieler Menschen kaum noch steigern:

> „Können ständig steigende Einkommen für die bereits wohlhabenden weiterhin legitimer Mittelpunkt ihrer Hoffnungen und Erwartungen sein – in einer Welt mit endlichen Ressourcen und engen ökologischen Grenzen, in einer Welt, die immer noch gekennzeichnet ist durch Inseln des Wohlstands inmitten eines Ozeans der Armut? Oder gibt es vielleicht einen anderen Weg hin zu einer nachhaltigen, gerechteren Form des Wohlstandes?" (Jackson 2013, S. 4)

In diesem Kontext kommt er zu dem Wachstumsdilemma. Einerseits geht es bei Wohlstand nicht nur um Einkommen. Vielmehr besteht die Notwendigkeit in ökologischen Grenzen zu wirtschaften. Daher ist steigender Wohlstand nicht mit Wirtschaftswachstum gleichzusetzen. Andererseits gewährleistet dies nicht, dass Wohlstand ohne Wachstum möglich ist. Es besteht vielmehr der tief verwurzelte Wunsch der wirtschaftlichen Stabilität. Um dieses Dilemma aufzulösen, plädiert auch Jackson für eine ökologische Makroökonomie. Dabei stellt er fest, dass es bisher keine Modelle gibt, die die wirtschaftliche Abhängigkeit von ökologischen Variablen wie beispielsweise dem Verbrauch von Ressourcen und ökologischen Dienstleistungen erfassen. Eine erste Orientierung bietet der Verkauf von Energiedienstleistungen statt Energie, der Verkauf von Mobilität anstelle von Autos und auch Recycling und erneute Nutzung von Produkten und Leasing (Jackson 2017, S. 115).

Diese Überlegungen wurden auch von Strahel in der *Performance Economy* umfassend ausgeführt. Sie stellt idealtypisch auf eine vollständige Verlagerung auf Dienstleistungen ab. Daher werden Einnahmen aus der

Nutzung von Produkten bzw. Dienstleistungen nicht aus dem Verkauf von Waren erzielt (Strahel 2016, S. 148).

Es gibt viele Aktivitäten bzw. Angebote, die den Menschen das Gefühl des Wohlbefindens vermitteln. Beispielhaft zu nennen sind

- kommunale Energieprojekte,
- lokale Bauernmärkte, kommunale Gesundheitszentren,
- Reparatur Cafés,
- Musik- und Theatergruppen und
- Sportvereine,

die als entmaterialisierte Dienstleistungen nicht zu einem Produktivitätswachstum führen. Dennoch ergibt sich daraus eine Nischen-Wirtschaft, – Jackson spricht von einer Aschenbrödel-Wirtschaft – die es ermöglicht den Druck auf die Beschäftigung zu hinterfragen. Die dadurch entstehenden Räume werden auch als Reallabore, Nischen für Alternativprojekte oder Nowtopias[6] bezeichnet. Sie verstehen sich als Beitrag zu einem großen Transformationsprozess und werden in der Literatur häufig als Freiraumstrategien bezeichnet (Adler 2022, S. 182).

Bei der Weiterentwicklung bzw. Ausdehnung der Nischen-Wirtschaft entsteht ein Spielraum für ein anderes makroökonomisches Modell. Vorausetzung ist, dass es gelingt die wirtschaftlichen Aktivitäten von dem konventionellen Bereich auf den anderen Bereich zu verschieben. So kann es gelingen die Beschäftigung zu stabilisieren oder sogar zu erhöhen. Um eine mögliche Rezession mit Arbeitslosigkeit zu vermeiden, sollte die vorhandene Arbeit auf die Erwerbsbevölkerung gleichmäßiger verteilt werden. Dieser Effekt könnte durch kürzere Arbeitszeiten bzw. kürzere Arbeitswochen, was zu mehr Freizeit führen würde, verstärkt werden.

Es wäre jedoch realitätsfremd davon auszugehen bzw. zu erwarten, dass sich die Nischenwirtschaft zu einer Massenbewegung mit hegemonialer Strahl- und Durchsetzungskraft ausweitet. Selbst wenn sich die vielfältigen Gruppen bzw. Vereinigungen des Spektrums strukturierter zu einer Bewegung organisieren würden, wie mehrfach vorgeschlagen wurde, wäre nicht zu erwarten, dass sich ein politischer Druck zu einer Postwachstumsöko-

---

6 Nowtopias sind Alternativprojekte wie Co-Housing-Projekte, Ökodörfer, Agrarökologie-Initiativen, urbane Landwirtschaft, Verbraucherkooperativen, Zeitbanken und dezentralisierte Gemeinschaften für erneuerbare Energien, die außerhalb formeller Institutionen existieren und als Nischenexperimente an der Basis betrachtet werden.

nomie aufbauen ließe, der zur Umsetzung eines nachhaltigen Transformationsprozesses ausreichen würde.

Die bisherige Fokussierung der ökologischen Makroökonomie auf die Arbeitsproduktivität bzw. Beschäftigung wird nun durch die Frage von Kapital und Kapitalproduktivität erweitert. Die ökologische Marktwirtschaft erfordert den Übergang in eine nachhaltige, d. h. kohlenstoffarme Wirtschaft. Das erfordert eine völlige Neuausrichtung bei Investitionen. Diese Neuausrichtung ist erforderlich, um zukünftigen Wohlstand zu sichern. Der Übergang von dem Einsatz fossiler zu regenerativen Energieträgern hat besonders in Industrieländern wie Deutschland begonnen und zeigt die vielfältigen Herausforderungen und Widerstände (Seibt 2015, S. 9 ff; Mehtling 2022). Eine weitere Herausforderung ist, eine Balance zwischen Konsum und Investitionen anzustreben. Dabei wird die Funktion von Investitionen die Arbeitsproduktivität zu erhöhen an Bedeutung verlieren, indem sie auf Nachhaltigkeit ausgerichtet werden.

> „Insbesondere werden sich Investitionen auf die Ressourcenproduktivität konzentrieren müssen, auf erneuerbare Energien, saubere Technologien, grünes Unternehmertum, Klimaanpassung und die Stärkung der Ökosysteme. Das sind genau die Ziele, die beim Green New Deal Einigkeit besteht." (Mehrling 2022)

Das setzt einen Verzicht auf Konsumwachstum voraus. Es besteht jedoch Unsicherheit, ob und in welchem Maße diese Investitionen das Wachstumspotenzial der Wirtschaft beschränkt. Dabei geht es auch um die Beschaffenheit ökologischer Investitionen und damit deren Produktivität. Eine weitere Frage ist die nach den Renditezeiträumen im Verhältnis zu konventionellen Kapitalinvestitionen. In diesem Zusammenhang sind jedoch verschiedene Typen von Investitionen zu unterscheiden wie jene, die zu einer Erhöhung der Ressourceneffizienz führen bzw. jene, wodurch konventionelle Technologien durch saubere, kohlenstoffarme, Technologien ersetzt werden. Sind beispielsweise die Renditezeiträume ökologischer Investitionen länger als jene konventionellen Investitionen, hat das Auswirkungen auf die Finanzmärkte.

Diese exemplarischen Zusammenhänge haben gezeigt, in welche Richtung eine ökologische Makroökonomie gehen sollte und welche Fragen hinsichtlich ihrer Auswirkungen weiter analysiert werden müssen. Um in der Politik hierfür eine Mehrheit zu finden, muss eine nachhaltige Wirtschaft ökonomischen Erschütterungen standhalten, die Lebenslage der Menschen darf nicht überfordert werden und Verteilungsgerechtigkeit muss gewährleistet werden (Jackson 2017, S. 126). Neben makroökonomischen Variablen wie die Energie- und Ressourcenabhängigkeit sollte auch der Wert von Ökosystem-Dienstleistungen und der Bestand an natürlichem Kapital Berücksichtigung finden (UNEP 2008).

In Deutschland gilt Peach als einer der bekanntesten Vertreter der Postwachstumsökonomie (Peach 2012). Für ihn kann ein ökonomisch und sozial krisenstabiles Versorgungssystem, das global ein gerechtes Dasein innerhalb ökologischer Grenzen ermöglicht, nur durch eine Kombination aus Reduktion und Selbstbegrenzung erreicht werden. So kommt er zu drei Optionen, die abgestuft sind: von der Selbstbegrenzung auf ein erreichtes Versorgungsniveau, über die Reduktion, anstatt zweimal nur einmal pro Jahr in Urlaub zu reisen, zur vollständigen Entsagung z. B. grundsätzlich kein Fleisch zu essen, niemals zu fliegen oder kein Auto zu nutzen.

So kommt er zur Forderung alle Reduktionsziele auszuschöpfen, indem es zu einem „Rückbau des dekadenten und zugleich schädlichen Luxus" kommt. Dies führt für ihn zu einem Subsistenzverständnis, das stark auf Selbstversorgung basiert, wobei er Selbstversorgung von der Fremdversorgung abgrenzt.

> „Selbstversorgungspraktiken enthalten ihre Wirkung im unmittelbaren sozialen Umfeld, also auf kommunaler oder regionaler Ebene. Sie basieren auf einer (Re-)Aktivierung der Kompetenz, manuell und kraft eigener Tätigkeiten Bedürfnisse kommerzieller Märkte zu befriedigen, vor allem mittels handwerklicher Fähigkeiten, die zwar weniger energie-, aber dafür zeitintensiv sind." (Paech 2021, S. 78)

Sein Subsistenzverständnis zielt somit darauf ab, einen markant reduzierten Industrieoutput durch eine Hinzufügung eigener Inputs aufzuwerten bzw. zu veredeln.

Seine suffizienzorientierte Postwachstumsökonomie fand teilweise Zustimmung, in der wissenschaftlichen Community jedoch eher Kritik. So wird beispielsweise kritisch hinterfragt, wie eine Transformation weg von der imperialen Lebensweise gegen die Interessen großer Bevölkerungsteile gelingen kann die mit einer Deprivilegierung einher geht. So kommen Dengler und Schmelzer zu der grundsätzlichen Kritik:

> „Mit seinem alleinigen Fokus auf die Individualethik sowie dem Verständnis von Postwachstum als Programm individueller Konsumverweigerung verkürzt Paech die viel grundlegender ansetzende Diskussion um wachstumsbefreite

> Alternativen. Er manövriert sich in eine handlungstheoretische Sackgasse, in der nur der individuelle Konsumverzicht, das persönliche Weniger und das beispielhafte Vorleben suffizienter Praxen in den Nischen als Handlungsoptionen übrigbleiben." (Dengler, Schmelzer 2021, S. 192)

Leschke kritisiert am Ansatz von Paechs Postwachstumsökonomie, dass Innovationen keine ausreichende Bedeutung zukommen. Weiterhin werden die Optionen des Individuums auf wenig arbeiten, wenig konsumieren und viel Soziales begrenzt, ohne dass dabei geschützte und regulierte Freiräume berücksichtigt werden und unerwünschte Tätigkeiten durch Transaktionskosten verhindert werden können. Daher sieht Leschke Lösungen für Probleme weniger in moralischen Appellen als vielmehr im Rahmen von Reformen im Bereich der Regelsetzung (Leschke 2015).

Abschließend lässt sich somit feststellen, dass es vielfältige Ansätze zur Postwachstumsökonomie gibt. Die gegenwärtige Wachstumsschwäche würde für Deutschland als „krankem Mann Europas" die Möglichkeit bieten, so die Forderung ausgewiesener Postwachstumsökonomen, nicht wie üblich eine konventionelle Wachstumsstärkung anzustreben, sondern aus sozialer und ökologischer Perspektive Wachstum selbst als Politikziel zu hinterfragen (Hofferberth, Schmelzer 2024).

Der Degrowth-Ansatz

Der Begriff Degrowth geht auf das Jahr 1972 zurück und wurde von dem Sozialphilosoph André Gorz geprägt. Einer der bedeutenden Vertreter des Degrowth-Ansatzes aktuell ist der französische Ökonom und Philosoph Serge Latouche, der in seinem Buch „Farewell to Growth" die Grundlagen des Ansatzes legte. Er konkretisiert den Ansatz wie folgt:

> „The slogan of de-growth is primarily designed to make is perfectly clear that we must abandon the goal of exponential growth, as the goal is promoted by nothing other than a quest of profits on the part of the owners of capital and has disastrous implications for the environment, and therefor for humanity. It is not just that society is reduced to being nothing more than an instrument or a means to be used by the productive mechanism; human beings themselves are becoming the waste products of the system that would like to make them useless and do without them." (Latouche 2007, S. 7 ff)

Wachstumsrückgang ist nach Latouche nicht dasselbe wie negatives Wachstum, was häufig falsch interpretiert wird. Der Begriff ist ein absurdes Oxymoron, d. h. eine gegensätzliche Interpretation. Der Begriff ist vielmehr ein deutlicher Hinweis darauf, wie sehr die Menschen von der Vorstellung des Wachstums beherrscht werden. Damit richtet sich Latouche nicht nur gegen die Umweltzerstörung durch Wachstum, sondern richtet sich auch gegen das kapitalistische System.

Mit seinem Ansatz ist er in eine wachstumskritische Bewegung einzuordnen, die sich in Frankreich bereits über viele Jahre intensiv etabliert hat. Der zentrale Begriff „décroissance" hat eine negative Bedeutung und ist – so auch bei Latouche – im Gegensatz zu der eigentlich positiven Wertung von Wachstum als negatives Wachstum zu verstehen. Der Ansatz bezieht sich primär auf Industrieländer, in denen ein negatives Wachstum angestrebt wird. Dagegen werden Entwicklungsländer von dieser Intention ausgenommen.

Die Vertreter von décrossance verstehen darunter eine bewusst angestrebte Reduktion von Wachstum im gesellschaftlichen Bewusstsein, die von einer ungeplanten bzw. unerwünschten Rezession der Wirtschaft abzugrenzen ist. So wird darauf hingewiesen, dass es Phasen gab, in denen die Treibhausgasemissionen absolut zurück gingen. Die Ursache lag, wie die Vertreter des Degrowth-Ansatzes zu bedenken geben, jedoch nicht in den Erfolgen eines green growth, sondern in Schrumpfungen, die von Öl- oder Finanzkrisen bzw. der Covid-19-Pandemie verursacht wurden. Weiterhin wird festgestellt, dass einige Länder wie beispielsweise EU-Länder, so auch die Bundesrepublik Deutschland, eine leichte Entkopplung des Wirtschaftswachstums von den Emissionen erreicht haben.

> In dem Zeitraum von 1990 bis 2022 sanken die Emissionen der EU-27 um 1.492 Mio. t in CO_2-Äquivalenten (-31 %).
> Die Reduktionen sind in den einzelnen Sektoren jedoch sehr unterschiedlich ausgeprägt: in der Industrieproduktion sanken sie in dem Zeitraum um mehr als 35 %, in der Abfallwirtschaft um 41 %, während sie in der Landwirtschaft nur um 24 % sanken. Diese Entwicklung reicht jedoch nicht aus, um die Ziele des Klimaübereinkommens von Paris zu erreichen. Nach dem Sachverständigenrat für Umweltfragen sind für die EU-Emissionsminderungen pro Jahr von 6 % und für Deutschland von 11 % erforderlich.

Generell ist das Ziel einen Zustand der a-croissance anzustreben bei dem Wachstumszwänge überwunden werden, ohne die Wirtschaft dadurch zu destabilisieren. Die décroissance vollzog sich in zwei Phasen.

- Zu der ersten Phase kam es in den 1970er Jahren, als es durch das steigende Wirtschaftswachstum zu großen Umweltschäden kam, die zu massiver Kritik an dem dominierenden Entwicklungsmodell führte.
- Die zweite Phase der wachstumskritischen Bewegung begann erst zu Beginn des 21. Jahrhunderts. Die Bewegung unterteilt sich in kollektive und lokale Initiativen, die versuchen sich in der Politik, aber auch in der Öffentlichkeit durch Vorschläge einzubringen. Besonders zu erwähnen ist die „Internationale Degrowth-Konferenz" die 2014 in Leipzig stattfand. Bei dieser Konferenz kamen etwa 3000 Teilnehmende aus Wissenschaft und Gesellschaft zusammen, um der Degrowth Bewegung mehr Aufmerksamkeit bzw. Gewicht zu geben (Brand 2014).

Die Vertreter des Degrowth-Ansatzes kritisieren analog zu den Vertretern der Postwachstumsökonomie die mangelnde Einsicht und Handlungsbereitschaft der Endlichkeit natürlicher Ressourcen und die Verletzlichkeit der Ökosysteme wahrzunehmen und ihnen konsequent entgegenzuwirken. Auch sie betonen, dass immer mehr Konsum nicht glücklicher macht. Es geht ihnen um ein neues Paradigma für Industrieländer bei dem es nicht nur um die Beziehung zwischen Wachstum und Umwelt geht. Sie beziehen auch die soziale Dimension nachhaltiger Entwicklung und somit die Gesellschaft in ihre Kritik an dem Wachstumszwang mit ein. Daraus lassen sich einige Grundprinzipien ableiten (v. Hauff, Jörg 2017, S. 139)[7]:

- die Betonung auf die Qualität des Lebens statt auf die Quantität des Konsums legen;
- Erfüllung der grundlegenden menschlichen Bedürfnisse für alle nach der Maxime der Agenda 2030 „leave no one behind" erreichen;
- gesellschaftliche Veränderungen, die durch eine Reihe von individuellen und gemeinschaftlichen Aktivitäten begründet sind, anstreben;
- den zwanghaften wachstumsbedingten Überfluss materiellen Konsums durch Selbstversorgung zu reduzieren;

7 Vgl. hierzu auch die fünf Felder für eine Degrowth Agenda von Hickel, Kallis, Jackson u. a. 2022

- substanzielle Verringerung der Abhängigkeit von wirtschaftlichen Aktivitäten und dafür mehr Freizeit haben;
- Beachtung der Grundsätze der Gleichheit, der partizipativen Demokratie, der Achtung der Menschenrechte und Respekt gegenüber der kulturellen Vielfalt.

Dadurch soll die existenzielle Abhängigkeit vieler ökonomischer und besonders gesellschaftlicher Bereiche vom wirtschaftlichen Wachstum überwunden werden. In diesem Zusammenhang gibt es zunehmend Beiträge, die sich einem Transformationsprozess, der auf Grundlage des Degrowth-Ansatzes basiert, zuwenden. Exemplarisch stellen Asara et al. fest, dass Degrowth die ideologische Rolle des Wachstums in kapitalistischen Systemen enthüllt und die Diskussion über die Beziehung zwischen Wirtschaft, Gesellschaft und Nachhaltigkeit einschließlich ihrer kognitiven und politischen Interaktionen öffnet (Asara et al. 2015, S. 381). Daher wird Degrowth auch als alternatives Gesellschafts- bzw. Wirtschaftsmodell bezeichnet, bei dem vielfältige und teilweise auch widersprüchliche Strömungen und Positionen zusammengeführt werden. Die Gemeinsamkeit basiert darauf, dass sie alle den Technikoptimismus mit seinem Versprechen der Entkopplung von Wachstum und Umweltverbrauch kritisieren. Die zweite Gemeinsamkeit liegt in dem Versuch

> „konkrete Utopien als Alternativen zum Wachstumsdiktat zu entwerfen, sich mit der Möglichkeit wachstumsunabhängiger Institutionen und Infrastrukturen auseinanderzusetzen und dies mit widerständigen Praktikern und alternativen Lebensweisen im Hier und Jetzt zu verbinden.“ (Schmelzer 2023; S. 6)

Hickel strebt in seinem Beitrag *„Degrowth: a theory of radical abundance”* an, die konventionelle Ökonomie unter einem entgegengesetzten, d. h. radikalen Verständnis von Reichtum zu konfrontieren. Dabei grenzt er den privaten Reichtum vom öffentlichen Reichtum ab, da der private Reichtum eine „künstliche Knappheit“ suggeriert, die einen Druck auf die Produktivität erzeugt, um wettbewerbsfähig zu bleiben. Es gilt diesen Druck zu überwinden, indem die Menschen ihre Zeit und Energie nicht auf immer mehr Produktion, Konsum und damit auch auf Umweltzerstörung ausrichten. So wäre zu erwarten, dass sich der private Reichtum verringert, der öffentliche Reichtum zunehmen würde und das Leben aller verbessert (Hickel 2019).

Muraka beklagt ebenfalls den „starren Glauben an wirtschaftliches Wachstum“ und stellt fest, dass es vielmehr darum gehe den Status quo zu erhalten. Sie verdeutlicht ihr Verständnis durch eine Metapher, indem sie feststellt:

> „Die Wachstumsmaschine gleicht dabei einem Fahrrad, das sich fortwährend bewegen muss, damit es nicht umkippt. Mehr noch: Dank der Steigerungslogik moderner Gesellschaften muss dieses Fahrrad zudem unentwegt beschleunigen. Eine Verlangsamung oder gar anhalten würde unter den existierenden Bedingungen einer dynamischen Stabilisierung zum Desaster führen: eine Gesellschaft, die auf Wachstum angewiesen ist, gleitet dann in die Rezession und in die Krise.“ (Muraca 2015, S. 102

In diesem Zusammenhang verweist sie auch auf die ökologischen und sozialen, d. h. externen Grenzen des Wachstums.

- Ökologische Grenzen verlaufen entlang der Möglichkeiten wichtige Ressourcen auf wirtschaftlicher Grundlage zu gewinnen und entlang der Fähigkeit von Senken wie Atmosphäre, Boden und Wasser, Schadstoffe aufzunehmen und zu regenerieren.
- Die sozialen Grenzen von Wachstum beziehen sich auf Bedürfnisse der Konsumentinnen und Konsumenten, die künstlich immer neu erzeugt und ausgeweitet werden müssen, um die Wachstumsmaschinerie aufrecht zu erhalten. In Anlehnung an die Bewegung der Décroissance fordert sie daher eine radikale Transformation der gesellschaftlichen Rahmenbedingungen, um gesellschaftliche Institutionen von ihrer Wachstumsfixierung zu befreien.

Dabei weist sie auf bereits bestehende zahlreiche Projekte sozialer Experimente und geschützter Räume hin, wie ohne Auto auszukommen, technische Geräte zu reparieren und gemeinschaftlich zu nutzen, die aus der Nische herauswachsen sollen und zu dem gesellschaftlichen Wandel führen. Wesentlich hierbei sind tiefere Überzeugungen etablierter Werte und das fundamentale Selbstverständnis einer Gesellschaft, das sie zusammenhält.

> „Ohne solche konkreten Erfahrungsräume ist auch unsere Vorstellungskraft für Alternativen beschränkt.“

Muraca stellt jedoch abschließend fest, dass wir davon noch weit entfernt sind. Ob diese Utopie in der Gesellschaft je eine breite Zustimmung findet, bleibt offen. In diesem Zusammenhang ist jedoch auf die Initiativstellungnahme des Europäischen Wirtschafts- und Sozialausschusses vom 23. Oktober 2024 hinzuweisen. Danach könnte die Vergabe öffentlicher Aufträge ein Instrument sein, um die Sozialwirtschaft[8] in der EU zu stärken und die Potenziale für soziale, wirtschaftliche und ökologische Innovationen zu fördern bzw. auszuschöpfen.

In diesem Zusammenhang wird auch verstärkt ein Dialog zwischen dem globalen Süden und dem globalen Norden gefordert. So wendet sich Escobar der Beziehung von Degrowth und dem Postwachstumsansatz im Kontext des geforderten Transformationsprozesses in verschiedenen Regionen zu. Seine Intention ist, einen Diskurs über ökologische und zivilisatorische Übergänge einzuordnen und Anregungen aus dem Norden mit jenen des Südens zu vergleichen. Dieser Dialog, argumentiert er, ist für eine wirksame Politik der Transformation unerlässlich. Zunächst stellt er den Diskurs zu dem Übergang zu einer Transformation im Norden vor.

Anschließend stellt er die wichtigen Post-Entwicklungstrends in Lateinamerika, darunter Buen Vivir (die Rechte der Natur), unter Berücksichtigung der zivilisatorischen Krise dem Norden gegenüber. Auf der Grundlage dieser Ansätze versucht er einen vorläufigen Dialog zwischen Degrowth und Postdevelopment. Obwohl es zwischen Nord und Süd vielfältige Unterschiede gibt, haben sie gemeinsame Vorstellungen und Ziele hinsichtlich einer radikalen Infragestellung der grundlegenden Annahmen von Wachstum. So gibt es sowohl im globalen Norden als auch im globalen Süden die Vision einer alternativen Welt auf der Grundlage ökologischer Integrität und sozialer Gerechtigkeit (Escobar 2015).

Im Rahmen des Degrowth-Ansatzes gibt es eine Reihe von Fragen, die inhaltlich noch zu klären sind. Sie können hier nur exemplarisch aufgezeigt werden. Betrachtet man sich beispielsweise die regenerative Energiegewinnung, basiert sie auf dem technischen Fortschritt, der als Problemlöser grundsätzlich in Frage gestellt wird. Dabei gibt es im Bereich der Photovoltaik und der Windenergie aber auch in deren Umsetzung noch große Potenziale. Es ist zu erwarten, dass bei einem wachsenden Angebot der Preis für regenerative Energie sinkt und dadurch der Energieverbrauch deutlich steigt.

---

8 Die Merkmale von Sozial- bzw. Gemeinwirtschaft sind nach dem Abschussdokument die Gemeinwohlorientierung, lokale Verankerung, demokratische und kooperative Strukturen sowie der Beitrag zu resilienten und nachhaltigen Ökosystemen.

Unabhängig vom Preis steigt der Energieverbrauch beispielsweise auch im Rahmen der globalen Digitalisierung und der sich ausbreitenden künstlichen Intelligenz. Vertreter des Degrowth-Ansatzes weisen zu Recht darauf hin, dass dabei häufig der ökologisch stark belastende Abbau von Ressourcen vernachlässigt wird und die ökologischen Folgekosten oft von der einheimischen Bevölkerung zu tragen sind. Das wird oft als Neokolonialismus kritisiert, der gegenwärtig eine starke Renaissance erfährt, indem die Ungleichheit der Vergangenheit fortgesetzt wird.

Weiterhin ist ungeklärt zu welchen Entwürfen der Versuch „konkrete Utopien als Alternativen zum Wachstumsdiktat zu entwerfen" führen. Offensichtlich reichen die Utopien von technikkritischen Ansätzen bis zu marxistisch orientierten systemverändernden Ansätzen. Hier mangelt es nach Victor, wie im folgenden Abschnitt noch ausgeführt wird, an wissenschaftlich fundierten Analysen der ökonomischen, ökologischen und gesellschaftspolitischen Auswirkungen, die auf wissenschaftlichen Methoden basieren. Eine weitere Frage ist, ob diese Entwürfe, in der politischen Auseinandersetzung je eine Mehrheit finden was nicht geklärt ist. Wie sollen ökologisch und sozial drängende Probleme unter Berücksichtigung des Zeitfaktors angegangen bzw. gelöst werden, die von Vertretern des Degrowth-Ansatzes zu Recht beklagt werden.

Das LowGrow-Modell

Die verschiedenen Ansätze als Gegenposition zu dem Wachstumsverständnis des ökonomischen Mainstreams zielen im Prinzip alle auf ein Nullwachstum ab, um die vielfach dramatischen Umweltschäden zu verringern. Die Vielfalt der Argumentationslinien der einzelnen Ansätze konnte hier nur exemplarisch aufgezeigt werden. Die Anforderungen einer differenzierten Umsetzung im Kontext eines Transformationsprozesses blieb bisher weitgehend aus. Ein wesentlicher Kritikpunkt, der auch schon von Jackson vorgetragen wurde, ist, dass die Mehrzahl der Beiträge zu einem Nullwachstum nicht die gesamtwirtschaftlichen Auswirkungen hinreichend analysieren. Die Folge ist eine Verunsicherung in Wirtschaft, Politik und Gesellschaft, die eine Ablehnung zur Folge haben kann.

Der kanadische Ökonom Peter Victor hat sich dem Problem der ökonomischen Auswirkungen einer gezielten Reduzierung wirtschaftlichen Wachstums früh zugewandt.

Dabei greift Victor das Wachstumsparadigma auf zwei Ebenen an.

- Auf der analytischen Ebene unterscheidet er zwischen offenen und geschlossenen Systemen. Die große Mehrzahl der Volkswirtschaften sind im Kontext der Globalisierung offene Systeme, die jedoch von dem „Planet“ abhängen, der ein geschlossenes System ist. Die Wirtschaft ist also an biophysikalische Grenzen gebunden. Diese Grenzen werden vom Wachstumsparadigma nicht berücksichtigt. Daraus begründen sich nach Victor eine Vielzahl analytischer Fehler in der konventionellen Wirtschaftstheorie. Während der Preismechanismus in einem marktwirtschaftlichen System als wichtiger Informationsübermittler gilt, bepreisen Ökonomen Ökosystemleistungen, von denen der Mensch abhängt, nicht. Beispielhaft zu nennen sind die Bestäubung von Obstbäumen oder anderen Pflanzen, oder die Bindung von Kohlenstoff in Böden oder Bäumen, obwohl diese Leistungen für den Menschen eine größere Wachstumsbeschränkung darstellen als der Mangel an Rohstoffen.
- Auf empirischer Ebene stellt auch Victor fest, dass Wachstum immer mit Umweltzerstörung wie der Abfallentsorgung, der Zerstörung von Lebensräumen und die Reduzierung der Artenvielfalt verbunden ist. Schließlich erwähnt er noch die sozialen Kosten durch die Belastungen von Gemeinschaften, der Entfremdung und der Überbevölkerung. In Anlehnung an das Buch von Richard Layards *„Happiness: Lessons From A New Science“* (2005) stellt Victor auch den Zusammenhang zwischen Einkommenswachstum und der Steigerung des menschlichen Wohlbefindens in Frage. Weiterhin bezweifelt er die häufig vorgetragenen Vorteile des Wachstums in Bezug auf Vollbeschäftigung und die positiven Effekte auf die Einkommens- und Vermögensverteilung (Victor 2019, S. 241 ff).

Auf dieser Grundlage argumentiert er für den Verzicht auf Wachstum als politisches Ziel für hochentwickelte Länder. Dagegen hält er Wachstum für arme Länder für unverzichtbar. Wie Robert Pollin jedoch in seinem Beitrag *„De-Growth vs A Green New Deal“* 2018 feststellt, sollten Vertreter eines Anti-Wachstums nicht vernachlässigen, dass einige Sektoren Wachstumsvorzüge wie beispielsweise saubere Energie aufweisen. Dagegen plädiert er für Sektoren der Industrie, die fossile Brennstoffe einsetzen und dadurch Emissionen verursachen, für ein Degrowth.

Die Ökonomen Victor und Rosenbluth nennen drei Gründe, weshalb die Regierungen wirtschaftlich hoch entwickelter Staaten über Alternativen zu dem bestehenden Wachstumsmodell nachdenken sollten (Victor, Rosenbluth 2007):

- es herrscht Ressourcenknappheit,
- Wachstum führt in hoch entwickelten Staaten zu einem abnehmenden gesellschaftlichen Wohlstand,
- politische Ziele, wie Vollbeschäftigung und Abbau von Armut können in westlichen Industrieländern auch ohne Wachstum erreicht werden.

Gleichzeitig hält Victor jedoch Vertretern einer Nullwachstumsökonomie bzw. eines schrumpfenden Wachstums entgegen, dass sie zu ihren Erkenntnissen ohne die ausreichende Anwendung entsprechender Modelle bzw. der Prüfung durch empirische Methoden der modernen Ökonomie gekommen seien. Sie beschränken sich vielfach auf qualitative Erläuterungen bzw. Darstellungen, mit denen sie ihre Argumente illustrieren bzw. belegen. Dabei sind die Auswirkungen eines Nullwachstums für die Akzeptanz in Politik, Wirtschaft und Bevölkerung in hohem Maße relevant. Victors Analyse einer Nullwachstumsökonomie basiert auf einem computergestützten Modell für die kanadische Wirtschaft.

Dabei analysiert er die gesamtwirtschaftlichen Wirkungen unterschiedlicher Wachstumsszenarien auf der Grundlage makroökonomischer Variablen.

Das Simulationsmodell Victors enthält unter anderem die Variablen

- Konsum,
- öffentliche Ausgaben,
- Investitionen,
- Beschäftigung,
- Handel und
- Produktion.

Er entwickelt auf der Grundlage statistischer Daten für die Volkswirtschaft Kanadas drei Szenarien. Auf dieser Grundlage kam er zu der Prognose, wie sich

- die Arbeitslosenquote,
- die Armutsquote,
- das Pro-Kopf-Bruttoinlandsprodukt,
- die Verschuldungsquote und
- die Treibhausgasemissionen

für den Zeitraum von 2005-2035 in Abhängigkeit von der Höhe des Wirtschaftswachstums entwickelt. Victor beschreibt zunächst sechs Szenarien und fügt in einem späteren Artikel das degrowth Szenario hinzu. In den folgenden Ausführungen werden drei Szenarien näher beschrieben (Victor 2008):

- **Szenario 1 (business as usual):** Die Ausgangssituation dieses Szenarios ist, dass sich das Bruttoinlandsprodukt, ähnlich wie in den vergangenen 25 Jahren, weiterentwickelt. Das reale BIP pro Kopf wächst von 100 auf 213 was einem durchschnittlichen jährlichen Wachstum von 2,5% entspricht. Bei einem „weiter so wie bisher" könnte das Wachstum nicht dazu beitragen die Probleme wie Arbeitslosenquote, Armut und Treibhausgasemissionen, zu lösen. Die Arbeitslosigkeit würde steigen und damit die Armut erhöhen. Die Treibhausgasemissionen steigen um 77 %, während das BIP um 163 steigt, wodurch es zu einer Reduktion der Treibhausgasintensität käme. Das entspräche einer relativen Entkopplung.
- **Szenario 2 (no and low growth):** Dieses Szenario zeichnet sich dadurch aus, dass sich das Wachstum ungeplant verlangsamt bzw. im Extremfall ganz zum Erliegen kommt. Es werden keine kompensierenden politischen Maßnahmen ergriffen. Die gesamtwirtschaftliche Entwicklung wäre verheerend, indem das Pro-Kopf-Bruttoinlandsprodukt leicht sinken würde, die Armut, die Arbeitslosigkeit, die Verschuldung und die Treibhausgasemissionen stark steigen würden, wodurch soziale Unruhen zu erwarten wären. Diesen Zustand bezeichnet er als „no grow disaster".
- **Szenario 3 (low growth):** Das dritte Szenario zeichnet sich dadurch aus, dass gesellschaftlicher Wohlstand auch ohne Wachstum zu erreichen ist. Victor geht von der Annahme aus, dass das Pro-Kopf-Bruttoinlandsprodukt zunächst sehr viel langsamer wächst und dann ab dem Jahr 2028 völlig stagniert. Es kommt zu staatlichen Maßnahmen wie Einkommensumverteilung und andere Regierungsprogramme wie Erhöhung der Bildungsausgaben und staatliche Investitionen. Weiterhin kommt es zu einer Verringerung der wöchentlichen Arbeitszeit. Die Folge wäre: die Arbeitslosen- und Armutsquote würden in der 1.Phase noch ansteigen und dann bis 2035 deutlich unter das Ausgangsniveau sinken. Die Ausgaben für Gesundheit und Bildung verbessert die Wohl-

fahrt der Gesellschaft, indem der Human Development Index steigt. Die Treibhausgasemissionen steigen auch hier an, jedoch nur um 30 %.

Ergänzend soll noch das Szenario „degrowth“ erwähnt werden, bei dem es um eine Reduktion des Material- und Energieverbrauchs auf ein geringes Niveau geht. Das Bruttoinlandsprodukt sinkt zunächst und verharrt schließlich auf einem geringen Niveau. Die Zielgröße ist das BIP pro Kopf. Dabei basiert dieses Szenario auf den Annahmen einer deutlichen Reduktion der Staatsausgaben auf unter 50 %, einer Verringerung der Arbeitszeit um 75 % und einem extremen Anstieg der CO_2-Steuer. Die Treibhausgasemissionen sinken auf einen Wert von 78 % unter dem Ausgangswert. Die anderen Wohlfahrtsindikatoren entwickeln sich ähnlich positiv, wie in Szenario 3. Viktor gelingt es somit, die desaströsen Ergebnisse des Szenarios 2 durch alternative Szenarios aufzufangen und für die Gesellschaft eine wünschenswerte Entwicklung bei einer nicht wachsenden Wirtschaft zu ermöglichen.

Victor plädiert für Szenario 3, da bei diesem Szenario gesellschaftlicher Wohlstand ohne Wachstum möglich wird. Dieses Szenario setzt jedoch voraus, dass die gesamte und durchschnittliche Arbeitszeit reduziert wird. Neben der Reduktion der Arbeitszeit muss es auch zu einer breiteren Verteilung von Arbeitszeit auf eine größere Zahl von Menschen kommen. Das hätte positive Auswirkungen auf die Beschäftigungsquote. Er gibt jedoch zu bedenken, dass vielfältige Widerstände aus der Wirtschaft und der Bevölkerung bzw. den Erwerbstätigen dazu führen, dass sie sich politisch – selbst wenn das Szenario von der Politik gewollt würde – nicht umsetzen ließe.

Gran hat eine vergleichende Untersuchung für Deutschland durchgeführt. Er unterscheidet jedoch 5 Szenarien. Dabei betrachtet er den Zeitraum von 2007 bis 2040. Es handelt sich um folgende Szenarien (Gran 2017, S. 205 ff):

- **Szenario 1:** Business as Usual; ist vergleichbar mit Victor.
- **Szenario 2:** CO2-Steuer; um die Vergleichbarkeit mit Victor zu ermöglichen wird eine einkommensneutrale CO2-Steuer eingeführt.
- **Szenario 3:** Nullwachstum-Katastrophe; ist mit Victor zu vergleichen.
- **Szenario 4:** Nullwachstum-geplant; ist mit Victor zu vergleichen.
- **Szenario 5:** Degrowth; es untersucht, wie groß die Reduktion des BIP sein muss, damit die Entwicklung innerhalb der natürlichen Grenzen des Planeten stattfinden kann.

Es stellt sich nun die Frage, ob im Vergleich zu den Erkenntnissen der Szenarien von Kanada für Deutschland ähnliche Ergebnisse erzielt wurden und damit auch eine Übertragbarkeit des Modells und der Ergebnisse auf andere Länder möglich ist. Ein ausführlicher Vergleich beschränkt sich auf die Szenarien 1 und 3. Bei Szenario 2 kommt es zu ganz ähnlichen Erkenntnissen (Gran 2017, S. 252). Szenario 1: Der Vergleich erfolgt auf der Grundlage der zentralen Variablen BIP pro Kopf, Treibhausgase, Erwerbslosigkeit und Schuldenquote (Bund, Länder und Gemeinden). Bei allen Indikatoren lässt sich ein ähnlicher Verlauf feststellen. Eine Ausnahme bildet die Entwicklung der Treibhausgasemissionen, wo sich deutliche Unterschiede zeigen. In Kanada steigen sie, während sie in Deutschland sinken. Das begründet sich aus der jeweiligen Datenbasis und der Modellierung, die zugrunde liegt.

Szenario 3: Das BIP pro Kopf entwickelt sich in beiden Szenarien ähnlich. In Victors Szenario findet die Stagnation des BIP zu einem späteren Zeitpunkt statt als bei dem deutschen Szenario, weshalb das Niveau des konstanten BIP pro Kopf in Kanada höher ist. In beiden Ländern wurde eine CO_2-Steuer eingeführt. Da in Kanada die Steuer geringer ausfiel, war die Reduktion in Kanada niedriger als in Deutschland. In beiden Ländern wurde eine Arbeitszeitverkürzung um etwa 20 % eingeführt, was dazu führte, dass sich die Erwerbslosenquote 2040 auf einem geringeren Niveau befand als zu Beginn der Simulation. Die Schuldenquote sinkt in Kanada schneller und verharrt auf einem niedrigeren Niveau als in Deutschland.

In beiden Ländern wird deutlich, dass ein Nullwachstum ohne umfassende (wirtschafts-)politische Maßnahmen zu desaströsen Entwicklungen zentraler Wohlfahrtsindikatoren führt. Somit hat der Vergleich von Victors LowGrow-Modellierung für Kanada und für Deutschland eine weitgehende Übereinstimmung der Ergebnisse gezeigt. Danach sind Szenarien mit einem Nullwachstum denkbar und sich dabei die genannten Wohlfahrtsindikatoren positiv entwickeln, wenn es zu einer angemessenen politischen Steue-rung durch Umverteilungsmaßnahmen, Arbeitszeitverkürzungen bzw. Arbeitszeitumverteilung und gezielte Fiskalpolitik kommt. Dieses Vorgehen bezeichnet Victor als *„slower by design"*.

Betrachtet man die bisher berücksichtigten Indikatoren in den einzelnen Szenarien, so kann man feststellen, dass für einen ausgewogenen und qualifizierten Transformationsprozess zu einem Nullwachstum noch einige Fragen näher analysiert werden sollten. Daher haben sich u. a. Jackson und Victor einigen spezifischen Fragestellungen zu dem LowGrow Ansatz zugewandt. Ein Themenschwerpunkt war die von Piketty vertretene These, mit der sie sich auseinandersetzten, wonach geringe Wachstumsraten die Ungleichverteilung verstärken.

Daraus lässt sich ableiten, dass eine stagnierende Wirtschaft die Ungleichheit verstärkt, was wiederrum mit einer Verschlechterung der Lebenssituation zumindest eines Teils der Bevölkerung assoziiert werden kann. Sie halten diesem Phänomen jedoch entgegen, dass diese Entwicklung nicht unvermeidbar ist. Unter einer anfänglich sehr ungleichen Verteilung des Eigentums an Produktionsvermögen sind Szenarien vorstellbar, bei denen die Einkommen sich längerfristig mit einer gemäßigten progressiven Besteuerung annähern (Jackson, Victor 2014).

Hier stellt sich jedoch, wie die in dem Szenario 3 von Victor bereits aufgeworfene Frage, ob sich für Einkommen aus Produktionsvermögen eine gemäßigte progressive Besteuerung politisch durchsetzen lässt. Victor kommt in seinem Ansatz Managing without growth, in dem er sich klar als Wachstumsgegner bekennt, zu der Schlussfolgerung: „Managing without growth“ ist im Prinzip möglich. Ob es sich politisch umsetzen lässt, ist eine andere Frage.

Fallbeispiel: Klimaschutz ohne Wachstum

Die Relevanz von Szenarien wurde auch im Rahmen von „Klimaschutz ohne Wachstum“ diskutiert. Zur Erinnerung: Die Völkergemeinschaft hat sich bei dem Klimaschutzabkommen von Paris 2015 darauf verständigt, dass die Erdtemperatur um weniger als 2 Grad C ansteigen soll, möglichst jedoch nicht mehr als 1,5 Grad C. Der Weltklimarat (IPCC)[9] untersucht in seinem Report von 2018 die Folgen und Kosten, die bei diesem ehrgeizigen Ziel von 1,5 Grad C entstehen würden. Er kommt jedoch zu der Erkenntnis, dass ein viel größerer Handlungsbedarf als bisher angenommen besteht und stellt fest: „rapid, farreaching and unprecedented changes in all aspects of society.“ (Kurz et al. 2019, S. 35) Wird das Ziel nicht erreicht führt dies zu einer Lastenverteilung auf die nächsten Generationen, was der Agenda 2030 absolut widerspricht.

> Der IPCC geht davon aus, dass für die Erreichung des 1,5 Grad C nicht mehr als 800 Mrd. t CO_2 emittiert werden sollten, wobei jährlich jedoch 40 bis 50 Mrd. t emittiert werden.

9 IPCC: Intergovernmental Panel on Climate Change

Daher müssten die Ziele der nationalen Klimapolitik für die Mehrzahl der Länder, auch für Deutschland, neu definiert werden. Unter Berücksichtigung dieser Situation sieht der IPCC keine Möglichkeit die Treibhausgasemissionen in dem noch verbleibenden Zeitraum auf ein klimaverträgliches Niveau zu reduzieren. Daher wurde die Strategie entwickelt, einen großflächigen Biomasse-Anbau zur Energiegewinnung anzustreben. Begleitend hierzu soll eine unterirdische Speicherung von CO_2-Emissionen stattfinden. Daher kam es zu der Diskussion, ob die angestrebte IPCC-Lösung alternativlos ist.

Analog zur Bildung von Szenarien in Richtung einer Wachstumsstagnation, wie sie Victor in Szenario 3 aufgezeigt hat, wird dies als eine Möglichkeit von Kurz et al. diskutiert. Sie verweisen darauf, dass es einige Trends gibt, die eine positive Wirkung haben. Zu nennen ist, wie schon erwähnt, der leichte Rückgang des Wachstumsniveaus in der Mehrzahl der entwickelten Länder. Hinzu kommt in Deutschland ein Rückgang der Bevölkerung bis 2060 um etwa 10 Millionen Menschen (Statistisches Bundesamt 2017).

Sie fordern jedoch zusätzlich einen Rückgang des Ressourcenverbrauchs und die Intensivierung einer proaktiven Klimapolitik, die zu einem Rückgang der Kosten und damit einer Verbesserung des Einkommensniveaus beitragen würde. In dem Zusammenhang kommen sie auch auf das Theorem von Jackson „Wohlstand ohne Wachstum" das in reichen Gesellschaften zu mehr Zufriedenheit beitragen kann. Die Bewältigung der Folgen einer Wachstumsstagnation zeigen sie an den Beispielen Energieproduktivität bzw. Energieverbrauch, Beschäftigung und Gerechtigkeit bzw. Verteilung auf. Dabei kommen sie zu der Frage, ob ein Nullwachstum davon abhängt, ob sich die Wachstumsdynamik in einem marktwirtschaftlichen System steuern lässt. Hierzu stellen Kurz et al. fest:

> „Staatliche Politik zur Steuerung des Wirtschaftswachstums zielt bislang nur in eine Richtung, nämlich auf Wachstumsförderung, das heißt die Stimulierung des Wachstums (Wachstumspolitik). Ganz allgemein geht es dabei darum, günstige Rahmenbedingungen für Wachstum zu schaffen beziehungsweise alles zu vermeiden, was Wachstum bremsen könnte." (Kurz et al. 2019, S. 38)

Daher kommen Jackson und Victor abschließend zu der sehr grundsätzlichen Frage, ob eine kapitalistische Wirtschaft und eine „Steady State Economy", d. h. eine nicht wachsende Wirtschaft miteinander kompatibel sein können. Oder ist in einer kapitalistischen Wirtschaft ein „growth imperative" inhärent, wonach nur durch Wachstum eine positive wirtschaftliche Entwicklung möglich ist, was heute die dominierende Lehrmeinung in der

Ökonomie ist. Sie zeigen dagegen das Potenzial einer stationären, also einer nicht wachsenden Wirtschaft im Kontext einer „credit creation and interest-bearing debt“ auf. Es geht ihnen darum die Einschränkung, wonach nur durch Wachstum eine positive wirtschaftliche Entwicklung möglich ist, zu überwinden.

> “Specifically, we aim to analyse the hypothesis that debt-based money creates a ‘growth imperative’ within a Stock-Flow Consistent (SFC) representation of the macro-economy. In the following section, we provide a brief overview of a systems dynamic model of the macro-economy, including both the real and the financial economy and describe the calibration of this model with empirically plausible data. Our principal aim is to test the ability of the model to provide for a stationary state. We also explore the stability of the model under one-off shocks and random fluctuations in consumer demand, and under different responses from government and commercial firms. Finally, we test the potential for transitions from growth states of the economy into stationary states and discuss the implications of these findings for capitalism and for the ‘growth imperative’.” (Jackson, Victor 2015, S. 32)

2.4 Schlussfolgerungen zu der Wachstumskontroverse

Im Mittelpunkt der Wachstumskontroverse steht die Frage, ob die Bewältigung der vielfältigen ökologischen Krisen ein Nullwachstum erfordert, um den Planeten für die Menschheit lebensfähig zu erhalten. So haben schon in den 1970er Jahren einige Ökonomen auf die Probleme, wonach Wachstum die Natur belastet, hingewiesen. Die Vertreter der Ökologischen Ökonomie haben dann eine Bewegung der Wachstumskritik ausgelöst. Dabei kam es trotz unterschiedlicher Nuancen zu dem Konsens einer „steady state economy“ die im Prinzip auf ein Nullwachstum abzielt.

Daraus entwickelten sich weitere Ansätze wie die Postwachstumsökonomie und der Degrowth-Ansatz. Sie zielen ebenfalls auf ein Nullwachstum (Postwachstumsökonomie) bzw. (Degrowth-Ansatz) ab. Das LowGrow-Modell unterscheidet sich dagegen von den bisherigen Modellen. Zunächst fordert es einen Pfad, der zu einer Wachstumsstagnation führt. Im Kontext des LowGrow Ansatzes ging es jedoch um die Frage, ob und unter welchen Bedingungen eine Wirtschaft ohne Wachstum oder mit einer Reduktion von Wachstum „überlebensfähig“ ist. Victor hat sich dieser Frage in besonderem Maße zugewandt. Der Pfad zu einer Wachstumsstagnation wurde im Rahmen von unterschiedlichen Szenarien, die auf verschiedenen Annahmen beruhen, analysiert. Auf der Grundlage der verschiedenen Szenarien konnten die Folgewirkungen auf einzelne makroökonomische Variablen aufgezeigt werden.

Victor und Jackson beklagen in diesem Zusammenhang, dass viele Vertreter eines Nullwachstums bzw. einer Reduktion von Wachstum sich der Frage, welche Folgen zu erwarten sind, weder theoretisch noch empirisch ausreichend zugewandt hätten. Sie gingen von der Annahme aus, dass es auf einem langfristigen Pfad zu einer Stagnation des Wachstums kommt. Wie in Szenario 3 gezeigt wurde, setzt eine Realisierung jedoch eine Vielzahl von begleitenden Maßnahmen des Staates voraus, um ein „Desaster" zu vermeiden. Dabei stellt sich jedoch die Frage, ob die Politik diese weitrechenden Maßnahmen bereit ist umzusetzen und sie von den verschiedenen Akteuren der Wirtschaft und Gesellschaft akzeptiert würden. Dies wird zumindest von Victor kritisch eingeschätzt.

3 Wachstum und Umwelt - Versuch der Überwindung der Unvereinbarkeit

Die Diskussion zur Überwindung des Konflikts zwischen Wachstum und Umwelt fand zunächst auf theoretischer Ebene statt. Im Rahmen von Modellen der endogenen Wachstumstheorie wurden spezifische Aspekte der Umweltbelastung berücksichtigt. Vertreter der neoklassischen Ökonomie gingen zunächst davon aus, dass man das ressourcenintensive Wachstum weiterführen kann und dabei nur bestimmte Modifikationen vornehmen muss, um beispielsweise Knappheiten zu überwinden (Jänicke 2011, S. 1). Die Möglichkeit ein umweltorientiertes Wachstum zu generieren, wird in der Wachstumstheorie jedoch kontrovers diskutiert.

Es ist umstritten, ob der Produktionsfaktor Umwelt durch verbesserte Technologien oder Kapitalakkumulation ersetzbar ist (Daly 1997).

Aus der Perspektive der Umwelt als Ganzes müssten Energie, Rohstoffverbrauch und die Umweltbelastung durch Abfälle und Emissionen in die Produktionsfunktion mit einbezogen werden. Damit würde der Bezug zu den Quellen des Wachstums hergestellt.

Da die neoklassische Ökonomie, wie schon erläutert, in diesem Kontext Erklärungsdefizite aufweist, waren einige Ökonomen darum bemüht, diese Defizite im Rahmen modifizierter Wachstumsmodelle zu überwinden. So zielt die endogene Wachstumstheorie darauf ab zu erklären, wie technischer Fortschritt im Rahmen wirtschaftlicher Aktivitäten entsteht und langfristig Wirtschaftswachstum hervorruft. Danach ist technologischer Wandel eine Reaktion auf wirtschaftliche Anreize auf dem Markt, die von staatlichen Institutionen oder auch privaten Unternehmen geschaffen werden können. In diesem Zusammenhang wird immer wieder auf die Potenziale des umwelttechnischen Fortschritts verwiesen.

Neben einer breiten wirtschaftswissenschaftlichen Diskussion im Rahmen der endogenen Wachstumstheorie wurden auch Modelle entwickelt, in denen die Umwelt grundsätzlich berücksichtigt wurde. Ein wesentliches Element für die Einführung bzw. Integration der Umwelt in diese Modelle ist, dass die Umwelt immer als Nebenprodukt der Produktion eingeht.

In der Weiterentwicklung modifizierter Modelle wird der Nutzen aus der Umweltqualität und damit aus der Vermeidung von Umweltverschmutzung betrachtet (Gran 2017, S. 75).

Von der modelltheoretischen Ebene der endogenen Wachstumstheorie ist die Diskussion über „green growth“ zu unterscheiden. Das Konzept von green growth wendet sich primär gegen den Klimawandel und die ökologischen Krisen. Vielfach wird es im Rahmen einer grundlegenden Transformation des Wirtschaftssystems gefordert. Die Diskussion über green growth wurde dann zunehmend auf internationaler Ebene aufgenommen und begründet sich aus dem Paradigma der nachhaltigen Entwicklung.

Die zunehmende Beachtung begann im Rahmen der Rio-Konferenz 1992 und setzte sich in den Folgekonferenzen, dem sogenannten Rio-Prozess, fort. Sie wurde inhaltlich wesentlich durch internationale Organisationen wie die OECD geprägt. Die internationale Ebene ist durch eine normative Ausrichtung geprägt, wonach die Völkergemeinschaft aufgefordert wird ein green growth anzustreben. Dies wird primär mit der wachsenden Umweltbelastung begründet. Dabei wird teilweise auch die soziale Dimension, wie die Verbesserung des Gesundheitsniveaus, mit einbezogen.

3.1 Theoretische Grundlagen

Der Zusammenhang zwischen Wirtschaftswachstum und Umwelt wird meist aus einer bestimmten Perspektive behandelt. Sie ist, so die Kritik, von einer sehr technischen, fortschrittsoptimistischen und im Wachstumsdogma verhafteten Denkweise geprägt. Manche Autoren blenden das Thema in ihren Publikationen wie Acemoglu, Barro und Sala-i-Martin ganz aus. Einige Autoren wie Romer behandeln das Wechselspiel zwischen Wirtschaftswachstum und ökologischen Grenzen in einem Unterkapitel. Im Kontext der endogenen Wachstumstheorie findet die Umwelt eine größere Beachtung. So widmen Aghion und Howitt der Umwelt jeweils ein eigenes Kapitel (Gran 2017, S. 75). In der postkeynesianischen Literatur bleibt das Thema Umwelt weitgehend unberücksichtigt. So kommen Spash und Schandl auf der Grundlage einer Recherche wissenschaftlicher Publikationen zu der Erkenntnis, dass es bei 1312 Artikeln nur einen Beitrag gab, der einen Bezug zur Umwelt aufweist.

Die folgenden Ausführungen konzentrieren sich auf ausgewählte Wachstumsmodelle die einen Umweltbezug haben (v. Hauff, Jörg 2017). Die Mehrzahl der Modelle weisen ähnliche Ziele und Vorgehensweisen auf. Allgemein werden in den Modellen der Bestand der Natur oder die Verschmutzung untersucht. Dabei wurden funktionelle Nutzen- und Produktionsfunktionen mit unterschiedlicher Ausprägung gewählt. Es geht darum die Probleme eines „sozialen Planers“ zu lösen. Die Lösung des Problems lässt eine Ähnlichkeit zur ökologischen Kuznets Kurve erkennen (Grossman und Krueger 1995). Sie wurde bereits als umgedrehte U-förmige Relation zwischen Umwelt und Wachstum vorgestellt. In Bezug auf den Konsum stellt Panayotou fest:

> „(...)the assumption of additive separability with respect to consumption and pollution is not a harmless simplification. Much the macroeconomic theoretical support for the Environmental Kuznets Curve depends on this specification.“ (Panayotou 2000, S. 78)

Der Zusammenhang zwischen Wirtschaftswachstum und Umwelt wird jedoch sowohl in den Modellen der neoklassischen als auch der endogenen Wachstumstheorie weitgehend vernachlässigt. Daher entwickeln Van den Berg und Nijkamp ein Modell, das die möglichen Interaktionen zwischen der regionalen und der globalen Umwelt, beschränkt auf einen Zwei-Länder-Fall, untersucht. Auf der einen Seite werden die Auswirkungen im Fall einer Koordinierung der Umweltpolitik in den Regionen und auf der anderen Seite Auswirkungen bei fehlender Koordinierung untersucht (Van den Berg, Nijkamp 1998). Sie kommen zu dem Ergebnis: durch eine Koordination kommt es zu Wachstums- und Investitionspolitik, Handels- und Umweltpolitik. Dagegen kommt es bei fehlender Koordination dazu, dass Trittbrettfahrer ihre Erträge steigern können, indem sie von den durchgeführten Maßnahmen anderer Länder teilhaben. Dieses Trittbrettfahrerverhalten wird sich im Zeitablauf verstärken.

Da in keinem Beitrag die natürlichen Ressourcen mit Kosten versehen sind, kritisieren Welsch und Eisenack die Diskussion über die Umweltressourcen und den umwelttechnischen Fortschritt (2002). Die Beiträge basieren vielmehr auf der Hotelling Regel nach der der Bestand an Ressourcen als fix betrachtet wird und die Nutzung kostenfrei ist. In ihrem Modell gehen die Autoren von sinkenden Energiekosten aus. Der Gesamteffekt der sinkenden Energiekoten auf das Wirtschaftswachstum ist positiv. Diese Diskussion führte zu weiteren Forschungsfeldern für künftige Untersuchungen. Die Arbeit von Ligthard und van der Ploeg begann in diesen makroökonomischen Modellen eine realistische Rolle der Regierungen zu schaffen (1994).

Das gilt auch für die Arbeit von Bovenberg und Smulders (1995), indem die Steuern, die durch die Regierung erhoben werden, relativ sub-optimal sind:

> „These models suggest that extensions motivated by the results of the „double-divided“ hypothesis ... regarding the interaction of traditional and environmental taxes, and extensions that draw on the results of the literature regarding the cost of sub-optimal regulation (Gray 1987, Jaffe, et al 1995) may be both interesting and useful.“ (Panayotou 2000, S. 78ff.)

Zusammenfassend lässt sich feststellen, dass in den bisher erwähnten Modellen die Umwelt berücksichtigt wurde. Das erfolgte jedoch, entsprechend der Intention von Modellen, immer nur in Teilaspekten. Während Bovenberg und Smulders die Umweltqualität und Ressourcen in ihre Betrachtung einbeziehen, wurde in den modelltheoretischen Ausführungen von Butter und Hofkes auf die Umweltqualität und Emissionen ausgerichtet.

Abschließend werden noch die Ökonomen Nordhaus und Romer gewürdigt, die beide für ihre Forschung zu Wachstum 2018 mit dem Nobelpreis ausgezeichnet wurden. Beide Forscher gaben sich mit den Modellen neoklassischer Prägung nicht zufrieden. Sie konzentrierten sich in ihrer Forschung auf die konkrete Anwendung. Zunächst geht es um den Forschungsbereich von Treibhausgasemissionen im Kontext der ökonomischen Entwicklung. Nordhaus, der schon erwähnt und gewürdigt wurde, gilt als einer der Begründer der Klimaökonomik. In einem Arbeitspapier stellte er bereits 1975, als der Klimawandel noch keine Aufmerksamkeit fand, die Frage: „Können wir Kohlendioxyd kontrollieren?“ 1975 und 1977 legte er Studien vor, die zeigten, dass bei einer globalen Erwärmung von mehr als 2 Grad ein Zustand des Klimas eintreten kann, der außerhalb der natürlichen Schwankungsbereiche liegt.

So lieferte er den Ausgangspunkt des sogenannten „Zwei-Grad-Zieles“ (Randalls 2010). Die Besonderheit begründet er damit, dass sie es seit Jahrtausenden von Jahren nicht gegeben hat. Daher wurde Nordhaus für seine ökonomische Forschung zum Klimawandel und dem draus resultierenden Zwei-Grad-Ziel ausgezeichnet. Die Auszeichnung richtete sich besonders auf die „Integration des Klimawandels in die langfristige makroökonomische Analyse.“ Später regte er an, Kohlendioxidemissionen zu bepreisen, um über eine Steuer Anreize zu schaffen die Emissionen zu reduzieren. Der Handel mit Emissionszertifikaten geht auf diese Überlegung zurück (Frondel 2018, S. 50). Die Klimaökonomik von Nordhaus wurde durch sein Buch *„The Climate Casino“* populär:

> „Das Klima ist ein Kasino insofern, als wir hohe Risiken für unseren Planeten und uns selber eingehen. Aber wir müssen ja nicht in das Kasino gehen. Wir können jetzt Schritte gehen, um die Risiken zu mildern und zu vermeiden." (Nordhaus 2013).

Nordhaus kommt unter Ökonomen das Verdienst zu, einen weitgehenden Konsens herzustellen wonach der einzig wirksame Weg der Treibhausgasreduktion ein globaler Preis für Emissionen ist. Daher gibt es vielfältige Bemühungen zur Etablierung eines internationalen Abkommens für einheitliche CO_2-Preise zu realisieren. So haben u. a. auch Stiglitz (2015) und Weitzmann (2015) ein weltweites Abkommen gefordert. Ein global einheitlicher Preis war das Prinzip auf dem ursprünglich auch der Kyoto-Prozess basiert. Es kann jedoch auch im Eigeninteresse eines Landes sein, den global einheitlich festgelegten CO_2-Preis auf nationaler Ebene einzuführen, wenn die erzielten Einnahmen im Land verbleiben und dadurch die Steuern reduziert werden bzw. zur Entlastung der Armutsbevölkerung eingesetzt werden (Frondel 2018, S. 51).

Romer wurde dagegen durch ein Modell bekannt, das Wirtschaftswachstum durch technischen Fortschritt begründet. Dabei fließen Innovationen als endogene und somit abhängige Variable in das Modell ein.

In diesem Zusammenhang wurde er vielfach als Begründer der endogenen Wachstumstheorie bezeichnet, wonach Wissen als Antrieb für langfristiges Wachstum dienen kann. Damit hat er grundlegende Einblicke in die Ursachen technologischer Innovationen vermittelt. Ihm ging es besonders um die Frage, wie man technischen Fortschritt und damit auch den Wissenszuwachs beschleunigen kann und wie Unternehmen Innovationen hervorbringen. Staatliche Forschungsförderung kann notwendig werden, wenn es an Forschungsdynamik mangelt.

Daher ist die Wissensproduktionsfunktion ein wesentlicher Bestandteil des Romer-Modells, indem der Bestand des Wissens im Forschungssektor modelliert wird. Aus der Endogenisierung des Wissens kann erklärt werden, weshalb auch wohlhabende Volkswirtschaften noch wachsen können. Hier stellt sich die Frage, ob bei der Förderung des Wissenszuwachses die drängenden ökologischen Probleme ausreichend berücksichtigt werden. Weiterhin hat Romer in seinem Artikel die Mathiness Debatte über wissenschaftliche Standards ausgelöst (Romer 2015). Damit beklagt Romer die Verwendung von überbordenden mathematischen Formeln in ökonomischen Modellen um damit seiner Meinung nach „Blendwerk zu betreiben" und damit die hinter der Analyse stehenden wahren Absichten zu verschleiern. Hierzu stellt er fest:

> „Academic politics, like any other type of politics, is better served by words that are evocative and ambiguous, but if an argument is transparently political, economists interested in science will simply ignore it. The style that I am calling mathiness lets academic politics masquerade as science. Like mathematical theory, mathiness uses a mixture of words and symbols, but instead of making tight links, it leaves ample room for slippage between statements in natural versus formal language and between statements with theoretical as opposed to empirical content." (Romer 2015, S. 89)

Auch wenn die Ökonomen Nordhaus und Romer nach eigener Einschätzung keine schlüssigen Antworten auf konkrete Probleme liefern können, so haben sie Erkenntnisse dazu beigetragen, wie nachhaltiges wirtschaftliches Wachstum erreicht werden kann. Bei der Würdigung der Royal Swedish Academy of Science wird festgestellt:

> „Ihre Ergebnisse haben den Umfang der ökonomischen Analyse erheblich erweitert, indem sie Modelle entwickelt haben, die das Zusammenspiel zwischen Marktwirtschaft mit Natur und Wissen erklären."

Dennoch wird den Vertreterinnen und Vertretern des Mainstreams der Ökonomie häufig vorgehalten, dass sie die Ökologie nicht in ihrem ganzen Umfang wahrnehmen und somit bestimmte Problemstellungen unberücksichtigt lassen, was zu negativen Folgen führen kann.

Ein wichtiges Paradigma der Ökonomie ist die Knappheit. Daher wird die Natur primär im Kontext der Effizienz wahrgenommen. So sind in diesem Kontext Effizienz und Wachstum als gleichbedeutend eingeordnet und als „gut" bzw. „erfolgreich" bewertet. Dabei werden beispielsweise der Selbstwert der Natur, aber auch die Regenerationsmöglichkeit des Menschen in der Natur und die Artenvielfalt ausgeblendet. Daher wird in diesem Kontext häufig eine stärker interdisziplinäre Forschung gefordert, der sich die Ökonomie verstärkt öffnen sollte, um die Qualität der Analyse von Umweltproblemen zu verbessern. So würde das Thema der Knappheit durch die Vorgabe von Leitplanken eine andere Relevanz erhalten. Daher kommt Gran zu der Schlussfolgerung, dass der Mainstream der Ökonomie im Hinblick auf die Untersuchung von Umweltproblemen noch große Defizite aufweist:

> „Die Ansätze zur Bewältigung von ökologischen Krisen bewegen sich im Denkmuster von BIP- Wachstum, technischem Fortschritt, Preise und gleichgewichtigen Marktprozessen. Dies führt einerseits zu einer strukturellen Vernachlässigung der ökologischen Dimension von Umweltproblemen, sei es weil sie gar nicht erst wahrgenommen werden, da sie eventuell nicht Teil von Markprozessen sind, oder weil sie aus ökonomischer Perspektive nicht ausreichend gelöst werden." (Gran 2017, S. 88 ff)

Abschließend ist noch zu erwähnen, dass sich die modelltheoretische Analyse green growth dem Defizit schon früh zuwandte (v. Hauff, Jörg 2017, S. 145). Die formale Analyse von green growth basiert auf klassischen Wachstumsmodellen (vgl. u. a. Hallegatte et al. 2011; Smulders et al. 2014). Das soll exemplarisch mit der Modellierung von Hallegatte et al. aufgezeigt werden, die auch heute noch relevant ist. In dem Modell wird green growth als ressourceneffizienter, sauberer und resilienter Wachstumsprozess definiert, ohne dass der Wachstumsprozess verlangsamt wird. Die Autoren gehen von der Annahme aus, dass auch von Wirtschaftswachstum positive Einflüsse auf den Umweltschutz möglich sind.

Zunächst stellt die Umwelt natürliches Kapital als Input für den Produktionsprozess bereit. Bei steigendem Input des natürlichen Kapitals steigt auch der Output, was zu einem steigenden Einkommen führt. Dabei ist jedoch die Nutzung von Umweltgütern durch Marktversagen wie externe Kosten oder unzureichende Eigentumsrechte gekennzeichnet (Petersen 2025, S. 27). Ein typisches Beispiel hierfür sind Verkehrsstaus, die zu Luftverschmutzung führen und auch die Produktivität von Arbeitskräften verringern. Kommt es durch entsprechende Maßnahmen zu einer Korrektur des Marktversagens, kann das zu einer Zunahme des natürlichen Kapitals führen.

Hallegatte et al. begründen green growth wie folgt: Ein steigender Output wird durch ein Wachstum der Produktionsfaktoren Kapital und Arbeit und durch eine Erhöhung der Produktivität möglich. In einem weiteren Sinne wird ein wachsendes Kapital durch weitere Investitionen, eine Zunahme und Weiterentwicklung von Technologien, durch eine Zunahme an Humankapital und durch eine Verbesserung von Organisationen bzw. Institutionen und Sozialkapital im Sinne einer besseren Zusammenarbeit begründet. Die Modifikation des klassischen Wachstumsmodells vernachlässigt nach Hallegatte et al. dabei die Beschränkungen endlicher Ressourcen und der Umwelt als limitierende Faktoren.

Die Limitation bezieht sich, neben den endlichen Ressourcen für die Produktion auch auf die Fähigkeit Abfälle, Verschmutzungen und Emissionen zu absorbieren. Damit liegt in dem Modell der Schwerpunkt auf der Umwelt als natürlichem Kapital das direkt für Wachstum erforderlich ist. In diesem Sinne wird Umweltmanagement verstanden als eine produktive Investition, die mit Investitionen in physisches Kapital vergleichbar ist. Daher führt ein Versagen des Umweltmanagements zu einer Beschädigung natürlichen Kapitals mit negativen Auswirkungen auf den Output. So kommen sie zu der Schlussfolgerung (Hallegatte et al. 2011, S. 6):

> "A key question in this framework is the extent to which production factors are complements or substitutes: if substitutes, destruction of the environment can be compensated by investing more in physical or human capital or in technical change; if complements (or weak substitute), then protecting the environment is necessary to maintain economic production."

Bisher wurden die positiven Auswirkungen der Umweltpolitik auf die Wirtschaftsleistung, so die Autoren, durch eine Verbesserung der Umweltbedingungen angestrebt. Reduziert beispielsweise das Forstmanagement die Bodenerosion, was die Produktivität der Landwirtschaft erhöht, ist die Umweltpolitik nicht auf die Produktionsfunktion ausgerichtet. Sie gehen jedoch davon aus, dass die Umweltpolitik die Wirtschaftsleistung erhöhen kann.

Die Auswirkung der Umweltpolitik auf die Umwelt ist offensichtlich: sie zielt auf eine Verbesserung der Umweltqualität ab. Aber Umweltpolitik kann sich auch positiv auf das Humankapital auswirken, indem z. B. eine bessere Luft- und Wasserqualität das Gesundheitsniveau der Mitarbeiter erhöht. Es kann ebenfalls zu einer Erhöhung von physischem Kapital kommen, da z. B. die Anpassung an den Klimawandel zu niedrigeren Kapitalverlusten aufgrund von Naturkatastrophen führt. Die Korrektur von Marktversagen wirkt sich positiv auf die Umwelt aus, indem es zu einer Effizienzsteigerung der Ressourcennutzung kommt. Dadurch sinken die Produktionskosten und die Produktivität steigt. Die Produktionsgrenze wird aufgrund von Innovationen und deren Verbreitung nach oben verschoben und die Schaffung von Übertragungseffekten des Wissens in der Ökonomie verbessert das Humankapital.

Hallegatte et al. kommen zu der Schlussfolgerung, dass der wesentliche Vorteil einer grünen Politik der wirtschaftliche Nutzen ist. Der Vorteil lässt sich einerseits aus der Nutzung einer besseren Umwelt in Form von gesunden Wäldern, sauberen Gewässern, sauberer Luft und stabilem Klima und andererseits durch die Nutzung natürlichen Kapitals als Produktionsfaktor begründen. Dabei gilt zu berücksichtigen, dass die meisten Maßnahmen kurzfristig mit höheren Kosten in Form von zusätzlichen Investitionen bzw. Betriebskosten verbunden sind. In längerfristiger Perspektive kompensieren sich jedoch die höheren Kosten, wenn Suboptimalitäten und Marktversagen reduziert bzw. beseitigt werden. Daher muss green growth kurz- und langfristige Effekte in Einklang bringen. Welche Maßnahmen hierfür erforderlich sind, wird von den Autoren jedoch nicht beantwortet.

Die Modellierung von green growth wurde durch Ökonomen wie Smulders et al. fortgeführt (Smulders 2014). Sie untersuchten die Wirkung von umweltpolitischen Maßnahmen wie Subventionen auf erneuerbare Energien. Für sie ist green growth

> „a call for balancing longer-term investments in sustaining environmental wealth with nearer-term needs for growth to reduce poverty." (Smulders et al. 2014, S.1)

Sie unterscheiden in Investitionen im Sinne des Mainstreams in das Bruttoinlandsprodukt und Investitionen in die Umweltqualität. In diesem Sinne lässt sich die Existenz eines green growth klären. Dabei gehen sie von einem einfachen neoklassischen Modell aus:

$$Y=F(K, R, N)$$

In dem Modell ist

- Y der erzielbare Output, K der Kapitalstock,
- R die aus der Natur gewonnenen Ressourcen und
- N ist ein Maß für den Bestand der Naturkapazität.

In dem Modell wird die Arbeitskraft als konstant angenommen. Die Bevölkerung erhält aus dem Naturbestand beispielsweise durch den Erholungswert des Waldes einen direkten Nutzen. Dagegen wird die Produktivität der Arbeitskräfte durch die Luftverschmutzung belastet und die Faktorproduktivität durch die Folgen des Klimawandels beeinträchtigt. Im Falle einer Verschmutzung gehen Smulders et al. davon aus, dass die Reduktion von Emissionen direkt zu einer Verringerung von Kosten führt, da geringere Schadstoffkonzentrationen im Wasser oder in der Atmosphäre langfristig positive Auswirkungen auf die Produktivität haben.

Die Produktivitätssteigerungen begründen sich aus der Verbesserung des Gesundheitsniveaus (gesündere Mitarbeiter sind produktiver) und dem Ökosystem, da bei einer geringeren Verschmutzung die Regenerationsrate steigt. Daher kommen sie zu der Schlussfolgerung, dass umweltpolitische Maßnahmen ein Schlüsselelement für green growth sind. Eine geringere Abhängigkeit von fossilen Energien bzw. eine Verlagerung zu sauberen Energiequellen wie Wind- und Solarenergie sind ein wichtiger Beitrag für das Klima und eine bessere Luftqualität.

> "The trade-off in the energy transition is therefore nearer-term energy supply costs versus longer-term environmental benefits." (Smulders et al 2014, S. 14)

Daher analysieren sie die Wechselwirkungen zwischen fossilen und erneuerbaren, d. h. sauberen Energien. Sie gehen davon aus, dass die sauberen Energien erst dann genutzt werden, wenn die Kosten geringer als jene der fossilen Energie sind, wodurch der Klimawandel und die Umweltverschmutzung zunächst zunehmen. Kommt es zu steigenden Energiekosten, würde sich das negativ auf das Wachstum auswirken. So kommen sie zu der Schlussfolgerung, die auch heute noch von hoher Relevanz ist:

> "In a market economy with perfect competition on all markets the implementation of this first best outcome requires setting a carbon tax, reflecting the marginal damage. However, if for political economy reasons introducing such a tax turns out to be infeasible, then the design of a second best policy is in order." (Smulders et al. 2014, S. 18)

3.2 Entkoppelung von Wachstum und Umwelt

Die theoretische Begründung der Entkopplungsthese von Wachstum und Umwelt erfolgt sowohl über Treibhausgasemissionen als auch über Ressourcen. Eine absolute Entkopplung ist dann möglich, wenn der kapitalgebundene technische Fortschritt zu einer negativen Entwicklung der Treibhausgasintensität bei positiver wirtschaftlicher Entwicklung, d. h. steigenden Wachstumsraten, erwirken kann. Je höher der investitionsbedingte Ersatz emissionsintensiver Produktionsanlagen durch Anlagen die nur geringe Treibhausgasemissionen verursachen, umso höher ist der Emissionsrückgang (Heise 2024, S. 5). Die Entwicklung des technischen Fortschritts als auch die Technikwahl sind hinsichtlich der Emissionsintensität jedoch offen und können durch Innovationen oder sich verändernde Preisrelationen jederzeit verändern. Daher gibt es keine festgelegte Beziehung zwischen Wirtschafts- und Emissionswachstum. Die Frage, ob der technische Fortschritt zur absoluten Verringerung der Emissionen und dem entsprechenden Zeitrahmen zur Erreichung vorgegebener Ziele möglich ist, ergibt sich aus empirischen Studien, die im Folgenden noch gesichtet werden.

Betrachtet man im Kontext der Entkopplungsthese den Verbrauch von Ressourcen in Relation zur Entwicklung des Wachstums, so kann durch eine Steigerung der Effizienz, die ein hohes Potenzial aufweist, eine Entkopplung theoretisch erreicht werden. Für die Steigerung der Effizienz ist eine aufeinander abgestimmte Zusammenführung marktgestützter, regulatorischer und informationsbasierter politischer Maßnahmen notwendig (Hinterberger et al. 2013). Dadurch sollen die Wirtschaftsakteure Anreize erhalten die Rohstoffeffizienz zu steigern, die Umweltbelastung zu reduzieren und das Marktversagen bei der Bereitstellung öffentlicher Güter zu beheben. Es besteht weitgehend Einigkeit, dass die Politik verantwortlich ist Marktversagen bei Externalitäten zu verhindern und ökologische Kosten zu internalisieren. Hierzu bieten sich bekannte Instrumente wie Pigou-Steuern, der Emissionshandel und der Abbau umweltschädlicher Subventionen an (Richters 2020).

Die theoretische Begründung der Entkopplung von Wirtschaftswachstum und Ressourcenverbrauch erfolgt vielfach auf der Grundlage der Effizienzsteigerung und dem Potenzial der Circular Economy, also auf der Steigerung der Effektivität im Rahmen der Produktion. Zusätzlich erfordert die Entkopplung jedoch auch einen strukturellen Wandel beim Ressourcenverbrauch durch die Konsumenten, indem sie ihre Kaufpräferenzen ändern und verstärkt Produkte nachfragen, die einen geringeren Ressourcenverbrauch aufweisen. Dadurch könnte das Wachstum weiter steigen und der Ressourcenverbrauch würde sich verringern. Eine mangelnde Ausschöpfung dieses Potenzials wird mit dem unzureichenden Bewusstsein und einer mangelnden Bereitschaft der Konsumenten begründet.

Dieser Argumentation wird durch Vertreter des Degrowth entgegengehalten, dass die Effizienzsteigerung Grenzen aufweist. Daher führt eine Steigerung des Wachstums nach dem Erreichen des Effizienzmaximums zu einem weiteren Bedarf an Ressourcen. Hickel und Kallis verdeutlichen dies mit dem Beispiel einer hypothetischen Wirtschaft. Energie wird durch Sonneneinstrahlung über regenerative Energieträger gewonnen, die eine Versorgung mit Nahrungsmitteln ermöglicht, die Lebensgrundlagen durch erneuerbare bzw. nachwachsende Ressourcen garantiert und alle Materialien wiederverwendet oder recycelt werden. Soll diese Wirtschaft wachsen, ist eine geringe Steigerung des Ressourcenverbrauchs in Form von Materialien oder Landflächen notwendig. Dagegen wird ein negatives Wachstum als Ziel der Vertreter des Degrowth-Ansatzes von Milanovic, einem der bedeutendsten Theoretiker für Ungleichheit bzw. Ungleichverteilung, als schwierig oder gar unmöglich beurteilt. Er stellt fest:

> „If one wants to keep world GDP more or less as now one must (A) “freeze” today’s global income distributions so that some 10-15% of the world population continue to live below the absolute poverty line, and one-half of the world population below $PPP 7 dollars per day (which is, by the way, significantly below Western *poverty* lines). This is however unacceptable to the poor people, to the poor countries, and even to degrowers themselves. Thus they must try something else: introduce a different distribution (B) where everybody who is above the current mean world income ($PPP 16 per day) is driven down to this mean, and the poor countries and people are, at least for a while, allowed to continue growing until they too achieve the level of $PPP 16 per day. But the problem with that approach is that one would have to engage in a massive reduction of incomes for all those who make more than $PPP 16 which is practically all of the Western population.” (Milanovic 2021)

Nur 14 % der Bevölkerung, die unter dem weltweiten Durchschnitt liegen, leben in westlichen Ländern. Entsprechend müssten nach Milanovic Vertreter des Degrowth-Ansatzes 86 % der im reichen globalen Norden lebenden Menschen davon überzeugen, dass ihre Einkommen zu hoch sind und, um das Wachstum zu reduzieren, gesenkt werden müssen.

Danach müsste die Bevölkerung etwa ein Jahrzehnt wirtschaftliche Depressionen akzeptieren und danach das neue Realeinkommen auf unbestimmte Zeit auf diesem Niveau belassen. Es ist jedoch davon auszugehen, dass dadurch das Problem nicht vollständig gelöst würde, da in dieser Zeitphase viele arme Länder das Niveau von 16 $ PPP erreichen, weshalb auch sie an einem weiteren Wachstum gehindert werden müssten. Dadurch würde die Armut nicht in allen Ländern beseitigt, sondern es käme nur zu einer gewissen Nivellierung. Bei diesem einmaligen Vorgang wären die Folgen für das weitere Wachstum kaum abschätzbar, da kein Anreiz bestünde über den globalen Durchschnitt des täglichen Einkommens zu gelangen (Naumer 2023, S. 8). Daher wird vielfach bezweifelt, wie schon erwähnt, dass sich der Degrowth Prozess politisch durchsetzen lässt.

3.3 Das Paradigma Green Growth

Das Paradigma green growth hat in den vergangenen Jahren eine wachsende Aufmerksamkeit bzw. Beachtung erfahren. Dabei befindet sich green growth in einer ausgeprägten Kontroverse mit Post Growth und Degrowth, die in diesem Abschnitt aufgezeigt wird. Es gibt bisher noch keine einheitliche Abgrenzung von green growth. So haben beispielsweise die drei großen und internationalen Organisationen Weltbank, UNEP (Umweltprogramm der Vereinten Nationen) und die OECD unterschiedliche Definitionen vorgelegt, wobei sie wenig präzise sind. Sie unterscheiden sich wesentlich in ihrer Reichweite.

- Die Weltbank sieht besonders die effiziente Nutzung von natürlichen Ressourcen, die Resilienz gegenüber Naturkatastrophen und eine möglichst geringe Umweltverschmutzung und Umweltschäden als Kernpunkte grünen Wachstums.
- Dagegen liegt der Schwerpunkt der OECD auf der Verfügbarkeit von Ressourcen und Ökosystemdienstleistungen als Grundlage des Wohlstands der Menschen bei kontinuierlicher Förderung des Wachstums.
- Die Initiative zu green growth geht von einem Umweltprogramm der UNEP (United Nations Environmental Programme) aus.

Der Begriff wurde auf internationaler Ebene durch den *Green Economy Report* für den Rio+20 Gipfel 2012 stark befördert. Er zielt wesentlich auf eine nachhaltige Entwicklung und damit auch auf eine Verringerung der Armut ab. Öffentliche und private Investitionen sollen so umverteilt werden, dass dadurch Naturkapital aufgebaut bzw. verstärkt wird. In diesem Zusammenhang werden auch Investitionen in Bildung und Forschung gefordert, um so die notwendigen Qualifikationen und technischen Fähigkeiten zum Schutz der Umwelt zu stärken und zu gewährleisten.

Hierzu benennt der Green Economy Report der UNDP (2011) elf Bereiche, die für eine Green Economy von zentraler Bedeutung sind. Sie reichen von Landwirtschaft über Produktion, Abfall bis zu Transport und Tourismus. Entsprechend sei die Transformation zu einer Green Economy möglich, wenn jährlich 2 % des weltweiten Bruttoinlandsproduktes (etwa 1,3 Billionen US$) in den elf Schlüsselsektoren investiert würde. Durch die Abschaffung umweltschädlicher Subventionen könnte ein erheblicher Betrag eingespart werden. Somit versteht die UNEP unter grünem Wachstum den Einklang von wachsendem Einkommen, eine Verbesserung menschlichen

Wohlbefindens und der Verringerung von Umweltrisiken. Theoretisch geht es darum, die Wirtschaft durch technischen Fortschritt, Wandel und Substitution effizienter zu gestalten. Eine Effizienzsteigerung würde den Ressourcenverbrauch verringern und so die Produktion ökologischer ausrichten. Der Transformationsprozess kann durch die staatliche Gesetzgebung gefördert bzw. beschleunigt werden.

Entgegen der allgemeinen inhaltlichen Konkretisierung von green growth durch die internationalen Organisationen ist das Vorgehen von Hickel und Kallis hilfreich. Sie geben in ihrer Studie *„Is Green Growth Possible?“* ein Ziel von green growth vor und überprüfen es dann anhand empirischer Studien. Sie stellen fest, dass eine fortgeschrittene wirtschaftliche Expansion mit der Ökologie dann vereinbar ist, wenn der technologische Wandel und die Substitution von Ressourcen es ermöglichen Wachstum von der Ressourcennutzung und den Kohlenstoffemissionen absolut zu entkoppeln (Hickel, Kallis 2019, S. 1). In der Diskussion zu green growth gibt es in Anlehnung an diese Vorgehensweise international einen breiten Konsens wonach die Entkopplungsmaxime von zentraler Bedeutung ist.

Exkurs: zu dem Begriff Entkopplung

Entkopplung bezieht sich auf das Verhältnis von zwei Größen, die in Relation zueinanderstehen. Das Emissionsvolumen wird in den Zähler und das reale Bruttoinlandsvolumen in den Nenner gesetzt. Konkret geht es beispielsweise um das Emissionsvolumen und das reale Bruttoinlandsprodukt. Das Verhältnis der beiden Größen wird als Emissionsintensität bezeichnet. Im Rahmen des Umweltschutzes wird eine Verringerung der Emissionsintensität angestrebt. Zu einer Entkopplung kommt es dann, wenn die Emissionsintensität sinkt. Wie schon erwähnt unterscheidet man zwischen der relativen und der absoluten Entkopplung. Die relative Entkopplung zeichnet sich dadurch aus, dass sowohl das reale Bruttoinlandsprodukt als auch die Emissionen innerhalb eines bestimmten Zeitraums steigen. Dabei ist der prozentuale Zuwachs des realen Bruttoinlandsproduktes größer als jener der Emissionen: dadurch sinkt die Emissionsintensität, während das Emissionsvolumen steigt.

Die absolute Entkopplung zeichnet sich dadurch aus, dass sowohl die Emissionsintensität als auch das Emissionsvolumen sinken. Das begründet sich daraus, dass das reale Bruttoinlandsprodukt absolut steigt und das Emissionsvolumen sinkt. Eine Klimaneutralität ist dann zu erreichen, wenn es im Zeitablauf zu einer absoluten Entkoppelung kommt. Dabei gilt zu berücksichtigen, dass Ressourcenverbrauch und Treibhausgasemissionen stark miteinander korreliert sind: Nach Schätzungen des Ressourcenrates der Vereinten Nationen werden etwa die Hälfte der globalen Treibhausgase durch den Abbau und die Verarbeitung von natürlichen Ressourcen verursacht (IRP 2019). Daher wird die Entwicklung des Klimawandels wesentlich durch den Abbau und die Verarbeitung von Ressourcen beeinflusst, was häufig vernachlässigt wird.

Von den drei genannten Organisationen hat nur die UNEP die absolute Entkopplung auf die Agenda gesetzt. Die Forderung der Umsetzung der absoluten Entkopplung hat sich bisher jedoch nur partiell durchgesetzt. Die relative Entkopplung kann durch eine steigende Ressourcen- oder Energieeffizienz erreicht werden, wobei die ökologische Belastung weiter steigt. Dagegen bedeutet die absolute Entkopplung, dass die ökologische Belastung sinkt, wobei die Wirtschaft gleichzeitig wächst. Für die absolute Entkopplung ist es im Kontext der Klimaentlastung notwendig konkrete Ziele, wie sie beispielsweise bei der Klimakonferenz 2015 in Paris vorgegeben wurden, um auf ein bestimmtes „ökologisches Niveau" zu kommen, das zu der notwendigen Entlastung führt.

Entwicklungstendenzen und Potenziale zur Entkopplung in Deutschland

Betrachtet man die Entwicklung Deutschlands, so kann man feststellen, dass seit der Wiedervereinigung die jährlichen Treibhausgasemissionen in den vergangenen Jahrzehnten deutlich gesunken sind (Holzmann et al. 2023, S. 16).

> Das Emissionsvolumen ging in dem Zeitraum von 1990 bis 2022 von 1.241,9 Millionen Kohlenstoffdioxid-Äquivalenten auf etwa 746 Mio. t zurück. Gleichzeitig stieg das reale Bruttoinlandsprodukt pro Jahr um 1,25 % pro Jahr. Daraus ergibt sich, dass die Emissionsintensität der BIP-Produktion in dem Zeitraum abgenommen hat.

In Deutschland kam es somit zu einer absoluten Entkopplung der Treibhausgasemissionen. Gleichzeitig lässt sich jedoch feststellen, dass das Ziel der Klimaneutralität bei der Geschwindigkeit der Emissionsreduzierung bis

2045 verfehlt wird, d. h. die Bruttoemissionen erst im Jahr 2070 den Wert von Null erreichen würden.

Klimaneutralität bedeutet, wenn entweder keine Treibhausgase in die Atmosphäre emittiert werden oder die Emissionen durch „negative Emissionen“ kompensiert werden, womit es also zu keinem Konzentrationsanstieg kommt. Zur Erreichung von Netto-Null-Emissionen müssen alle Treibhausgasemissionen also auch Treibhausgase wie Methan oder Lachgas durch Kohlenstoffbindung ausgeglichen werden. Die Aufnahme von Kohlenstoff aus der Atmosphäre erfolgt durch Kohlenstoffsenken. Die bedeutendsten natürlichen Kohlenstoffsenken sind Böden, Wälder (besonders Regenwälder und Ozeane) (v. Hauff 2023).

> Natürliche Senken nehmen pro Jahr etwa 9,5 bis 11 Gigatonnen CO_2 auf. Die globalen CO_2 Emissionen betrugen im Jahr 2021 37,8 Gigatonnen.

Natürliche Senken wie Wälder geben jedoch gespeicherten Kohlenstoff bei Abholzung oder Bränden wieder in die Atmosphäre ab. Bisher gibt es noch keine künstlichen Kohlenstoffsenken, weshalb CO_2 in hohem Maße verringert werden muss, um Klimaneutralität zu erreichen. Künstliche Speicherung wäre beispielhaft in ehemaligen Erdöl- oder Erdgaslagern möglich. Diese Vorgehensweise wird als *„Carbon Capture and Storage“-Verfahren* bezeichnet. Die verschiedenen Modellrechnungen zur Klimaneutralität in Deutschland bis 2045 unterscheiden sich hinsichtlich ihrer Prognosen zur Höhe der jährlichen Restemissionen.

Wie schon erwähnt, haben sich 195 Staaten zu dem Pariser Klimaschutzabkommen verpflichtet, wobei angemessene, aber freiwillige Beiträge zu leisten sind. Deutschland hat im Rahmen des Klimaschutzgesetzes einen Treibhausgasreduktionspfad entwickelt, der in mehrere Zwischenziele untergliedert ist. Der *„Intergovernmental Panel on Climate Change (IPCC)“* hat ein globales CO_2-Budget berechnet, das sich an den Temperaturzielen des Paris Abkommens orientiert. Das deutsche CO_2-Budget wurde 2016 vom „Sachverständigenrat für Umweltfragen (UBA)“ anhand des deutschen Anteils an der Weltbevölkerung berechnet. Das Budget berechnet sich nach der Wahrscheinlichkeit der Zielerreichung der globalen Erwärmung. Je höher der Zielerreichungsgrad, umso geringer ist das noch verbleibende Budget. Soll die Entkopplung nicht auf Kosten des Wohlstandes bzw. einer gerechten Verteilung gehen, ist eine sozial-ökologische Transformation erforderlich. Nach Holzmann et al. müssen für eine adäquate Transformation tradierte wirtschaftliche Prozesse und Geschäftsmodelle ersetzt oder umorganisiert werden. Dafür sind erhebliche technologische und strukturelle Innovationen erforderlich, die eine Entkopplung der Treibhausgasemissionen von wirtschaftlichen Aktivitäten vorantreiben.

Der potenzielle Beitrag von technologischen und strukturellen Innovationen für die Entkopplung in Deutschland sollen nur durch einige Hinweise konkretisiert werden (Holzmann et al. 2023, S. 29).

Im Rahmen der Transformation ist der Ausbau bzw. Nutzung erneuerbarer Energien in möglichst vielen Wirtschaftssektoren fortgeschritten. So haben der technologische Fortschritt und Skaleneffekte auch zur Wirtschaftlichkeit erneuerbarer Energie wesentlich beigetragen. Grüner Wasserstoff in der energieintensiven Industrie wie der Stahlproduktion aber auch im Lastverkehr können diesen Prozess noch erweitern und verstärken. Wie schon erwähnt bietet auch die Circular Economy, die in die Konsistenzstrategie einzuordnen ist, noch ein großes Potenzial für die Entkopplung (v. Hauff 2021, S. 76 ff). Der Energiebedarf kann durch den energetisch sanierten Wohnraum reduziert werden. So können die Konsistenz- und Effizienzstrategie zumindest zu einer partiellen Entkopplung führen. In welchem Maße der technische Fortschritt, der auch durch staatliche Förderung gestärkt werden kann, zu einer klimaneutralen Ökonomie führen wird, ist schwer zu prognostizieren.

Strukturelle Innovationen wie beispielsweise Online-Meetings, die Verringerung des Fleischkonsums und intelligente Heizsysteme tragen ebenfalls zur Entkopplung bei. Aber auch die Nutzungsdauer elektrischer Geräte und die verstärkte Nutzung von Sekundärrohstoffen bieten noch ein großes Potenzial der Entkopplung. Es gibt jedoch noch Bereiche wie eine nachhaltige Mobilitätswende, die noch ganz am Anfang steht, obwohl sie ein großes Potenzial für die Entkopplung hat. Besonders kontrovers wird in diesem Zusammenhang die Suffizienzstrategie diskutiert. Wird sie weniger als Verzichtstrategie und mehr im Sinne eines verantwortungsvollen, nachhaltigen Konsums interpretiert, wird sie eine größere Akzeptanz erfahren. In diesem Sinne wird dann auch der quantitative, d. h. materielle Wohlstand an Bedeutung verlieren und das individuelle Wohlbefinden, das zu einer steigenden Lebensqualität führt, verstärkt. Der Jahreswirtschaftsbericht der Bundesregierung hat 2022 neben dem Bruttoinlandsprodukt ergänzend Kategorien im Sinne einer nachhaltigen Entwicklung für Wohlstand und individueller Lebensqualität eingeführt.

Auch die deutsche Nachhaltigkeitsstrategie ist darauf ausgerichtet hierzu einen Beitrag zu leisten. Sie bietet eine Bestandsaufnahme, welche der 17 Nachhaltigkeitsziele (SDGs) bis 2030 erreicht werden können und welche scheitern werden. Damit wird deutlich, wo noch Handlungsbedarf für eine Entkopplung besteht. So gibt es besonders in dem Sektor der Landwirtschaft noch einen großen Handlungsbedarf. Betrachtet man beispielsweise das SDG 6, so kann man feststellen, dass beispielsweise die Nitratbelastung in deutschen Gewässern im Vergleich zu den von der EU vorgegebenen Werten deutlich zu hoch ist. Hier steht eine Anpassung im Sinne der absoluten Entkopplung der landwirtschaftlichen Produktion noch aus. Weiterhin ist festzustellen, dass einige der SDGs für eine Entkopplung ein deutlich höheres Engagement erfordern (v. Hauff 2024, S. 86 ff). So wird im Vorwort der Deutschen Nachhaltigkeitsstrategie – Weiterentwicklung 2021 selbstkritisch festgestellt:

> „Um die Ziele der Deutschen Nachhaltigkeitsstrategie und der Agenda 2030 zu erreichen, müssen wir den Weg einer wirklich anspruchsvollen Transformation gehen, der wichtige Bereiche wie Energie, Kreislaufwirtschaft, Wohnen, Verkehr, Ernährung und Landwirtschaft umfasst. In Deutschland wollen wir mit der Weiterentwicklung unserer Nachhaltigkeitsstrategie und insbesondere mit Bildung, Forschung und Innovationen den Transformationsprozess voranbringen." (Bundesregierung 2021, S. 1).

Betrachtet man die vorliegenden Untersuchungen auf globaler Ebene, so kommen Hickel und Kallis zu der Erkenntnis, dass die Theorie des grünen Wachstums durch die empirischen Erkenntnisse nicht gestützt werden. Hierzu unterscheiden sie zwei Argumentationsebenen (Hickel, Kallis 2019):

1. Grünes Wachstum setzt für Hickel und Kallis voraus, dass eine dauerhafte absolute Entkopplung des Ressourcenverbrauchs vom Bruttoinlandsprodukt erreicht wird. Projektionen zeigen jedoch selbst unter sehr optimistischen Bedingungen keine absolute Entkopplung auf globaler Ebene. Einige Modelle zeigen, dass eine absolute Entkopplung in Ländern mit hohem Einkommen unter optimistischen Bedingungen erreicht werden kann. Sie zeigen jedoch auch, dass es nicht möglich ist diesem Kurs langfristig zu erhalten.
2. Grünes Wachstum erfordert auch, dass eine dauerhafte absolute Entkopplung der Kohlenstoffemissionen vom Bruttoinlandsprodukt erreicht wird. Sie sollte jedoch in dem Zeitraum erfolgen, wonach verhin-

> dert würde, dass das Kohlenstoffbudget für 1,5 °C oder 2 °C überschritten wird. Eine absolute Entkopplung ist jedoch sowohl auf nationaler als auch auf globaler Ebene möglich und wurde in einigen Regionen bereits erreicht. Obwohl es technisch möglich ist die Entkopplung im Einklang mit dem Kohlenstoffbudget für 1,5 °C oder 2 °C zu erreichen, zeigen empirische Untersuchungen, dass dies jedoch selbst unter sehr optimistischen Bedingungen unwahrscheinlich ist.

Daher lässt sich feststellen, dass hochentwickelte Länder sich auf der Grundlage technologischer Innovationen und strukturellem Wandel auf dem Pfad zu einer Entkopplung befinden. Es mangelt jedoch (noch) an der erforderlichen Dynamik. Daraus ergibt sich das Dilemma, wie Wackernagel und Rees bereits 1998 feststellten, dass das politisch Akzeptable ökologisch in die Katastrophe führt, während das ökologisch Notwendige politisch unmöglich ist.

Die beiden Formen der relativen und absoluten Entkopplung sollten auch internationale Handelsbeziehungen berücksichtigen. Die absolute Entkopplung beschränkt sich jedoch häufig nur auf die Binnenwirtschaft. Dagegen müssen dem inländischen Materialverbrauch und Rohstoffeinsatz auch die teilweise massiven Umweltbelastungen zugerechnet werden, die u. a. durch den Abbau und die Verarbeitung von Rohstoffen, die für die Wirtschaft in Deutschland benötigt werden, entstehen. Dabei ist festzustellen, dass auch in Deutschland der Rohstoffverbrauch besonders in den Bereichen von Zukunftstechnologien weiter steigt. Exemplarisch sind die Digitalisierung und die Träger regenerativer Energie zu nennen. Entsprechend richtet sich der wachsende Rohstoffverbrauch besonders auf bestimmte Metalle wie Kupfer aber auch auf einige seltene Erden (v. Hauff 2024, S. 27 ff).

Die Mehrzahl der Veröffentlichungen zu der Kontroverse, ob eine Entkopplung von Wachstum und Umweltschäden grundsätzlich möglich ist, beziehen sich, wie schon erläutert, auf den Ressourcenverbrauch und Emissionen. In einigen Untersuchungen kam es jedoch zu einer Erweiterung von Umweltbelastungen auf Boden, Wasser, Überfischung oder ökologische Habitate. Hierfür werden unterschiedliche Umweltindikatoren wie

- Abfall,
- Fischerei,
- Biodiversität,
- Luftverschmutzung,
- Klimawandel,

- Holzeinschlag,
- Extraktion natürlicher Ressourcen wie fossiler Energieträger

oder der ökologische Fußabdruck genutzt. Die Entkopplung erfordert verschiedene Maßnahmen:

> „Um grünes Wachstum in Bezug auf die verschiedenen ökologischen Ziele wie Landnutzung, Klima, Biodiversität, Qualität von Luft, Wasser und Boden, die Nutzung natürlicher Rohstoffe oder verbessertes Abfallmanagement zu erreichen, ist eine gut abgestimmte Mischung marktgestützter, regulatorischer und informationsbasierter politischer Maßnahmen notwendig. ... Bei globalen Umweltproblemen ist dafür eine internationale Koordination hilfreich, bspw. über internationale Umweltabkommen." (Richters 2020)

Betrachtet man die verschiedenen Beiträge zu der Entkopplung, so ist festzustellen, dass für Vertreterinnen und Vertreter des Postwachstumsansatzes, wie bereits erläutert, eine Entkopplung nicht möglich ist (Adler 2022, S. 68 ff). Der Degrowth-Ansatz geht von einer eindeutigen Beziehung zwischen Wirtschaftswachstum und Emissionen aus, indem eine Reduktion der Treibhausgasemissionen nicht nur einen Verzicht auf Wirtschaftswachstum, sondern eine Reduktion des bisher erreichten Wachstums, d. h. ein negatives Wachstum, erfordert (Schmelzer 2023). Dagegen vertreten standardökonomische Ansätze, dass durch die Ausrichtung auf preisgesteuerte Technik eine Entkopplung durch die Wahl emissionsverringernder Techniken grundsätzlich möglich ist. Nach dem green growth Ansatz ist eine Entkopplung möglich, wenn der kapitalgebundene technische Fortschritt zu einer Verringerung der Intensität der Treibhausgasemissionen (THG) in dem Maße wie die entsprechende Leitplanke dies vorgibt, führt. So stellt Heise fest (2024, S. 125):

> „Die absolute Entkopplungsthese knüpft die Reduktion von THG-Emissionen an investitionsgestütztes BIP-Wachstum, wobei die Investitionen allerdings Träger emissionsreduzierenden technischen Fortschritts sein müssen."

Danach löst der green growth Ansatz den scheinbaren Widerspruch zwischen Wirtschafts- und THG-Emissionswachstum auf. Hierbei ist jedoch zwischen intensivem Wachstum, das zu Ersatzinvestitionen führt und extensivem Wachstum, das zu Erweiterungsinvestitionen führt, zu unterscheiden. Eine absolute Entkopplung lässt sich nur durch Ersatzinvestitionen begründen, die zu einer entsprechenden Umweltentlastung führen. Dabei ist jedoch zu berücksichtigen, dass die Ersatzinvestitionen aus ökologischer Sicht dem Stand der Technik entsprechen und dass sie möglichst frühzeitig, d. h. zu Beginn ihrer Verfügbarkeit von Unternehmen in die Produktion eingeführt werden.

Allgemein gilt: Je höher der investitionsgestützte Ersatz emissionsintensiver Produktionsanlagen durch Anlagen mit geringeren Emissionen ist, desto höher ist der Emissionsrückgang.

Kommt es dagegen zu Erweiterungsinvestitionen, die nur zu einer Erweiterung der bisherigen Produktionsanlagen führen, kommt es zu einer positiven Weiterentwicklung zwischen Wirtschaftswachstum und der Zunahme von Treibhausgasemissionen. Erweiterungsinvestitionen können somit den Zielkonflikt zwischen Wachstum und Umweltbelastung nicht auflösen. Sie können jedoch dann zu einer relativen Entkopplung beitragen, wenn die Erweiterungsinvestitionen weniger Umweltbelastung erzeugen als die bisherigen Produktionsanlagen. Somit können auch „grüne Erweiterungsinvestitionen" den Zielkonflikt zwischen Wachstum und der ökologischen Nachhaltigkeit nicht auflösen. Betrachtet man hierzu die empirischen Erkenntnisse, so scheint sich dieser relative Entkopplungsprozess zu bestätigen (Heise 2024).

3.4 Entstehungsgeschichte von Green Growth

Der historische Ursprung von green growth begann in den 1970er Jahren durch Untersuchungen, bei denen es um die Frage ging, ob der Verbrauch von Rohstoffen, Energie und natürlichen Ressourcen sich weitgehend proportional zur Wirtschaftsleistung, d. h. zum Wirtschaftswachstum, entwickeln (Dinda 2004). Vielfach wurde besonders von Vertretern der Ökologischen Ökonomie die Möglichkeit einer Entkopplung des Ressourcenverbrauchs vom Wirtschaftswachstum bezweifelt. Der Brundtland-Bericht und der beginnende Rio-Prozess, der mit dem ersten Erdgipfel in Rio de Janeiro 1992 begann, hat die Diskussion zu green growth gefördert. In diesem Kontext wurde 1989 der Begriff green economy in dem Bericht von Pearce et al. an die britische Regierung geprägt (Pearce et al. 1991).

Schon in den 1990er Jahren wurden empirische Untersuchungen durchgeführt, die sich der möglichen Entkopplung von Wachstum und Umweltbelastung zuwandten. Sie kamen zu der Erkenntnis, dass in Ländern ab einem bestimmten Niveau des Bruttoinlandsproduktes u. a. die Luftbelastung,

Wasserverschmutzung und Entwaldung abnahmen, was als Beleg für die bereits erwähnte Kuznets-Kurve galt (vgl. u. a. Grossman, Krueger 1995; Jörg 2007). In diesem Zusammenhang gingen beispielsweise Nichols Stern in dem Stern Report (2006) und William D. Nordhaus von zwei Standardthesen auf der Grundlage volkswirtschaftlicher Kosten-Nutzen-Analysen aus:

- Nach der ersten These seien die Kosten zur Verhinderung von Umweltschäden so gering, dass Wirtschaftswachstum dennoch realisiert werden könne.
- Nach der zweiten These seien die zu erwartenden Einbußen zukünftigen Wirtschaftswachstums größer als die Kosten für Umweltschutz.

Die Schlussfolgerung, die daraus entstand, wonach die Förderung von Wachstum eine notwendige Bedingung für eine Verbesserung der Umwelt sei, wurde jedoch kontrovers diskutiert. Ein wesentlicher Kritikpunkt war, dass eine relative Entlastung der Umwelt auch zu steigenden Umweltbelastungen und sogenannten Kippunkten führen kann. Kipppunkte signalisieren Momente, an denen Probleme im Bereich Ökologie auftreten können, die sich auch auf andere Bereiche wie die Ökonomie negativ auswirken und eine Dynamik aufnehmen, die nicht mehr zu stoppen ist. Im Klimasystem ist dieses Phänomen bereits eingetreten. Kommt es zu Kipppunkten, werden sich beispielsweise Savannen in Wüsten verwandeln oder der warme Golfstrom wird aufhören zu fließen.

Zur Vermeidung wird vorausgesetzt, dass es zur Förderung von Umweltinnovationen kommt, die zu einer Erhöhung der Rohstoff- und Energieeffizienz aber auch von Recyclingraten führen. Die Relevanz begründet sich daraus, dass ohne eine Steigerung des BIP pro Kopf weder die für eine ökologische Transformation erforderlichen Investitionen finanzierbar sind noch das bestehende Niveau an gesellschaftlicher Wohlfahrt aufrechterhalten werde kann (Döring 2022, S. 9). Es wurden jedoch Szenarien modelliert, die zu der Erkenntnis kommen, dass eine „absolute Entkoppelung“ dann möglich ist, wenn eine konstante bzw. abnehmende Umweltbelastung bei einem steigenden Wirtschaftswachstum als auch zu erwartenden Rebound-Effekten eintritt (Meyer, Distelkamp 2012). Sie stellen fest:

> “Green growth is an environmental policy strategy that aims at an absolute decoupling between economic growth and resource consumption. As far as the applied policy measures focus on direct enhancements of economy-wide resource

efficiency levels, their overall achievements might however be weakened by their induced rebound effects."

Aus dem Beitrag von Meyer und Distelkamp geht hervor, dass die Ergebnisse dieser Simulationen ganz wesentlich davon abhängen, wie die staatliche Gesetzgebung gestaltet wird und welche marktlichen Anreize gesetzt werden. Zu nennen sind finanzielle Anreize für Umweltinnovationen und der Abbau von rechtlichen Behinderungen für umweltorientierte Innovationen und Geschäftsmodelle. Durch die starke Ausrichtung auf technologische Innovationen als Antrieb für ein nachhaltiges Wirtschaftswachstum unterscheidet sich somit der Ansatz von green growth von dem Degrowth-Ansatz (Döring 2022).

Bleischwitz et al. kommen in ihrem Beitrag ebenfalls zu der Erkenntnis, dass ein absoluter Entkopplungsprozess von Wachstum und Ressourcen möglich ist. Dabei stellen sie die Ergebnisse ihres Forschungsprojektes Macmod vor, das sich dieser Problemstellung auf der Ebene der Europäischen Union gewidmet hat (Bleischwitz 2012, S. 30 ff). Zunächst stellen sie kritisch fest, dass eine Analyse nach dem Territorialprinzip politisch und in Statistiken einschlägig sei, dabei jedoch besonders Importe vernachlässigt würden. In ihrem Modell wurde eine Analyse der verschiedenen Risiken durchgeführt, die mit der Nutzung natürlicher Ressourcen in Europa eintreten könnten. Daher wurde eine Risikomatrix entwickelt.

> „Die Risikoanalyse zeigte, dass im Bereich von Mineralien und metallischen Rohstoffen die größten Risiken im Bereich ökonomischer und politischer Faktoren zu finden sind, insbesondere die hohe Marktkonzentration auf globalen Metallmärkten und Risiken in Zusammenhang mit den stabilen politischen Systemen entfernter Länder, insbesondere in Afrika." (Bleischwitz et al. 2012, S. 32)

Sie kommen zu dem Ergebnis, dass eine absolute Entkopplung in der EU bis 2030 möglich ist. Konkret bedeutet dies, dass eine Reduktion des globalen Materialaufwands und der Treibhausgasemissionen bei gleichzeitigem wirtschaftlichem Wachstum zu realisieren ist. Daher sind nach den Modellergebnissen die Chancen für eine Erhöhung der Ressourcenproduktivität, die zugleich zu positiven Umwelt-, Beschäftigungs- und Wirtschaftseffekten führt, positiv zu werten. Sie geben jedoch zu bedenken, dass die Politikannahmen ambitioniert sind und für Revisionen offen sein müssen. Weiterhin kann es zu dynamischen Veränderungen kommen. Zu nennen sind u. a. die

Relevanz von Energie- und Materialkosten in der Industrie aber auch zu nachlassenden Erträgen beim Recycling.

Es setzt sich zunehmend die Erkenntnis durch, dass sich umweltverträgliches Wachstum nur dann realisieren lässt, wenn die wirtschaftliche Entwicklung durch ökologische Leitplanken begrenzt und auch eingehalten werden (Jacobs 2013). Durch die Festlegung von Zielwerten im Kontext der Leitplanken kann dies durch entsprechende Maßnahmen zu einer absoluten Entkopplung führen. Ein typisches Beispiel für die Festlegung von Leitplanken ist das Pariser Klimaabkommen. Das Übereinkommen wurde 2015 auf der Klimakonferenz beschlossen, auf der sich 195 Staaten verpflichteten, die Weltwirtschaft klimafreundlich umzugestalten. Der internationale Vertrag verpflichtet die Unterzeichnerstaaten Maßnahmen zur Bekämpfung des Klimawandels zu ergreifen. In Artikel 2 wurden die zentralen Ziele festgelegt:

- Beschränkung des Anstiegs der weltweiten Durchschnittstemperatur möglichst auf 1,5 °C, zumindest aber deutlich unter 2 °C,
- Senkung der Emissionen und Anpassung an den Klimawandel,
- Lenkung der Finanzmittel im Einklang mit den Klimaschutzzielen.

Jährlich wird von UNEP (United Nations Environment Programme) die Lücke zwischen den national festgelegten Beiträgen der Vertragsparteien geprüft. Dabei wird zwischen den geplanten und den realisierten Klimaschutzmaßnahmen und den Emissionsminderungen, die notwendig wären, um die Temperaturziele des Übereinkommens einzuhalten, unterschieden. 2022 wurde in dem *„Emissions Gap Report“* aufgezeigt, dass sich die Erde bei vollständiger Umsetzung aller angekündigten Beiträge um etwa 2,7 °C erwärmen würde. Da die angekündigten Beiträge jedoch nicht realisiert wurden, ist die tatsächliche Erwärmung höher ausgefallen. Die Rate der globalen Emissionsminderung müsste um mindestens 80 % über die bisherigen Ziele hinaus erhöht werden, um das Ziel von 2 °C zu erreichen.

> Das Problem lässt sich durch ein Beispiel verdeutlichen: die 60 weltweit größten Banken haben seit 2015 3,8 Billionen US$ für Unternehmen in fossilen Industrien bereitgestellt *(Rainforest Action Work 2021)*. So kann festgestellt werden, dass die Ziele des Pariser Abkommens wegen der unzureichenden politischen Maßnahmen kaum eingehalten werden können.

Der Begriff green growth fand im asiatisch-pazifischen Raum durch die 2005 gegründete *„Seoul Initiative Network on Green Growth"* im Rahmen der Weltwirtschaftskrise ab 2007 seine weitere Konkretisierung (Cammeron, Clouth 2012). Als Folge wurde die Wirtschaftsförderung verstärkt auf ein green growth ausgerichtet. 2009 unterzeichneten Minister aus 34 Staaten die *„Green Growth Decleration"*. Damit verbunden war ein Mandat für die OECD eine Green Growth Strategy zu entwickeln. Es sollten Möglichkeiten aufgezeigt werden wie Wirtschaftswachstum und eine umweltfreundliche Entwicklung gefördert werden können und dabei Naturkapital geschont wird. 2011 erschien die Strategie in der verdeutlicht wurde wie „grün" und „Wachstum" zusammengeführt werden können. Hierzu stellt die OECD fest:

> "Green growth means fostering economic growth and development while ensuring that natural assets continue to provide the resources and environmental services on which our well-being relies. To do this it must catalyse investment and innovation which will underpin sustained growth and give rise to new economic opportunities. A return to "business as usual" would be unwise and ultimately unsustainable, involving risks that could impose human costs and constraints on economic growth and development. It could result in increased water scarcity, resource bottlenecks, air and water pollution, climate change and biodiversity loss which would be irreversible thus the need for strategies to achieve greener growth." (OECD 2011, S. 9)

Kritiker geben zu bedenken, dass der Begriff „grünes Wachstum" die in der Wissenschaft festgefahrene Kontroverse auflösen und das in der Politik nachlassende Interesse reaktivieren sollte. Dadurch sollte auch die wenig attraktive Diskussion über die ökologischen Kosten und die Grenzen des Wachstums überspielt und die Kompatibilität von Umweltschutz und Wachstum bzw. die Förderung von Umweltschutz durch Wachstum an Bedeutung gewinnen (Jacobs 2013). Einige Länder haben grünes Wachstum als Ziel eingeführt. Zu nennen sind u. a. die Europäische Union im Kontext der Strategie „Europa 2020", Südkorea im Rahmen des Fünfjahresplans für Grünes Wachstums und China im Rahmen des 12. Fünfjahresplans.

3.5 Die Relevanz des Finanzsektors für die Förderung von Green Growth

Die Förderung von green growth weist Defizite auf wie beispielsweise an der Erweiterung bzw. Stärkung eines nachhaltigen Finanzsektors verdeutlicht werden kann. Das wurde mehrfach u. a. vom „Rat für Nachhaltige Entwicklung“, als dem zentralen Beratungsgremium der Bundesregierung, gefordert. Der Finanzsektor bietet noch ein großes Potenzial der Finanzierung von ökologisch ausgerichteten Ersatz- bzw. Erweiterungsinvestitionen. Dagegen gibt es weltweit noch viele Projekte deren Finanzierung als nicht nachhaltig zu bewerten sind. Dazu gehört u. a. der Abbau von Rohstoffen in Regenwäldern oder die Erschließung neuer Erdölquellen in sensiblen ökologischen Regionen mit vielfach verheerenden ökologischen, aber auch sozialen Folgen für die lokale bzw. regionale Bevölkerung. Daher fordert Bachmann allgemein: „Nachhaltige Finanzwirtschaft, Green Finance, muss einen wesentlichen Beitrag zur Transformation hin zu einer nachhaltigen Gesellschaft leisten.“ (Bachmann 2017, S. 48)

Rückblickend kann festgestellt werden, dass zunächst nur in einer Nische des Finanzsektors einzelne Institute das Thema Nachhaltigkeit für sich in Anspruch nahmen. Bis in die Gegenwart wird der Finanzmarkt eher als Teil des Nachhaltigkeitsproblems und weniger als ein Beitrag zum Transformationsprozess zur Nachhaltigkeit bewertet (Umweltbundesamt 2022, S. 1). Bevor die Wende im Jahr 2015 kurz aufgezeigt wird, soll begründet werden, warum der Finazsektor in Bezug auf Nachhaltigkeit bisher eher das Problem als die Lösung ist. Lange Zeit wurden die Potenziale eines nachhaltigen Finanzmarktes nicht erkannt bzw. wahrgenommen.

Das lässt sich mit der kurzfristigen und risikoaversen Rendite-Orientierung der Wirtschaftsakteure in nicht-perfekten Märkten begründen. Wesentliche Argumente gegen einen nachhaltigen Finanzsektor waren u. a. die vermeintlich geringe Profitabilität, fehlende Daten und die fehlende Nachfrage durch Kunden. Hinzu kommt, dass bei Wirtschaftsleistungen viele Kosten des Wirtschaftens nicht berücksichtigt werden und daher nicht in den Preis einfließen. So erzeugt die Produktion von Stahl durch den Einsatz von Kohle gesundheitsschädliche Emissionen und fördern den Klimawandel. Das gilt auch für die durch Kohle erzeugte Energie. Es entstehen also externe Effekte, die in der Preisbildung unberücksichtigt bleiben.

Ein kurzer historischer Rückblick zeigt, dass es bereits im 17. und 18. Jahrhundert religiös motivierte Investoren gab, die auf Grund von ethisch geprägten Werten Investitionen tätigten, die ihren Vorstellungen entsprachen. In den 1960er und 1970er Jahren entstanden dann sozial motivierte Anlage-Fonds bzw. erste sozial-ökologisch ausgerichtete Banken. Beispielhaft ist die 1974 in Deutschland gegründete GLS Gemeinschaftsbank zu nennen.

Auch auf internationaler Ebene begannen Finanzinstitutionen Umwelt- und Sozialrisiken in ihre Aktivitäten zu integrieren. Daher wurde 2009 die *„Global Alliance for Banking on Values (GABV)"* gegründet, um den kleinen nachhaltigkeitsorientierten Finanzinstitutionen weltweit mehr Sichtbarkeit zu verschaffen. Durch die Agenda 2030 mit den SDGs und dem Klimaabkommen von Paris kam es nach 2015 zu einer gewissen Dynamik im Rahmen dessen sich auch der Begriff „Sustainable Finance" etablierte. Die zunehmende Regulierung führte in diesem Kontext zu dem Begriff des *„Financial Mainstreaming"* (Umweltbundesamt 2022). 2021 hat dann die Bundesregierung die *„Deutsche Sustainable Finance-Strategie"* verabschiedet (Die Bundesregierung 2021, S. 1):

> „Fokus der nationalen Sustainable Finance-Strategie ist die Finanzpolitik und -regulierung. Nachhaltigkeitsrisiken sind auch Anlagerisiken. Daher ist aus der Sicht der Bundesregierung die Finanzmarktstabilität selbst ein inhärentes, zentrales Ziel von Sustainable Finance. Gleichzeitig ist Sustainable Finance aber auch verknüpft mit Politikfeldern wie z. B. der Fiskal-, Umwelt-, Menschenrechts- und Entwicklungspolitik sowie der Unternehmensverantwortung."

Werden durch Umweltstandards bestimmte Produktionsweisen unwirtschaftlich, so müssen Subventionen angepasst oder Steuern geändert werden. Dadurch wirken sich Politikmaßnahmen auf das Risiko der Realwirtschaft und somit auch auf die Investitionen der Finanzmarktakteure positiv aus. Es besteht Konsens, dass für die Transformation zu einem nachhaltigen Wachstum hohe Summen an Kapitel erforderlich sind. Die verschiedenen Schätzungen unterscheiden sich teilweise wesentlich (Umweltbundesamt 2024). Die EU geht in ihrem Aktionsplan „Finanzierung nachhaltigen Wachstums" von 2018 zur Erreichung von Klima- und Energiezielen bis 2030 davon aus, dass ein jährlicher Investitionsrückstand von etwa 180 Milliarden Euro aufgeholt werden muss. Die Studie der Kreditanstalt für Wiederaufbau (KfW) „Beitrag von Green Finance zum Erreichen von Klimaneutralität in Deutschland" bis 2045 weist einen Betrag von 5 Billionen Euro aus.

Die Beträge relativieren sich, wenn man in diesem Kontext nur die jährlichen Mehr- und Ersatzinvestitionen betrachtet. Dabei geht es primär um Ersatzinvestitionen sowie um jene Investitionen die für die Instandhaltung bestehender Infrastruktur aufgewendet werden müssten, nun aber nach Nachhaltigkeitskriterien getätigt werden sollten. Neuinvestitionen betragen nach der KfW jährlich 72 Milliarden Euro. Es besteht allgemein Konsens, dass die öffentlichen Einrichtungen das erforderliche Kapital für die Transformation nicht allein aufbringen können, sondern hierfür privates Kapital benötigt wird. Das gilt auch unter Berücksichtigung der Tatsache, dass der Fortschritt bei dem Abbau umweltschädlicher Subventionen nur langsam voranschreitet.

Bezieht man den privaten Finanzsektor mit ein, so kann man davon ausgehen, dass in Deutschland Banken und Versicherungen etwa 4 Billionen Euro in transformative Aktivitäten investieren können. Der jährliche Marktbericht des „Forums für nachhaltige Geldanlagen (FNG)“ zeigt jedoch, dass in Deutschland bisher nur 9,4 % der privaten/institutionellen Anlagen unter Nachhaltigkeitskriterien verwaltet werden (Umweltbundesamt 2024). Daraus wird deutlich, dass der private Finanzsektor noch ein sehr großes Potenzial für die Förderung von green growth bzw. einen nachhaltigen Transformationsprozess aufweist.

Es ist festzustellen, dass auf internationaler Ebene einige Vereinbarungen bzw. Initiativen entstanden, wie beispielsweise die PRI-Initiative „Principles for Responsible Investment“, die sich verantwortungsvollem Investieren verpflichtet hat. Sie setzt sich aus Vermögensverwaltungsgesellschaften, Banken, Pensionskassen und Versicherungen zusammen. Die Intention dabei ist, Investitionsentscheidungen an den ESG-Kriterien auszurichten. ESG-Kriterien sind aus den Bereichen Umwelt, Soziales und verantwortungsvolle Unternehmensführung abgeleitet. Sie ermöglichen es den Investoren den Grad der Nachhaltigkeit eines Unternehmens kennzahlenbasiert zu messen, indem ökologische und soziale Maßnahmen sowie die Unternehmensführung berücksichtigt werden.

Die ESG-Kriterien werden in drei Bereiche untergliedert und konkretisiert:

- „E“ steht für Environment (z. B. für Umweltverschmutzung oder -gefährdung, Treibhausgasemissionen oder Energieeffizienzthemen).

- „S“ steht für Social (Arbeitssicherheit und Gesundheitsschutz, Diversity oder gesellschaftliches Engagement wie Corporate Social Responsibility).
- „G“ steht für Governance und zielt auf eine nachhaltige Unternehmensführung.

Im Jahr 2012 haben sich Investoren in der *„Institutional Investors Group for Climate Change“* zusammengeschlossen. Das Ziel ist als Investoren bis 2030 einen „signifikanten Beitrag“ in Richtung Null-Emissionen für die Wirtschaft zu leisten. 2021 trat die *„Sustainable Finance Disclosure Regulation-SFDR“* der EU in Kraft. Hierbei handelt es sich um eine Offenlegungsverordnung für Nachhaltigkeit. Am 10. März 2021 mussten die Fondhäuser aufzeigen, wie sie den Nachhaltigkeitskriterien nachkommen. So können sie nach bestimmten Nachhaltigkeitskonzepten klassifiziert werden und Investoren können erkennen, wie ihre Fonds klassifiziert werden.

Ein weiteres Instrument sind „Green Bonds“ deren Prinzipien 2014 verabschiedet wurden. Hierbei handelt es sich um Anleihen, die für die Finanzierung von CO_2 neutralisierende Investitionen aufgelegt werden. Als Nachweis müssen sich die Emittenten an die sogenannten *„Green Bonds Principles“* halten. Die Prinzipien wurden von der *„International Capital Association (ICMA)“* entwickelt. Entsprechend der Emittenten gehört Deutschland bisher noch nicht zu den führenden Nationen. Abschließend ist noch zu erwähnen, dass sich 2020 Asset-Manager zur *„Net Zero Asset Managers Initiative“* zusammengeschlossen haben. Hierbei handelt es sich um eine internationale Gruppe, die mit ihrer Anlagenpolitik bestrebt sind, bis 2050 die Treibhausgase auf null zu reduzieren. Diese Initiativen sind zunächst positiv zu bewerten, wobei festzustellen bleibt, dass es hierzu noch ein großes Potenzial gibt, um green growth essenziell zu fördern.

Bewertet man den aktuellen Stand von „green oder sustainable finance“, so kommt die *„Wissenschaftsplattform Nachhaltige Finanzwirtschaft“* in ihrem Abschlussbericht zunächst zu einer positiven Bewertung. Die Nachfrage nach nachhaltigen Geldanlagen und das Angebot nachhaltiger Geldanlagen ist stark gewachsen. Das Anlagevolumen betrug im Jahr 2022 etwa 578 Milliarden Euro und ist nach dem Marktbericht des „Forum Nachhaltige Geldanlagen (FNG)“ gegenüber dem Vorjahr um 15 % gestiegen. Zu dieser Entwicklung kam es jedoch ohne zentrale oder regionale Steuerung oder Koordination. Die vorliegenden Informationen und Vorschläge für einen nachhaltigen Finanzsektor sind hoch fragmentiert und wissenschaftlich noch nicht ausreichend aufbereitet bzw. bewertet. Dabei gilt zu berücksichtigen, dass der Klimawandel, der Verlust an Biodiversität und Ressourcen aber auch die wachsende soziale Ungleichheit große Risiken für die heutige und zukünftige Generation implizieren. In diesem Kontext mangelt es auch noch an akademischer Qualifizierung für die Ausgestaltung eines nachhaltigen Finanzsektors. Daher

> „wurde folglich eine Wissensplattform aufgebaut, die die interdisziplinäre Aufbereitung der Informationen und des Diskurses an den Schnittstellen von Finanzwirtschaft und Nachhaltigkeit befördern soll. Von den aufbereiteten Informationen zum Thema Sustainable Finance soll nicht nur der entsprechende Fachdiskurs profitieren, sondern insbesondere auch die Entwicklung des Themas in der Praxis." (Weltin 2024, S. 2)

Abschließend lässt sich feststellen, dass der Transformationsprozess zu einem nachhaltigen Finazsektor begonnen hat. Es bestehen jedoch noch große Entwicklungsmöglichkeiten, die umgesetzt werden müssen, um green growth entsprechend zu fördern.

3.6 Green Growth im Kontext des Rioprozesses

Der Rio-Prozess begann 1992 mit der *„United Nations Conference on Environment and Development"* in Rio de Janeiro bei der sich Vertreter aus 178 Nationen zu dem Leitbild nachhaltiger Entwicklung verpflichteten. Es folgten weitere Konferenzen. Im Kontext von green growth fand die Konferenz Rio+20, die 20 Jahre nach dem Beginn des Rio-Prozesses stattfand, besondere Beachtung. Rio+20 stand unter dem Leitbild „Green Economy". Zu dem Thema Green Economy gab es bereits im Vorfeld von verschiedenen internationalen Organisationen Reports, wodurch Rio+20 im Prinzip gut vorbereitet war. 2011 veröffentlichte beispielsweise UNEP ihren Green Economy Report. Darin wurden 11 Bereiche beschrieben, die für eine Green Economy von zentraler Bedeutung sind:

- Landwirtschaft,
- Fischerei,
- Waser,
- Wald,
- erneuerbare Energien,
- Produktion,

- Abfall,
- Gebäude,
- Transport,
- Tourismus und
- Städte.

Weiterhin gibt der Bericht Hinweise für mögliche Verfahrensweisen und deren Finanzierung. So wird festgestellt, dass der Übergang zu einer Green Economy bis 2050 zwei Prozent des weltweiten jährlichen Bruttoinlandsproduktes in die genannten Schlüsselsektoren investiert werden sollte, was etwa 1,3 Billionen US$ entspricht. Dieser Betrag könne durch die Abschaffung umweltschädlicher Subventionen in den Bereichen Energieversorgung, Wasser, Fischerei und Landwirtschaft aufgebracht und in den Transformationsprozess in eine Green Economy investiert werden. UNEP kommt im Rahmen einer quantitativen Modellierung zu dem Ergebnis, dass eine Green Economy im Verhältnis zu dem konventionellen marktwirtschaftlichen Wirtschaftsmodell nach zehn Jahren zu einem höheren BIP führen könnte (Wissenschaftliche Dienste des Deutschen Bundestage 2012).

Ein Schwerpunkt der Konferenz Rio+20 war das Fachwissen innerhalb des UN-Systems und der internationalen Gemeinschaft besser zu organisieren. Konkret ging es darum, wie den Regierungen koordinierte und kohärente Politikberatung, technische Hilfe, Finanzmittel und der Aufbau von Kapazitäten zur Verfügung gestellt werden kann, um sie bei der Gestaltung und Umsetzung von Maßnahmen und Strategien für eine grüne Wirtschaft zu unterstützen. Der Gipfel Rio+20 erkannte erstmals an, dass es ein wichtiger Ansatz zur Erreichung nachhaltiger Entwicklung sei, ohne den Begriff der Green Economy inhaltlich zu definieren. Es wurden jedoch wesentliche Aufgaben bzw. Herausforderungen genannt:

> "We recognize that poverty eradication, changing unsustainable and promoting sustainable patterns of consumption and production and protecting and managing the natural resource base of economic and social development are the overarching objectives of and essential requirements for sustainable development. We also reaffirm the need to achieve sustainable development by promoting sustained, inclusive and equitable economic growth, creating greater opportunities for all, reducing inequalities, raising basic standards of living, fostering equitable social development and inclusion, and promoting integrated and sustainable management of natural resources and ecosystems that supports, inter alia, economic, social and human development while facilitating ecosystem

conservation, regeneration and restoration and resilience in the face of new and emerging challenges."(United Nations 2012, S. 1)

In der Erklärung der Konferenz wurde festgehalten, dass eine Green Economy zur Armutsbekämpfung, zu nachhaltigem Wachstum (sustained, inclusive and equitable economic growth), zu sozialem Zusammenhalt und Beschäftigung beitragen soll, ohne dabei die Ökosysteme zu beeinträchtigen. Somit wurden alle Länder ermutigt, u. a. ein nachhaltiges, integratives und gerechtes Wirtschaftswachstum anzustreben. Weitere Forderungen, die bei der sozialen Nachhaltigkeit eingeordnet werden, sind die Stärkung der Chancen aller, die Verringerung der Ungleichheiten und die Förderung einer gerechten sozialen Entwicklung.

Schließlich sollen noch folgende Bedingungen erfüllt werden: die Green Economy soll in Einklang mit dem Völkerrecht stehen, die staatliche Souveränität beachten und zu keiner ungerechtfertigten Handelsdiskriminierung führen (United Nations 2012, S. 10). Green growth wurde bei der Konferenz Rio+20 in einen breiten Rahmen nachhaltiger Entwicklung eingebunden. So kommt es zu einem Mix an Maßnahmen einschließlich regulatorischer und freiwilliger Maßnahmen zur Ausgestaltung und Umsetzung einer Green Economy. Daher wird Green Economy vielfach als Nachhaltigkeitsbereich bezeichnet, in dem potenzielle Konflikte beseitigt und Synergieeffekte gefördert werden sollen. Als weiterer Erfolg der Rio+20 Konferenz sind die Agenda 2030 mit den 17 Nachhaltigkeitszielen (SDGs) zu nennen. Im Kontext von green growth ist besonders das SDG 8 hervorzuheben:

„Dauerhaftes, breitenwirksames und nachhaltiges Wirtschaftswachstum, produktive Vollbeschäftigung und menschenwürdige Arbeit für alle zu fördern." (UN 2015. S. 15)

Die Entwicklung des Wirtschaftswachstums wird auch in dem Kontext von SDG 8 durch Effizienzsteigerung der Produktionsfaktoren Human- und Sachkapital begründet. Weiterhin fördert der technische Fortschritt, der durch die Dynamik von Innovationen determiniert wird, die Entwicklung von Wachstum. Hierbei ist jedoch kritisch anzumerken, dass bei Innovationen und Investitionen kein Bezug zu dem Paradigma der nachhaltigen Entwicklung hergestellt wird (v. Hauff 2021, S. 218). In der Ausformulierung des Ziels bleibt der Indikator Bruttoinlandsprodukt je Einwohner vage, indem nur ein stetiges und angemessenes Wirtschaftswachstum gefordert wird.

Es ist auch noch einmal festzustellen, dass der Indikator BIP pro Kopf nicht den Anforderungen nachhaltiger Entwicklung entspricht. Die Messung von Wachstum zielt nur auf den materiellen Wohlstand ab. Umweltschäden und auch die Verteilung von Einkommen als zentrale Merkmale des Paradigmas nachhaltiger Entwicklung bleiben bei dem Indikator unberücksichtigt. Daher ist die Formulierung „dauerhaftes, breitenwirksames und nachhaltiges Wachstum“ auf der Grundlage des Indikators BIP in diesem Zusammenhang ein Widerspruch. In der Deutschen Nachhaltigkeitsstrategie 2016 wird auf diese Unzulänglichkeit hingewiesen, wobei bewusst offengelassen wird, ob und wann ein Nachhaltigkeitsindikator wie zum Beispiel der NWI (Nationaler Wohlfahrtsindikator) (Held et al. 2020) hinzugefügt wird.

Es gibt jedoch massive Widerstände gegen die zusätzliche Berücksichtigung eines Nachhaltigkeitsindikators. Dadurch würde offensichtlich, dass sich der Nachhaltigkeitsindikator wegen der Umweltschäden und der ungleichen Verteilung weniger positiv als das BIP entwickelt, d. h. deutlich hinter der Entwicklung des BIP zurückbleibt. Ein wichtiger Indikator im Sinne eines green growth ist auch der Rohstoffverbrauch. Im Rahmen der Entkopplung sollten besonders der Primärrohstoffverbrauch pro Kopf besser ermittelt und absolut reduziert werden. Das wäre z. B. durch das Lieferkettengesetz und durch eine höhere Recyclingquote erreichbar (v. Hauff 2024, S. 80 ff).

Da der Abbau von Rohstoffen besonders in Entwicklungsländern häufig verheerende ökologische und soziale Folgen verursacht, wäre es angemessen auch für die Rohstoffgewinnung einen Indikator mit aufzunehmen. Hierfür würde sich beispielsweise der „Environmental Performance Index (EPI)“ eignen. Somit kann festgestellt werden, dass das SDG 8 der Agenda 2030 in Bezug auf green growth Defizite aufweist.

4 Hemmnisse bei der Umsetzung von Green Growth

Der Entkopplung von Wirtschaftswachstum und Umwelt als Voraussetzung zur Realisierung von green growth mangelt es an Dynamik. Das betrifft, wie schon erwähnt, sowohl den technischen Fortschritt als auch den erforderlichen strukturellen Wandel besonders von Produktion und Konsum. Die folgenden Ausführungen konzentrieren sich auf vier Hemmnisse, die in der Diskussion bisher zumindest teilweise nicht ausreichend beachtet wurden. Zunächst geht es um die Pfadabhängigkeit, die den Fortschritt von green growth behindert. Die Pfadabhängigkeit ist ein weit verbreitetes und oft verdrängtes Phänomen in Wissenschaft, Wirtschaft und Gesellschaft. So sind die Potenziale für eine Förderung von green growth bekannt und werden dennoch nicht hinreichend umgesetzt. Ein weiteres hemmendes Phänomen ist der in der umweltökonomischen Literatur beschriebene Rebound-Effekt, der jedoch in der jüngeren Vergangenheit zunehmend Beachtung findet (Castro et al. 2022).

Hiervon zu unterscheiden sind politökonomische Widerstände. Dabei geht es um politische Kalküle, die darauf abzielen politische Abläufe oder Entscheidungsprozesse zu beeinflussen. Im Rahmen der Neuen Politischen Ökonomie (NPÖ) fand in diesem Kontext die Bürokratie ein besonderes Interesse. Dabei geht es um die Eigendynamik von Bürokraten, die dazu führen kann, dass die aus der Eigendynamik entstehenden Interessen von den Entscheidungsprozessen der Politiker abweichen können. Ein weiteres weit verbreitetes und wirkungsvolles Phänomen ist die Einflussnahme von Interessenorganisationen (Lobbyismus) auf die nationale und internationale Politik. Somit kann auch der Lobbyismus zu einem Hemmnis für eine dynamische Entwicklung von green growth werden, indem die Entkopplung von Umwelt und Wachstum behindert wird.

4.1 Grenzen von Green Growth

Innovationen sind für eine dynamische Entwicklung von green growth von zentraler Bedeutung. Dabei gibt es im Verständnis zum Mainstream der Ökonomie jedoch eine wesentliche Unterscheidung: Innovationen sind im Kontext der Ökonomie per se erwünscht, wenn sie sich am Markt durchsetzen. Im Sinne von green growth müssen sie sich am Markt durchsetzen und sollen zur Entlastung der Umwelt beitragen. Eine Transformation durch Innovationen in Richtung green growth erfordert Veränderungen von Praktiken, Routinen und Gewohnheiten von Produzenten als auch von Konsumenten. Das erfordert oft soziale Innovationen, die über technologische Innovationen hinaus gehen.

Technologische Innovationen im Sinne von green growth können durch Projekte im Rahmen der Forschungspolitik initiiert werden. Dagegen wird die Stärkung sozialer Innovationen oft durch Regularien gefördert. Das wird in der Literatur unter dem Begriff *„non-technological regulatory effects"* geführt (Parasskevopoulou 2012, S. 1058). Im Rahmen des green growth geht es hinsichtlich der Beurteilung jedoch nicht nur um die Richtung von Innovationen, sondern auch um die ökologische Reichweite. Der Transformationsprozess zu einem green growth sollte bei wesentlichen Handlungsfeldern wie Energie, Mobilität, Ernährung, Stadtentwicklung, Produktgestaltung und Ressourcenschonung beginnen und durch strukturverändernde Innovationen zu einem nachhaltigen Wirtschaften führen (Rogall, Popovic´2021, S 23). Ein weiteres Problem bei der Bewertung von Innovationen in diesem Zusammenhang besteht darin, dass sie nur ex ante unter mehr oder weniger hoher Unsicherheit zu bewerten sind (v. Hauff 2021, S. 83).

Seit Mitte der 1990er Jahre haben Umweltinnovationen eine wachsende Aufmerksamkeit und Ausdifferenzierung erfahren, was durch die empirische Analyse von Umweltinnovationen bestätigt wird (Horbach, Reif 2018; Bons, McMeekin 2019). Für die Weiterentwicklung und den Einsatz von Umweltinnovationen gibt es vielfältige Anreize und Treiber. Inhaltlich werden Umweltinnovationen durch Akteure wie Unternehmen, Politiker, wissenschaftliche Forschungseinrichtungen aber auch von Verbänden und Kirchen initiiert und umgesetzt, mit denen neue Ideen und Verhaltensweisen, Produkte und Produktionsverfahren entwickelt, eingeführt und angewendet werden. So tragen sie zu green growth bei. Eine weitere Definition ist in dem Forschungsbericht des von der EU geförderten Projekts *„Measuring Eco-Innovation (MEI)"* zu finden.

> „Eco-Innovation is the production, assimilation or exploitation of a product, production process, service or management or business method that is novel to the organization (...) and which results, throughout its life cycle, in a reduction

of environmental risk, pollution and other negative impacts of resources use (including energy use) compared to relevant alternatives." (Kemp, Pearson 2008, S. 7)

Pfadabhängigkeit als Hemmnis

Das Konzept der Pfadabhängigkeit geht auf den Ökonomen William Brian Arthur (1994) und den Wirtschaftshistoriker Paul Allan David (1985) zurück. Zu Beginn bezog sich das Konzept auf die Erklärung und Durchsetzung von Technologien und die Kritik an der Vorstellung einer optimalen Marktselektion. Dabei stand die Beobachtung im Mittelpunkt, dass sich in Konkurrenzsituationen nicht unbedingt die effizienteren Technologien durchsetzen. In dem aktuellen Kontext könnte man feststellen, dass sich nicht unbedingt die ökologisch effizientesten Technologien durchsetzen. Der pfadabhängige Verlauf solcher Entwicklungen, bei denen man an ineffizienten Technologien festhielt, wurde primär mit steigenden Skalenerträgen erklärt. Das galt zumindest dann, wenn die Produktion oder Verarbeitung eines Gutes den Nutzen erhöht. Zeichnete sich dagegen die Mehrzahl der ökonomischen Aktivitäten durch abnehmende Skalenerträge aus, wurde das Konzept der Pfadabhängigkeit eingeschränkt. Fallende Skalenerträge erklären sich daraus, dass die Produktionsmenge weniger stark steigt als die eingesetzten Produktionsfaktoren wie Materialien und Arbeitskräfte.

Aus diesem Grund hat man das Konzept in zunehmendem Maße durch einzelne Beispiele verdeutlicht. Nach Beyer beruht der Grundgedanke des Konzeptes auf der Überlegung, „dass der Ablauf von Prozessen durch zeitlich zurückliegende Ereignisse beeinflusst oder auch vollständig determiniert werden kann." (Beyer 2015, S. 149) Die Theorie der Pfadabhängigkeit zielt darauf ab, die Rigidität von Organisationen, Technologien oder Systemen gegenüber Wandel zu erklären. Sie geht davon aus, dass sich durch die Folgewirkungen nach kritischen, gegebenenfalls jedoch unbedeutenden, Ereignissen der Entscheidungsspielraum von Akteuren sukzessive einschränkt.

> „Selbstverstärkende Mechanismen führen dann zur Herausbildung eines Pfades, der schließlich in ein lock in mündet. In diesem Zustand ist eine Abweichung vom Pfad nur noch sehr schwer möglich. Pfadbruchstrategien können allerdings in der Lage sein, die selbstverstärkenden Mechanismen außer Kraft zu setzen oder in eine neue Richtung zu lenken." (Aschra, Gersch 2022, S. 55)

Daher setzen Pfadbruchstrategien im Idealfall selbstverstärkende Mechanismen außer Kraft und können die Schaffung eines neuen Pfads (Pfadkreation) auslösen. In diesem Kontext werden beispielsweise disruptive Praktiken, regulatorische Eingriffe und Veränderungen von Machtstrukturen diskutiert (Schreyögg et al. 2003).

Bisher wurden jedoch Erfolge von möglichen Pfadbruchstrategien weniger erforscht als die Entwicklung und Wirkung von Pfadabhängigkeiten. Es handelt sich um eine Prozesstheorie, die den Weg zu einem bestimmten Zustand beschreibt, weshalb dieser theoretische Ansatz die Stabilität bzw. Veränderung von sozialen, ökonomischen oder technischen Systemen erklären kann. Nach Beyer ist die zentrale Besonderheit, dass sich pfadabhängige Prozesse durch hohe Stabilitätsneigung auszeichnen (Beyer 2005).

Das Konzept der Pfadabhängigkeit wurde im Kontext der Neuen Institutionenökonomie von Douglas North erweitert. In der Neuen Institutionenökonomie versteht man unter Institutionen informelle und formelle Normen oder Regeln. Sie lenken menschliches Verhalten in eine bestimmte Richtung und bedienen sich bestimmter Anreize oder Sanktionen. Damit bietet die Neue Institutionenökonomie vielfältige Möglichkeiten die Entkopplung und damit green growth zu stärken. Hierzu müssen die entsprechenden formellen Normen bzw. Regeln vorgegeben werden, die durch Anreize bzw. Sanktionen gefördert werden. Nach North kommt es nicht nur in Einzelfällen zu Pfadabhängigkeiten, sondern generell zum Fortbestehen unterschiedlich effizienter Institutionen. Daher erfolgt die Anpassung an erfolgreiche institutionelle Ordnungen nicht per se. Sie bleibt auf Einzelfälle begrenzt, da sich verantwortliche Akteure bei ihrem Verhalten häufig an bestehenden Institutionen orientieren.

Es wird häufig auch dann an einem Pfad festgehalten, wenn eine Alternative zu einem besseren Ergebnis beispielsweise im Sinne von green growth führen würde. Ein Pfad, der sich als ungünstig erweist, wird häufig erst dann verlassen, wenn es zu großen ökonomischen oder ökologischen Erschütterungen z. B. durch Naturkatastrophen kommt. Andererseits ist festzustellen, dass heftige Überschwemmungen mit vielen Todesopfern und Sachschäden nicht immer dazu führte den Pfad, der die Naturkatastrophe verursachte, zu verlassen. Nach Hasenmüller gibt es besonders im Management von Unternehmen Pfadabhängigkeiten, die zu erheblichen ökologischen Transformationshemmnissen führen (Hasenmüller 2013). Es gibt jedoch auch zunehmend Unternehmen, die beispielsweise durch Energie- oder Ressourceneffizienz, einen Beitrag zur Förderung der Transformation zu einem green growth leisten.

Transformationshemmnisse basieren oft auf sehr komplexen Systemen wie am Beispiel von Autos und dem Individualverkehr, einschließlich der Zulieferindustrie, der Erdölproduktion und -verteilung, der Kautschukproduzenten und Unternehmen des Straßenbaus verdeutlicht werden kann (Unruh 2000, S. 822). Es ist gut nachzuvollziehen, dass solche Systeme sehr viel schwieriger zu ändern sind als einzelne umweltbelastende Produkte bzw. Produktionsprozesse von Unternehmen. Das erklärt sich daraus, dass viele Unternehmen in ein System eingebunden und davon abhängig sind und dadurch radikale Änderungen nur schwer zu realisieren sind. Ein gutes Beispiel hierfür ist die viel diskutierte Mobilität. Weiterhin ist zu bedenken, dass systemangepasste Unternehmen in der Regel einen besseren Zugang zu Finanzinstitutionen haben, um ihre Investitionen zu finanzieren (Clausen, Fichter 2018, S. 5).

Das Verlassen einer Pfadabhängigkeit erfordert eine effiziente Transformationsstrategie zu einer nachhaltigen Entwicklung. Dabei kommt es oft zu umwelttechnischen bzw.-organisatorischen Nischenlösungen, die nur eine begrenzte Reichweite haben. Ein Beispiel hierfür sind Reparaturcafés. Daher sollten dort, wo bereits erprobte Nischenlösungen für eine Transformation bestehen, ihre Verbreitung gefördert werden:

> „Erst durch ihre massenhafte Verbreitung realisiert eine Umweltinnovation das Umweltentlastungspotenzial, welches sie technologisch erschließbar macht. Aus Sicht einer umweltorientierten Innovationspolitik ist daher die erfolgreiche Diffusion von Innovationen in den Massenmarkt ein wesentliches Ziel der Innovationsförderung. In der Praxis aber zeigt sich, dass ca. zwei Drittel aller in den letzten Jahrzehnten in den Markt eingeführten umweltentlastenden Innovationen ihre jeweilige Marktnische noch nicht verlassen haben und kaum Verbreitungsgrade von oberhalb 10 % erreichen." (Clausen, Fischer 2021, S. 10).

Die Agenda 2030 zeigt im Rahmen der SDGs die Verpflichtung auf, wo unerwünscht verlaufende Pfadabhängigkeiten zu verlassen sind. Im Rahmen der deutschen Nachhaltigkeitsstrategie werden Beispiele von Off-Track-Indikatoren aufgezeigt, wonach einige Indikatoren sich in die falsche Richtung entwickeln und damit zu einem unerwünschten Ergebnis führen (Pierson 2004). Dabei handelt es sich um neun Ziele wozu u. a.

- die Wasserqualität (zu hoher Nitratgehalt),

- nachhaltiger Konsum (Abnahme des Energieverbrauchs),
- Artenvielfalt (Artensterben verringern),
- Wälder (Entwaldung vermeiden) und
- Kriminalität (Zahl der Straftaten verringern)

gehört. Es lässt sich somit feststellen, dass es in der großen Mehrzahl der Wirtschaftssektoren Hemmnisse für einen Entkopplungsprozess gibt. Positiv ist der Energiesektor zu nennen, der durch den wachsenden Anteil regenerativer Energie zu einer Auflösung der Pfadabhängigkeit führt.

Rebound-Effekt

Der Rebound-Effekt geht auf das Jevons Paradoxon zurück. William Sta nley Jevons stellte in seinem 1865 erschienen Buch „The Coal Question" fest, dass der Kohleverbrauch in England nach der Einführung von James Watts Dampfmaschine, die mit Kohle befeuert wurde, anstieg, obwohl sie sehr viel effizienter als die frühere Variante war. Kohle wurde durch diese Innovation eine kostengünstigere Energiequelle und führte besonders im Industriebereich zu einer steigenden Verbreitung seiner Dampfmaschine. Dadurch erhöhte sich insgesamt der Kohleverbrauch. Die effizientere Nutzung des Rohstoffes ermöglichte es Mehrarbeit zu leisten und mehr Produkte herzustellen. Das führte zu Preissenkungen, wodurch die Nachfrage anstieg. Die Bezeichnung Paradoxon begründet sich daraus, dass technischer Fortschritt nicht unbedingt zur Einsparung – in diesem Fall der Ressource Kohle – führen muss. Das begründet den Rebound-Effekt.

Allgemein formuliert besteht theoretisch die Möglichkeit den absoluten Ressourcenverbrauch durch eine Effizienzsteigerung zu verringern. Führt eine Erhöhung der Energie- und/oder Materialeffizienz zu einer ökologischen Entlastung, kommt es durch den Rebound-Effekt zu einer Reduktion der Wirkung der Effizienzmaßnahmen. Die Effizienzsteigerung der Dampfmaschine durch James Watt führte zu einer sechsfach höheren Energieausbeute aus der gleichen Menge an Kohle gegenüber der zuvor angewandten Variante. Das führte jedoch nicht zur Einsparung im Gesamtverbrauch von Kohle. Sie hat vielmehr die Nutzung von Kohle als Energiequelle deutlich verbilligt und dazu geführt, dass die Dampfmaschine in verschiedenen Industriezweigen eingesetzt wurde. Daher wurde mit der Zeit eine höhere Menge an Kohle benötigt und verbraucht als zuvor, was zu steigenden Emissionen führte.

In dem Zusammenhang mit dem Rebound-Effektes kam es zu einem Spezialfall: der „Backfire-Effekt“, der in der Literatur auch als Bumerang-Effekt benannt wird. Der Effekt basiert auf dem Phänomen, dass ausgeprägte Kritik oder starker Widerspruch die Meinung des Empfängers noch verfestigt. Der Effekt wurde erstmals von Forschern der Michigan University aufgezeigt. Sie kamen zu der Erkenntnis, dass sich politische Überzeugungen kaum durch Fakten verändern ließen. Unabhängig von wissenschaftlichen Beweisen verfestigt sich bei der Zielgruppe die Abwehr und die Gegenwehr wurde noch intensiver. Im Extremfall kommt es zu einem ignoranten Fundamentalismus, was sich teilweise bei dem Klimawandel oder anderen umweltrelevanten Themen feststellen lässt. So kommt es zu dem Bumerang-Effekt, indem sich bei den Kritisierten die eigene Position weiter verfestigt. Hierbei handelt es sich jedoch nicht um einen neuen Effekt. Bereits der französische Mathematiker und Philosoph Blaise Pascal (1623-1662) stellte fest, dass selbst die fundierteste Argumentation nicht immer überzeugt.

Das Phänomen des Rebound-Effektes fand erst in den 1970er Jahren Beachtung. Der Rebound-Effekt wurde primär auf den Verbrauch von Energie bezogen und nur selten auf andere Ressourcen oder Materialien übertragen (Chen 2021). Weiterhin wurde er primär konsumseitig auf die effiziente Nutzung von Produkten im Haushalt ausgerichtet bzw. erforscht. Dabei lagen historisch die Wurzeln auf der Produktionsseite. Während zunächst Rebound-Effekte ökologisch negativ beurteilt werden, sind effizienzsteigernde Maßnahmen nicht per se ökologisch belastend. So sollten ordnungsrechtliche Vorgaben für die Energieeffizienz von Produkten so anspruchsvoll eingeführt werden, dass die angestrebte Verringerung des Energieverbrauchs eintritt. Ohne Rebound-Effekt könnten Vorgaben weniger streng sein (Fieber 2024, S. 121). Die ökologische Entlastung kann aber auch über Ressourceneinsparungen erfolgen. Die Frage hierbei ist, wie Effizienzmaßnahmen in Unternehmen möglichst ökologisch effektiv umgesetzt werden können:

> „In letzter Zeit werden Rebound-Effekte zunehmend als ein Problem für effektive Beiträge von Effizienzsteigerungen zur Entlastung der Umwelt diskutiert. Rebound-Effekte sorgen dafür, dass die umweltentlastende Wirkung der Ressourceneffizienzsteigerungen geringer ausfällt als erwartet. Dies gilt nicht nur für Energieverbräuche in Form von Treibstoffen und Elektrizität, sondern auch für die Nutzung anderer Ressourcen, wie Wasser, Flächen und Material.“ (Schaltegger et al. 2023, S. 15).

Der Rebound Effect findet im Rahmen des green growth eine zunehmende Beachtung. Das Problem des Rebound-Effekts wird in der Umweltökonomie schon länger diskutiert. Ausgangspunkt ist, wie schön erläutert, eine Effizienzsteigerung die zu einer Verringerung des Einsatzes von Ressourcen wie Energie, Metallen bzw. seltenen Erden und Wasser führt was ökologisch erwünscht ist. In diesem Zusammenhang wird häufig zwischen direktem und indirektem Rebound-Effekt differenziert (v. Hauff 2024, S. 141). Der direkte Rebound-Effekt tritt ein, wenn es bei der Nutzung von Produkten zu einer direkten Einsparung von Energie kommt und dadurch die Nutzung steigt.

Typische Beispiele sind Energiesparlampen, die dazu führten, dass die Nutzung zunahm und damit auch der Stromverbrauch stieg. Indirekte Rebound-Effekte treten ein, wenn bei neueren PKW- Generationen der Treibstoffverbrauch sinkt, jedoch die eingesparten Finanzmittel für eine Flugreise in den Urlaub genutzt werden (Umweltbundesamt 2019, S. 1). Allgemein lässt sich der Rebound-Effekt im Zusammenhang von green growth am Beispiel der Energieeffizienz verdeutlichen: ein Produkt oder Produktionsprozess sind umso energieeffizienter, je weniger Energie bei konstantem Output eingesetzt werden muss.

Die Dimension von Rebound-Effekten weist große Unterschiede auf. Ein wesentlicher Faktor hierbei ist der Sättigungsgrad bei Produkten oder Dienstleistungen. Während es bei Beleuchtungen in Wohnräumen einen hohen Sättigungsgrad gibt, besteht eine große Nachfrage nach zusätzlichem Wohnraum. Selbst unter Berücksichtigung sparsamer Beleuchtungen kommt es durch zusätzlichen Wohnraum zu einer Kompensation bzw. Überkompensation des Energieverbrauchs. Für den Rebound-Effekt gibt es viele weitere Beispiele. So werden beispielsweise Geräte durch technische Entwicklungen pro Quadratzentimeter Bildfläche immer energieeffizienter.

Der Gesamtverbrauch der Geräte steigt jedoch durch die ständige Vergrößerung der Bildschirme an. Der Effekt lässt sich auch bei vielen Haushaltsgeräten beobachten. So haben neuere Waschmaschinen einen geringeren Wasser- und Stromverbrauch und zeichnen sich durch kürzere Laufzeiten aus. Gleichzeitig werden jedoch Waschmaschinen häufiger genutzt, wodurch auch in diesem Zusammenhang die Einsparpotenziale kompensiert werden. Es lässt sich jedoch feststellen, dass der Rebound-Effekt in Ländern mit einem hohen Einkommensniveau deutlich geringer ist als in Entwicklungsländern, da in armen Ländern beim Konsum ein hoher Nachholbedarf besteht.

Betrachtet man den Rebound-Effekt im Kontext von Rohstoffen, so ist hier zwischen dem Abbau primärer Rohstoffe, die im Bergbau gewonnen werden und sekundären Rohstoffen, die durch Recycling von entsorgten Produkten entstehen, zu unterscheiden. Beispielsweise muss bei recyceltem Papier weniger als die Hälfte an Energie aufgewendet werden als bei der Erzeugung von Frischpapier. Bei Recycling von Glas muss 30 % weniger Energie aufgebracht werden und die Wiederaufbereitung weist den Faktor 50 auf (Nakajima et al. 2010). Dadurch lassen sich die negativen Auswirkungen des Rebound-Effektes für die Umwelt reduzieren. Dabei kann feststellt werden, dass es im Bereich des Recyclings in verschiedenen Wirtschaftsbereichen noch große Potenziale gibt.

Daraus ergibt sich die Schlussfolgerung, dass es durch den Reboundeffekt zu mehr Wachstum kommen kann, wobei die negativen Umwelteffekte durch Recycling verringert werden können. Neben dem Recycling als einer wichtigen Maßnahme der Circular Economy, bietet die CY weitere Ansätze zur Verringerung der ökologischen Effekte des Rebound-Effektes. Wichtige Ansatzpunkte wären beispielsweise eine längere Lebensdauer und eine verbesserte Reparaturfähigkeit von Produkten. Castro et al. zeigen ein umfangreicheres Vorgehen gegen den Rebound-Effekt auf:

> „The strategies to mitigate CER (Circular Economy Rebound) should include a combination of some of 5 mechanisms groups: (1) early detection, (2) environmental policy, (3) Sustainable R&D, (4) price control, and (5) motivating the population. ... Some of the proposed mechanisms may harm low-income consumer groups, such as price controls, so there is no consumption growth. The mitigation should consider the asymmetrical distribution of wealth and inequality. Prioritization must be made between these elements, giving preference to mechanisms that lead to structural change instead of a more constrained world." (Castro et al. 2022, S. 8)

Es wurde gezeigt, dass das Vorgehen umfassend ist und über technologische Innovationen hinausgeht. Im Rahmen von green growth stehen, wie schon erwähnt, technologische Innovationen im Mittelpunkt wobei soziale Innovationen wie organisatorische Innovationen oder Forschungskooperationen mit einbezogen werden sollten, da sie zu einer effizienten Umweltentlastung beitragen können.

4.2 Politökonomische Widerstände

Seit es die Polis gibt, also das organisierte Gemeinwesen, ist die Politik Gegenstand gedanklicher Auseinandersetzung. So fordern schon Plato und Aristoteles ein Nachdenken über die Politik,

> „das über die logische Verkettung von Argumenten und Gegenargumenten im Kopf des Einzelnen und durch den Austausch von Rede und Widerrede zwischen den Menschen stattfindet." (Kirsch 2004, S. 1)

Auch die Wirtschaftswissenschaften beschäftigen sich seit einigen Jahrzehnten mit dem Phänomen der Politik. Dabei stellt sich die Frage, was die Wirtschaftswissenschaften befähigt hierzu einen eigenen Beitrag zu leisten. Der Ausgangspunkt ist, dass in allen Lebens- und Gesellschaftsbereichen von einzelnen Individuen Wahlhandlungen vorgenommen werden. Jeder Einzelne steht in Entscheidungssituationen, in denen er zwischen zwei oder mehreren Alternativen wählen kann bzw. wählen muss. Neben wirtschaftlichen Entscheidungen hat der Bürger in politischen Wahlen die Möglichkeit sich für oder gegen eine Partei zu entscheiden. Politiker müssen sich entscheiden mit welchem Wahlprogramm sie in den Wahlkampf ziehen.

Ein weiteres Phänomen ist, dass im Rahmen der Wirtschaftspolitik viele wissenschaftlich fundierten Empfehlungen in der Praxis häufig unzureichend, zu spät oder gar nicht zur Ausführung kommen. Das lässt sich jedoch nicht immer auf unzureichende theoretische Fundierung oder mangelhafte wirtschaftspolitische Beratung zurückführen. Vielmehr werden jene, die wirtschaftspolitische Maßnahmen in der politischen Praxis durchsetzen und ausführen müssen, nicht nur von wirtschaftstheoretischen Erkenntnissen geleitet.

> „Die Träger der Wirtschaftspolitik haben eine Schlüsselposition bei der Umsetzung wirtschaftspolitischer Empfehlungen. Sie umfassen alle Institutionen, die mit der Wahrnehmung wirtschaftspolitisch relevanter Entscheidungen betraut sind. Dazu zählen in erster Linie die Staatsorgane im In- und Ausland, aber auch Gewerkschaften und Arbeitgeberverbände." (Klump 2013, S. 287)

Daher ist es für die Realisierungschancen wirtschaftspolitischer Maßnahmen wichtig das Verhalten wirtschaftspolitischer Institutionen bereits im Verwaltungsprozess zu berücksichtigen und zu analysieren. Daraus begründet sich das Interesse der Politökonomie an diesen Prozessen. Die Politökonomie fand in diesem Kontext in der Neuen Politischen Ökonomie

(Public Choice) ihre wissenschaftliche Zuwendung. Erste Vorläufer gab es bereits im 19. Jahrhundert im Rahmen mathematischer Forschung zum Wählerverhalten am Beispiel von Wählerpräferenzen. Die Erkenntnisse wurden in den 1950er Jahren von Duncan Black aufgegriffen, weshalb einer der zentralen Vertreter der Public-Choice Theorie Gordon Tullock ihn als Begründer der „modernen Public-Choice Theorie“ bezeichnete (Tullock 2008).

In der Neuen Politischen Ökonomie werden die gleichen Grundaxiome wie in der theoretischen Wirtschaftspolitik verwendet. Dies ermöglicht ökonomische und politische Entscheidungsprozesse in einem einheitlichen Konzept zu erfassen. Die Neue Politische Ökonomie zielt darauf ab, politische Strukturen und Prozesse mit wirtschaftswissenschaftlichen Methoden zu analysieren und bedient sich somit des Instrumentariums der modernen Wirtschaftstheorie (Holzinger 2009, S. 540). Sie geht davon aus, dass Politiker unter dem Deckmantel kollektiver Interessen ihre individuellen Interessen vertreten. Die Neue Politische Ökonomie wird in verschiedene Teildisziplinen differenziert, wobei im Kontext der Widerstände gegen die Entkopplung von Wachstum und Umweltbelastung die Ökonomische Theorie der Bürokratie und die Ökonomische Theorie der Interessengruppen bzw. des Lobbyismus von besonderer Relevanz sind und daher näher betrachtet werden.

Der Einfluss der Bürokratie auf die Entkopplung

Die Bürokratie ist in der Neuen Politischen Ökonomie (NPÖ) ein wichtiger Forschungszweig. Die Neue Politische Ökonomie beschäftigt sich auch in dem Kontext der Bürokratie sowohl mit der Funktionslogik des Staates und der Politik als auch den Verhaltensweisen der dort handelnden Akteure (Neck, Schneider 2012). Auffällig ist, dass bei den wichtigsten Akteuren westlicher Demokratien wie Wählern, Politikern, Produzenten, traditionellen und grünen Interessengruppen und der Bürokratie ein breiter Konsens besteht, dass es einen Wandel zu einer stärkeren ökologischen Ausrichtung in der Politik bedarf. Es wird jedoch häufig beklagt, dass den marktwirtschaftlichen Instrumenten in der Umweltpolitik keine ausreichende Bedeutung und Akzeptanz zukommt. Daher wird in der Neuen Politischen Ökonomie das Verhalten der einzelnen Akteure analysiert, um zu zeigen, warum die Anreize marktbasierter Instrumente anstelle „command-and-contol“ Maßnahmen in der Umweltpolitik schwach ausgeprägt sind.

Dabei wird die Bürokratie nicht als perfekte Durchführung von politischen Entscheidungen, sondern als vielfältiges System interdependenter Principal-Agenten-Beziehungen[10] verstanden. Entsprechend wird die Bürokratie nicht mehr ausschließlich als ausführendes Organ der in der Verwaltung tätigen Mitarbeiter betrachtet. Die Bürokratie hat keine kollektiven Ziele, die zu einer Verbesserung des Gemeinwohls beitragen. Das bedeutet, dass die Mitarbeiter entsprechend dem Rationalverhalten ihren eigenen, d. h. individuellen Nutzen zu realisieren bestrebt sind.

Man geht vielmehr davon aus, dass sie im Rahmen politischer Entscheidungsprozesse, entsprechend dem Prinzipal-Agent-Ansatz, über umfassendere Informationen zu der Durchführbarkeit und Wirksamkeit umweltpolitischer Maßnahmen verfügen als die Mehrzahl der Politiker. Bürokraten haben aufgrund asymmetrischer Informationsverteilung Wissensvorsprünge gegenüber übergeordneten, jedoch weniger gut informierten Politikern. Im Gegensatz zu Politikern, die an ihr Parteiprogramm auch dann gebunden sind bzw. sich gebunden fühlen, wenn ihnen dadurch Nachteile entstehen, nutzen Bürokraten vielmehr Gelegenheiten, die ihnen Vorteile ermöglichen und verhalten sich dabei zweckorientiert und prinzipienlos (Reichert 2022, S. 75).

Nach dem bekannten Bürokratie-Modell von Niskanen (1971) versuchen leitende Verwaltungsbeamte diesen Vorsprung zu nutzen, um eigene Ziele zu verwirklichen. Ihr Einfluss hängt von ihrem Prestige, ihrer Macht, Zahl der Mitarbeiter und auch von der Größe des von der Behörde verwalteten Budgets ab. Mit steigendem Budget nimmt die Zahl der bürokratischen Hierarchieebenen und damit die Intransparenz der Verwaltungsvorgänge zu. Die leitenden Verwaltungsbeamten sind bestrebt diese Struktur zu erhalten oder durch die Übernahme weiterer Aufgaben auszubauen. Das gilt besonders für Verwaltungsbereiche, die eine besondere Zukunftsperspektive aufweisen. So kann es zu überdimensionierten Leistungsangeboten kommen, wodurch „allokative Ineffizienz“ entsteht (Klump 2020, S. 297).

10 Die Prinzipal Agent Theorie bildet als theoretisches Modell die Beziehung zwischen zwei interdependenten Wirtschaftssubjekten mit unterschiedlichem Informationsstand ab. Auf der einen Seite steht der Prinzipal, der an den besser informierten Agenten einen Auftrag erteilt. Beide sind bestrebt ihren eignen Nutzen zu maximieren, was durch die ungleiche Informationsverteilung zu Ineffizienzen und damit zu Marktversagen führt.

Das erklärt sich nach Leibenstein (1966) daraus, dass Bürokratien ihre Leistungen zu überhöhten Kosten erbringen, weshalb er sie als X-Effizient bezeichnet. Der Vorteil von Verwaltungsbeamten gegenüber Politikern besteht darin, dass sie nicht durch einen „Wiederwahlzwang" gebunden sind. Geht man davon aus, dass die von Nissan formulierten Annahmen für Behörden zutreffen,

> „dann ist das Ergebnis der Budget-Maximierung, dass die Verwaltungsbeamten intrinsisch motiviert sind jene umweltpolitischen Maßnahmen zu realisieren, welche die höchste administrative Kontrolle verlangen und die höchsten Kosten verursachen." (Kollmann, Schneider 2011, S. 24)

In diesem Kontext kann sich die Bürokratie als Hemmnis für die Entkopplung von Wachstum und Umwelt und damit auch auf die Entwicklung von green growth negativ auswirken. Ausgangspunkt ist, dass dem Staat bei vielen Innovationsprozessen eine große Bedeutung zukommt. Staatliche Organe sind im Rahmen von neuen Gesetzen, Satzungen, Verordnungen oder Richtlinien für die Initiierung bzw. Umsetzungen von Innovationen verantwortlich. Der Staat ist weiterhin Anbieter von Gütern und Dienstleistungen und hat die Möglichkeit Forschungstätigkeiten zu initiieren bzw. zu beeinflussen.

Vor diesem Hintergrund ist zu analysieren, welche politischen Entscheidungsprozesse sich hemmend oder fördernd auf Umweltinnovationen oder Transformationsbereiche wie beispielsweise die nachhaltige Mobilität auswirken. Hierfür kann die NPÖ oder im engeren Sinne die Ökonomische Theorie der Bürokratie einen Erklärungsbeitrag leisten. Ausgangspunkt ist, dass ein Beziehungsgeflecht unterschiedlicher politisch relevanter Akteure besteht, wobei man von unvollständigen und asymmetrischen Informationen der einzelnen Gruppen ausgeht.

Für die Entwicklung und Durchsetzung von Umweltinnovationen entstehen hohe Transaktionskosten. Bürokraten haben häufig auf Grund ihres Informationsvorsprungs einen Vorteil. Sie sind nicht auf die ökologische Wohlfahrtsmaximierung, sondern auf ihre eignen Ziele ausgerichtet.

> So stellt **beispielsweise** Gründinger, Demokratieforscher und Berater beim Berliner Solar-Start-up Enpal fest, dass die größte Herausforderung im Klimaschutz nicht technischer oder wirtschaftlicher Art ist, sondern die deutsche Bürokratie. Ein wesentliches Problem hierbei sind beispielsweise die sehr langen Genehmigungsverfahren für Windräder.

Ein weiteres **Beispiel** ist das Teilen von Solarstrom mit Nachbarn oder die Vermietung eines Solardaches an Freunde.

Es wird daher vielfach beklagt, dass die Umweltpolitik nicht in ausreichendem Maße in der Lage ist, Umweltprobleme zu lösen. In diesem Kontext wird u. a. darauf hingewiesen, dass die Bedeutung der „Street Level Bureaucrats“, die am Ende der politischen „Kette“ tätig sind und auf der Grundlage der offiziellen Politik operative Entscheidungen treffen und Maßnahmen ergreifen, bisher nicht ausreichend erkannt wird. Dieser Bereich wurde auch in der Forschung weitgehend vernachlässigt. Street Level Bureaucrats sollten als wichtige eigenständige Akteure berücksichtigt bzw. betrachtet werden und Untersuchungen sollten sich auf ihre Interaktionen mit anderen lokalen Akteuren ausrichten. Holstead et al. stellen daher fest, dass sich Untersuchungen nicht nur auf die formelle Ebene ausrichten sollten:

> “Interrogating environmental governance not only necessitates an analysis of formal policies and organizational arrangements, but also the informal and often hidden work of street level actors, who operate at the intersections of governance. We argue that this orientation has explanatory power in understanding existing and desired environmental governance. By looking inside the ‘front-line’ to uncover the subjectivities, discretionary qualities and outcomes of governance practice, scholars and practitioners can understand the key moments where environmental policies and outcomes could be rendered differently.” (Holstead et al. 2021, S. 4)

Schließlich wird auch gefordert bürokratische Hemmnisse für die ökologische Transformation auf EU-Ebene anzugehen, um den ökologischen Wandel zu beschleunigen. Es geht darum Hemmnisse, die im EU-Recht bestehen zu identifizieren und durch regulatorische Verbesserungen zu überwinden. Dabei geht es besonders um Bereiche wie erneuerbare Energien, Recycling und Kreislaufwirtschaft, klimaneutrale Wirtschaft, Ausbau von Wasserstoff, emissionsarme Mobilität und energieeffiziente Gebäude, die noch ein großes Potenzial für green growth bieten.

Der Einfluss des Lobbyismus auf die Entkopplung

Die Wirkung von Interessengruppen bzw. von Lobbyismus auf die Entkopplung wurde bisher nicht ausreichend analysiert, was auch von Lobbyisten nicht erwünscht ist. Lobbyismus zeichnet sich durch die Einflussnahme gesellschaftlicher oder wirtschaftlicher Akteure auf staatliche Institutionen sowohl der gesetzgebenden (Legislative) als auch der ausführenden Gewalt (Exekutive) aus. Dabei handelt es sich um organisierte Interessen die aus Vereinen, Verbänden oder auch Nichtregierungsorganisationen bestehen. Die Einflussnahme zielt darauf ab, politische Entscheidungen im Sinne bestimmter Interessen zu beeinflussen (Baruth, Schnapp 2025, S, 246).

Lobbyistische Aktivitäten werden in der deutschen Wahrnehmung wegen der oft mangelnden Transparenz oft kritisch beurteilt. So würden sich dreiviertel der deutschen Bevölkerung entsprechend einer repräsentativen Umfrage mehr Transparenz wünschen (LobbyContol 2015). In diesem Zusammenhang wird auch beklagt, dass es den Lobbyisten der mächtigen und finanzstarken Interessengruppen immer häufiger gelingt die parlamentarische Demokratie in ihrem Sinne zu beeinflussen und vorhandene Sicherungen und Kontrollen (checks and balances) zu umgehen oder auszuschalten.

Professionelle Dienstleister nehmen hierbei eine wichtige Funktion ein, politische Einflussnahme zu „ihrem Geschäft" zu machen (v. Hauff 2024, s. 97). Es ist jedoch zu berücksichtigen, dass sich gesellschaftliche Interessen frei formieren und artikulieren können. Dabei ist nicht zu bestreiten, dass Lobbyisten wichtige Informationen und Fachwissen in den politischen Entscheidungsprozess einbringen. Das kann im demokratischen und repräsentativen System nützlich sein. Andererseits kann zu viel Einfluss durch Lobbyisten dazu führen, dass Entscheidungsprozesse verzerrt und in ihrem Interesse manipuliert werden.

Das kann sich beispielsweise bei Gesetzesvorlagen bzw. Gesetzesänderungen problematisch auswirken. Dadurch kann es zu einer Verzerrung der Repräsentativität des politischen Systems kommen (Spohr 2023, S. 29). Zur Stärkung der Transparenz wurde 2022 das „Lobbyregister für die Interessenvertretung gegenüber den Deutschen Bundestag und der Bundesregierung" eingeführt. Am 31. Dezember 2024 waren in dem Register namentlich 26.998 Personen eingetragen, wobei man davon ausgehen kann, dass nicht alle Lobbyisten eingetragen sind.

> Nach Schätzungen gibt es in der EU 25.000 Lobbyisten mit einem Jahresbudget von 1,5 Milliarden €. 70 % sind für Unternehmen und Wirtschaftsverbände tätig.

Aus diesem Grund fordert LobbyControl eine Lobby-Fußspur für Gesetze als Ergänzung zum Lobbyregister einzuführen: „Ziel einer solchen Maßnahme – auch als exekutiver bzw. legislativer Fußabdruck bezeichnet – ist es, Ministerien und Fraktionen zu verpflichten offenzulegen, auf welche Weise Interessenvertretungen an der Entstehung von Gesetzen beteiligt waren, oder versuchen darauf einzuwirken. Dazu gehört die Offenlegung von Dokumenten sowie von Gesprächsterminen zwischen Politik und Lobbyvertreterinnen." (LobbyControl 2024, S. 20)

Beispiel für den Widerstand zur Entkopplung

Das SDG 13 zielt auf „*Bekämpfung des Klimawandels*" ab. Die EU intendierte in diesem Zusammenhang die CO_2 Werte für Autos als Beitrag zur Klimaentlastung zu senken (v. Hauff 2024, S. 98). Die Reaktion der Auto-Lobby war, die von der EU geplanten Grenzwerte von 120 g CO_2/pro Kilometer anzuheben. Im Gegensatz hierzu setzten sich Umweltverbände dafür ein, die von der EU vorgegebenen Grenzwerte beizubehalten. Daraufhin wurde 2013 vom EU-Parlament ein Beschluss zu strengeren Abgasnormen gefasst. Ein Großteil der Neuwagen sollte bis 2020 den Grenzwert von 95 Gramm CO_2/pro Kilometer nicht überschreiten. Dieser Wert sollte jedoch für die gesamte Auto-Flotte eines Herstellers gültig sein. Elektroautos eines Herstellers sollten für eine ausgeglichene Klimabilanz „sorgen können." Es gibt viele weitere Beispiele für lobbyistische Tätigkeiten, die den Entkopplungsprozess und damit die Transformation zu nachhaltiger Entwicklung negativ beeinflussen bzw. verzögern (Polk, Mause 2022).

Diesen Aktivitäten des Einflusses stehen häufig Organisationen des Umweltschutzes gegenüber. Diese Lobbyorganisationen zählen zu den ältesten zivilgesellschaftlichen Interessenvertretungen und haben in der Bevölkerung einen starken Rückhalt. Die Interessenorganisationen im Bereich des Natur-, Umwelt- und Klimaschutzes präsentieren sich jedoch als heterogener Bereich mit vielfältigen Bezügen zu anderen Politikfeldern. Zu nennen sind beispielsweise die Agrar- oder die Verkehrspolitik. Im Natur- und Umweltschutz gibt es auch viele Gruppierungen, die nicht formal-rechtlich organisiert sind und häufig nur regional oder lokal als Bürgerinitiativen auf konkrete Projekte ausgerichtet sind.

In der Agrarwirtschaft gibt es auch Interessenorganisationen wie den deutschen Auenverband, die einen ausgeprägten Hang zur Pfadabhängigkeit aufweisen. Sie stehen somit auch einer Entkopplung entgegen. Bei gegenläufigen Interessen von Wirtschaft- und Umweltverbänden kommt es daher häufig zu gesellschaftlichen bzw. ökonomischen Interessenkonflikten.

Bisher ist es jedoch empirisch nicht gelungen mögliche Ungleichgewichte zwischen den Lagern von Lobbyisten exakt zu quantifizieren. Es wird jedoch vermutet, dass im Wettstreit der Lobbyisten die Wirtschaftsinteressen dominieren. Ein Indikator hierfür ist, dass sowohl auf nationaler als auch auf EU-Ebene finanzstarke und machtvolle Wirtschaftsinteressen dominieren. Abschließend ist festzustellen, dass mächtige Lobbyisten von Industrie- und Unternehmensinteressen auch auf die Bürokratie Einfluss nehmen, wie Kollmann und Schneider feststellen und es dabei zu Ungleichgewichten zu weniger starken ökologischen Interessengruppen kommen kann:

> „Die spezifischen Informationen und die Expertise der Lobbyisten sind ein ausschlaggebender Faktor bei politischen Entscheidungsfindungen, wodurch die Beziehungen zwischen Verwaltung und Lobbyisten gestärkt werden. Auf der anderen Seite leiden ökologische Interessengruppen unter ihrer Gruppengröße und den geringen finanziellen Ressourcen, die in der Praxis dazu führen können, dass Lobbyisten von den Organisationen bezahlt werden, deren Interessen sie vertreten." (Kollmann, Schneider 2011, S. 23)

5 Wachstum und Verteilung

Der Ansatz inclusive green growth, der in Kapitel 7 ausführlich vorgestellt wird, fordert neben einem „grünen Wachstum“ auch die Teilhabe der Bevölkerung am Wachstum. Anspruch und Wirklichkeit sind Gegenstand dieses Kapitels. Die Forderung sozialer Gerechtigkeit ist in der „Deutschen Nachhaltigkeitsstrategie Weiterentwicklung 2024“ verankert. Sie steht an erster Stelle des Transformationsbereichs „Menschliches Wohlbefinden und Fähigkeiten, soziale Gerechtigkeit“. Darunter intendierte die Bundesregierung:

> „Nachhaltige Entwicklung stellt das Wohlergehen aller Menschen heute und in Zukunft in den Mittelpunkt. In diesem Sinne sind die Grundrechte jedes Menschen und die Erfüllung seiner Grundbedürfnisse sicherzustellen. Auch sollen alle Menschen vor existenziellen Gefahren geschützt, ihr Wohlstand gefördert und sie zu nachhaltigem Handeln befähigt werden.... Zur Förderung sozialer Gerechtigkeit verfolgt die Bundesregierung das Ziel, soziale Ungleichheit bestmöglich zu begrenzen, um soziale Teilhabe für alle zu verbessern und den sozialen Zusammenhalt zu stärken (SDG 10: Weniger Ungleichheiten).“ (Deutsche Bundesregierung 2024, S. 22)

Grundsätzlich lässt sich Gerechtigkeit aus jeder Nachhaltigkeitsdimension ableiten. Das Sustainable Development Goal (SDG) 10 fordert jedoch explizit „Ungleichheit innerhalb von und zwischen Staaten verringern.“ Dabei geht es um zwei Schwerpunkte: Schulische Bildungserfolge von Ausländern zu verbessern und eine zu große Ungleichheit, gemessen an dem Gini-Koeffizienten, innerhalb Deutschlands zu verhindern. Bei dem SDG 10 wird somit sowohl die qualitative als auch quantitative Dimension von Gerechtigkeit bzw. Ungleichheit aufgeführt. Der erste Schwerpunkt sollte jedoch auf die schulische Bildung für alle Schülerinnen und Schüler erweitert werden. Im Sinne des Capability Ansatzes von Senn, der in Abschnitt 5.1. ausführlich vorgestellt wird, geht es jedoch nicht nur um den Bildungsbereich, sondern auch um Gerechtigkeit in dem Gesundheitssektor und um die Gleichbehandlung im Rechtssystem.

Bereits im Brundtland Bericht von 1987 wird die intra- und intergenerationale Gerechtigkeit als konstitutives Merkmal nachhaltiger Entwicklung gefordert. In dem Bericht werden die menschlichen Bedürfnisse sowohl der gegenwärtig lebenden Menschen als auch die Beziehung der gegenwärtig lebenden zu den künftigen Generationen in den Mittelpunkt gestellt:

- Die *intragenerationelle Gerechtigkeit* fordert einen gerechten Ausgleich der Interessen der Menschen zwischen Industrie- und Entwicklungsländern aber auch der Menschen in den einzelnen Industrie- und Entwicklungsländern.
- Die *intergenerationelle Gerechtigkeit* fordert, dass zukünftige Generationen in ihrer Bedürfnisbefriedigung nicht durch die Lebensweise der gegenwärtig lebenden Generation beeinträchtigt werden.

Analysiert man die nationale aber auch die internationale Situation vieler Länder, so lässt sich die Relevanz von einer unzureichenden Gerechtigkeit nicht bestreiten. Das wird in der Literatur hinreichend belegt. Im Zusammenhang von Wachstum und Gerechtigkeit stellte der international bekannte Ökonom Stiglitz bereits 2008 fest, dass Wachstum oftmals mit einer Zunahme der Armut und teilweise sogar mit Einkommenseinbußen der Mittelschicht einher geht und belegt dies an den USA und für Lateinamerika (Stiglitz 2012). Auch die OECD fordert seit einigen Jahrzehnten mit Nachdruck die Einkommensdisparitäten beispielsweise in Deutschland, die trotz positiver Wachstumsraten zunahmen, zu verringern, um damit soziale Spannungen zu vermeiden (OECD 2008 und 2011). In diesem Zusammenhang fand auch das Buch des französischen Ökonomen Piketty „Capital in the Twenty-First Century" große Aufmerksamkeit, wenn er feststellt, dass die Reichen immer reicher werden und die Armen arm bleiben (Piketty 2016). So kommt Piketty zu der Schlussfolgerung, dass der gesellschaftliche Reichtum zu Beginn des 21. Jahrhunderts sogar ähnlich verteilt ist wie 100 oder sogar 200 Jahre zuvor.

Zu der Frage der Gerechtigkeit gibt es besonders in der Politik aber auch in der Gesellschaft unterschiedliche Einschätzungen bzw. Bewertungen, die sich im Zeitablauf verändern können, da sich Gerechtigkeit durch eine dynamische Entwicklung auszeichnet. In der wirtschaftswissenschaftlichen Diskussion geht es besonders um die Frage der Ungleichheit von Einkommen und Vermögen, die durch Indikatoren quantifiziert werden. Grundsätzlich kann festgestellt werden, dass das Thema der Gerechtigkeit bzw. der Ungerechtigkeit die Menschheit wie kaum ein anderes Thema seit Jahrhunderten beschäftigt. Daher gab es auch vielfältige Bemühungen den Rahmen für Gerechtigkeit festzulegen. Der griechische Philosoph Platon hat Gerechtigkeit wie folgt konkretisiert:

> „Nachdem der Gesetzgeber (die Grenzen der Armut) als Maß hingestellt hat, mag er erlauben, seinen Besitz auf das Zwei-, Drei-, ja Vierfache hiervon auszudehnen. Wenn aber jemand noch mehr Besitz hat, so soll er den Überschuss (...) an den Schatz des Staates und seiner Schutzgötter abgeben." (Platon 1862)

Daher stellt sich in diesem Kontext die Frage, ob bzw. welchen Beitrag Wachstum zu Gerechtigkeit bzw. einer gerechten Verteilung leistet oder Wachstum gegebenenfalls Ungleichheit und Ungleichverteilung verschärft. Entsprechend den beiden Dimensionen der qualitativen und quantitativen Gerechtigkeit kann man zwischen der sozialen und der ökonomischen Gerechtigkeit unterscheiden. Bei der sozialen Dimension geht es nach Senn um die Chancengerechtigkeit. Im Rahmen der ökonomischen Dimension geht es um die Einkommens- und Vermögensgerechtigkeit bzw. -verteilung. Ein national und international viel diskutiertes Thema ist die Klimagerechtigkeit, bei der die drei Dimensionen nachhaltiger Entwicklung zusammengeführt werden.

5.1 Gerechtigkeit nach Amartya Sen

Sen gilt heute als einer der bedeutendsten Gerechtigkeitstheoretiker. Er wurde in Indien geboren, wodurch sein Forschungsinteresse an der Gerechtigkeit stark geprägt wurde. Sen trug seinen Capability Approach erstmals 1979 im Rahmen der Tanner Lecture „Equality for what?" im Rahmen der Diskussion über Verteilungsgerechtigkeit vor. In der deutschsprachigen Literatur ging der capability approach auch als Fähigkeitsansatz oder Befähigungsansatz ein, der in den letzten Jahrzehnten die internationale Wohlfahrtsdiskussion wesentlich prägte. Der Capability Approach wurde von ihm weiter präzisiert und erstmals 1980 publiziert. Er betonte jedoch immer wieder, dass der Capability Approach von Martha Nussbaum mitgeprägt und erweitert wurde, was in der Literatur häufig vernachlässigt wird (Nussbaum, Sen 1993). Er bezeichnete diesen Ansatz als Konzept der menschlichen Befähigung, wonach es Menschen möglich ist, sich aus wirtschaftlicher Abhängigkeit, ungerechten Strukturen und zwangsbesetzten Identitätszuschreibungen zu befreien. Entsprechend ist der Befähigungsansatz eine Explizierung der Lebensqualität. In diesem Kontext ist nach Sen die Differenzierung zwischen Möglichkeit und Fähigkeit von Bedeutung:

> „Eine tatsächliche Möglichkeit ist etwas, das wirklich erreicht wurde, wohingegen eine Fähigkeit das Vermögen ist etwas zu erreichen. Tatsächliche Möglichkeiten sind direkter mit den Lebensbedingungen verbunden, sie stellen verschiedene Aspekte der Lebensbedingungen dar, Fähigkeiten sind dagegen im positiven Sinn mit Freiheit verbunden: welche realen Chancen hat ein Mensch, das Leben zu führen, das er führen möchte." (Sen 2000, S. 63)

Der Capability Approach zielt auf das menschliche Wohlergehen auf verschiedenen Ebenen ab, weshalb dieser Ansatz als multidimensional bezeichnet wird. Daraus begründet sich sein Freiheitsverständnis das er im Rahmen seiner Kritik an einigen ökonomischen Grundannahmen wie der Präferenzaggregation entwickelte. Misst man den Grundrechten und besonders den Grundfreiheiten einen besonderen Stellenwert zu, den sie für menschliches Handeln haben, so ist die Maximierung aggregierter Präferenzen kein angemessenes Ziel ökonomischen Handelns, da es die individuelle menschliche Teilhabe ausblendet. Er argumentiert jedoch dafür, nicht nur individuelle Präferenzen, sondern auch wechselseitige Verpflichtungen als Grundlage für rationale ökonomische Entscheidungen zu berücksichtigen (Neuhäuser 2020, S. 5).

Entsprechend versteht Sen unter Lebensstandard einen „Korb von vielfältigen Attributen" die es gilt an der

> „Fähigkeit zu messen, verschiedene persönliche Ziele zu erreichen – fähig zu sein, dieses zu tun oder jenes zu sein." (Sen 2000, S. 19).

Hierbei wird eine persönliche Freiheit verdeutlicht, die sowohl Sen als auch Nussbaum als den Kernpunkt des Fähigkeitsansatzes verstehen. Sen sieht jedoch im Gegensatz zu Nussbaum den Schwerpunkt des Fähigkeitsansatzes in der Bewertung der Lebensqualität einer Gesellschaft, wobei es um die Frage geht, ob Ungerechtigkeit in einem bestimmten Kontext vermindert und Gerechtigkeit erhöht werden kann (Roder 2020). Somit lässt sich Ungleichheit aus Einschränkungen der ökonomischen, politischen und sozialen Freiheit des einzelnen Individuums ableiten. Das illustriert er an dem Beispiel von zwei hungernden Menschen. Sie nehmen beide zu wenig Kalorien zu sich und befinden sich somit in einem gleichen Zustand. Dieser Zustand sagt jedoch nichts über die objektive Lage der jeweiligen Person aus. Sie können sich durchaus unterscheiden.

Hierzu ein konkretes Beispiel: Ein wohlhabender Mensch, der fastet, unterscheidet sich von einem bedürftigen Menschen, der hungert. Der

Unterschied besteht darin, dass der bedürftige Mensch gezwungenermaßen hungert, wohingegen der wohlhabende Mensch andere Möglichkeiten von Verwirklichungschancen hat. Es geht Sen also um die „substanziellen Freiheiten". Darunter subsumiert er

> „die Möglichkeit, Hunger, Unterernährung, heilsame Krankheiten und vorzeitigen Tod zu vermeiden, wie auch jene Freiheiten, die darin bestehen, lesen und schreiben zu können, am politischen Geschehen zu partizipieren, seine Meinung unzensiert zu äußern usw." (Sen 2000, S. 191)

Daraus ergibt sich die Schlussfolgerung, dass der wohlhabende Mensch die Fähigkeit hat dem Hunger jederzeit ein Ende zu setzen. Diese Fähigkeit hat der arme bzw. bedürftige Mensch nicht. Eine weitere wesentliche Erkenntnis in dem Fähigkeitsansatz von Sen ist, dass die freiwillig ungenutzten Wahlmöglichkeiten miteingeschlossen werden. Die aus freien Stücken nicht genutzten Wahlmöglichkeiten einer Person lassen sich jedoch nicht ermitteln, wenn man berücksichtigt, was Menschen tatsächlich tun oder sind. Daher reicht es nicht aus nur die erreichten bzw. bestehenden Zustände eines Menschen zu berücksichtigen, um zu erfahren, wie gut oder schlecht seine Lebenslage ist (Neuhäuser 2020, S. 7).

Daraus begründet sich die Unterscheidung zwischen den Handlungsfreiheiten, über die ein Mensch verfügt und den Handlungserfolgen, zu denen es durch seine Handlungen kommt. Entsprechend diesem Gerechtigkeitsverständnis müssen Möglichkeiten und Lebenschancen nicht nur gerecht verteilt, sondern auch weiterentwickelt werden. Dabei gilt jedoch zu berücksichtigen, dass Befähigungen im kulturellen Umfeld und Lebensstandard erheblich variieren. So können bestimmte Befähigungen in bestimmten Kontexten nach Sen in unterschiedlichem Maße Einkommen und Güter erfordern. Nussbaum erweitert den Ansatz um die globale Dimension, indem sie feststellt:

> „Viele der dringendsten Probleme von Verteilung und Gerechtigkeit, vor denen Menschen stehen, die in Nationalstaaten leben, sind heute auch international Probleme, für deren effektive Lösung es einer weltweiten Kommunikation und gemeinsamer Anstrengungen bedarf ... Wenn wir als Gattung und langfristig überleben wollen, müssen wir weltweit und gemeinsam über Wohlergehen und Gerechtigkeit nachdenken." (Nussbaum 1999, S. 31)

Sen hat sich auch der „Idee der Nachhaltigkeit" zugewandt. Er bezieht sich dabei auf die im Brundtland-Bericht vorgenommene inhaltliche Klärung von Gerechtigkeit, die stark auf eine gerechte Bedürfnisbefriedigung der heutigen und zukünftigen Generation ausgerichtet ist. In diesem Kontext bezieht er sich besonders auf die interpersonelle Gerechtigkeit. Er kommt zu der Schlussfolgerung, dass die Abgrenzung im Brundtland-Bericht inhaltlich nicht ausreicht. Im Sinne des Capability Ansatzes stellt er fest:

> „There are important grounds for favouring a freedom-oriented view, focusing on crucial freedoms that people have reason to value. Human freedoms include the fulfillment of needs, but also the liberty to define and pursue our own goals, objectives and commitments, no matter how they link with our own particular needs. ... A fuller concept of sustainability has to aim at sustaining human freedom, rather than only at our ability to fulfill our felt needs." (Sen 2013, S. 6).

Zu der Freiheit der Menschen gehören nach Sen sowohl die Erfüllung von Bedürfnissen als auch die Freiheit eigene Ziele, Absichten und Verpflichtungen zu verwirklichen. Für ihn besteht jedoch ein wesentlicher Gegensatz zwischen „freedom based perspectives“ und „need based perspektives“. Den Gegensatz hält er wegen der wachsenden Bedeutung des nachhaltigen Konsums für relevant. Die „need based perspectives“ sollte jedoch nicht in dem Konsummuster der westlichen Welt verharren. Entsprechend sollten sie sich vielmehr an den Kriterien nachhaltigen Konsums orientieren und somit auf den „freedom based perspectives“ basieren. Damit stellt er im Rahmen seiner Gerechtigkeitstheorie einen ökologischen Bezug her. Da die ökologische Dimension in seinen Ausführungen nicht weiter berücksichtigt wird, bleibt sein Beitrag zu einer Gerechtigkeitstheorie nachhaltiger Entwicklung begrenzt (v. Hauff 2021, S. 160).

5.2 Grundlagen zur Empirie von Gerechtigkeit

Die empirische Gerechtigkeitsforschung beschäftigt sich mit der Beschreibung der vorhandenen Erkenntnisse von sozialer Gerechtigkeit. Es geht jedoch nicht nur um die Verteilung von Einkommen und Vermögen, sondern auch um Gerechtigkeit im Bildungs- und Gesundheitswesen. Dabei können sich die Bedingungen durch bestimmte Ereignisse verändern. So stellt beispielsweise Fratzscher fest, dass sich die sozioökonomischen Ungleichheiten durch die Corona-Pandemie verschärft haben (Fratzscher 2020, 122 ff).

In diesem Kontext wird auch durch empirische Untersuchungen festgestellt, welche Faktoren dazu führen, dass Menschen einen bestimmten

Gerechtigkeitsstandpunkt einnehmen (Lenger, Wolf 2016, S. 69). Die empirischen und theoretischen Arbeiten von Sen führten zu dem international viel beachteten „Human Development Index (HDI)“, d. h. dem Index für menschliche Entwicklung. Die Entwicklung bzw. Einführung des HDI wird damit begründet, dass die bis dahin dominierenden Indikatoren wie das Bruttoinlandsprodukt, als unzureichend bewertet wurden. Daher entwickelte der pakistanische Ökonom Mahbub ul Haq in Zusammenarbeit mit Sen den HDI. So kam es zu einem erweiterten Indikator für menschliche Entwicklung.

Der Indikator wird seit 1990 in dem Human Development Report veröffentlicht, der von der UNDP jährlich veröffentlicht wird. Die Zielsetzung wurde in dem ersten Bericht wie folgt formuliert:

> „People are the real wealth of a nation. The basic objective of development is to create an enabling environment for people to enjoy long, healthy and creative lives. This may appear to be a simple truth. But it is often forgotten in the immediate concern with the accumulation of commodities and financial wealth."

Der Indikator gibt einen globalen Überblick über den Stand der „menschlichen Entwicklung“. In den Indikator gehen folgende Teilindikatoren ein: Einkommen, Lebenserwartung als Indikator für Gesundheitsfürsorge, Ernährung und Hygiene, sowie die Alphabetisierungsrate. Damit werden Rückschlüsse auf die erreichte Lebensqualität möglich, woraus sich Handlungsoptionen für eine Verbesserung der Lebensqualität ableiten lassen. Deutschland weist über einen längeren Zeitraum positive Werte auf: der HDI hatte 2023 einen Wert von 0.95 und belegte weltweit den Rang 6. Betrachtet man die Globale Situation, so wird in dem Human Development Report 2023/2024 festgestellt: „Reiche Länder erreichen einen Rekord in menschlicher Entwicklung, aber die Hälfte der Ärmsten ist zurückgefallen." Die aktuelle Situation wird in der folgenden Karte aufgezeigt. Die hell gekennzeichneten Regionen weisen einen geringen HDI auf, wogegen die dunkel gefärbten Regionen einen hohen HDI zu verzeichnen haben.

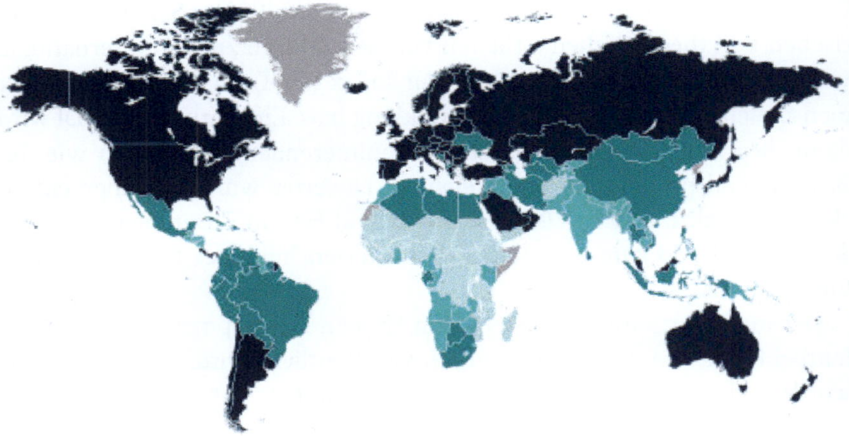

Abb. 6: Weltkarte zum Human Development Index
Quelle: Lexas Länderdaten 2020

Während der HDI ein umfassender Indikator menschlicher Entwicklung ist, der überwiegend von Expertinnen und Experten wahrgenommen wird, gibt es eine breite Diskussion über die Einkommensverteilung. Die Wahrnehmung der Einkommensverteilung, d. h. ob Ungleichheiten als gerecht oder ungerecht bewertet werden, weisen eine große Bandbreite auf. Das erklärt sich aus der Tatsache, dass die individuellen Vorstellungen von Gerechtigkeit sehr heterogen sind. Grundsätzlich können vier Verteilungsprinzipien unterschieden werden (Adriaans, Liebig 2024):

- **Gleichheitsprinzip:** Das Prinzip zielt darauf ab, Güter und Lasten in einer Gesellschaft gleich zu verteilen. Die stark ausgeprägte Einkommensungleichheit steht diesem Prinzip konträr gegenüber.
- **Bedarfsprinzip:** Dieses Prinzip anerkennt, dass es in einer Gesellschaft individuell unterschiedliche Bedarfe gibt.
- **Leistungsprinzip:** Im Rahmen dieses Prinzips wird gefordert, dass jene Menschen mehr erhalten sollen, die eine höhere Leistung erbringen. Als gerecht kann somit empfunden werden, wenn sich Ungleichheiten aus Leistungsunterschieden begründen.
- **Anrechtsprinzip:** Die Zuwendung von Gütern und Lasten sollen entsprechend dem Anrechtsprinzip nach Statusmerkmalen wie Familie, Herkunft oder in der Vergangenheit Erreichtem, erfolgen.

Die Wahrnehmung der Bevölkerung in Deutschland zu ihren Gerechtigkeitsvorstellungen wurde in der 2021 durchgeführten 38. Welle des Sozio-ökonomischen Panels (SOEP) erfragt. Dafür werden jährlich etwa 20.000 Personen aus mehr als 13.000 Haushalten befragt. Das Schwerpunktthema ist „Soziale Ungleichheit." So wurden zunächst erwerbstätige Personen gefragt, ob sie ihr Bruttoeinkommen als gerecht oder ungerecht empfinden. Anschließend werden sie die gleiche Frage zu den Nettoeinkommen befragt. In dem Zeitraum 2017, 2019 und 2021 haben etwa die Hälfte der befragten Erwerbstätigen ihr Bruttoeinkommen mit leicht steigender Tendenz als gerecht empfunden (2017 48 %, 2021 52 %). In dem gleichen Zeitraum waren die befragten Erwerbstätigen mit ihrem Nettoeinkommen deutlich unzufriedener (2017 44 %, 2021 47 %).

In Ergänzung wurden die Anteile der Personen in Deutschland befragt, wie sie die jeweiligen Prinzipien einschätzen. Während dem Gleichheitsprinzip „Einkommen und Vermögen sollen gleich verteilt werden" nur 9 % zustimmten, erhielt das Bedarfs- (54 %) und Leistungsprinzip (50 %) eine höhere Zustimmung. Daher lässt sich feststellen, dass das Bedarfs- und Leistungsprinzip in der Bevölkerung eine hohe Anerkennung zukommt. Diese Bewertung ist auch in vielen anderen europäischen Ländern festzustellen. Dagegen ist die Zustimmung zum Gleichheitsprinzip in Deutschland im Vergleich zum europäischen Durchschnitt deutlich geringer. Das Anrechtsprinzip findet nur eine geringe Zustimmung (Statistisches Bundesamt et al. 2024, S. 265 ff).

Es gibt zunehmend Untersuchungen, wie sich soziale Ungleichheit auf Lebensbereiche auswirken. Wilkinson und Pikett stellen beispielsweise in ihrer Studie fest, dass soziale Ungleichheit besonders bei der Einkommensverteilung, Bildung und sozialem Status negative Auswirkungen auf die Gesundheit der Bevölkerung hat (Wilkinson, Pikett 2009). Berg und Ostry analysieren in ihrer *„Inequality and Unsustainable Growth: Two Sides of the Same Coin?"* die Beziehung zwischen Ungleichheit, Wachstum und Stabilität. Sie kommen zu der Erkenntnis, dass Ungleichheit negative Auswirkungen auf das Wirtschaftswachstum haben kann. Dagegen sind soziale Gerechtigkeit und Verteilungsgerechtigkeit wichtige Determinanten für nachhaltiges Wachstum (Berg, Ostry 2012). Abschließend lässt sich feststellen, dass soziale Gerechtigkeit im Prinzip in allen Gesellschaften und politischen Systemen weltweit ein zentraler Wert ist. Er zielt auf eine faire Verteilung von Ressourcen, Chancen, Rechten und auf die Beseitigung sozialer Ungleichheiten ab. Die konkrete Ausgestaltung des Konzepts unterscheidet sich jedoch nach dem kulturellen, politischen und sozialen Kontext.

Die Capability von Menschen kann neben anderen Faktoren auch durch Diskriminierung beeinträchtigt werden. Das hat für die Betroffenen oft gravierende direkte oder indirekte wirtschaftliche Folgen. Die Betroffenen erleben Diskriminierung häufig auf dem Arbeitsmarkt, aber auch bei der Wohnungssuche und auch allgemein bei sonstigen Alltagsgeschäften. In dem „Jahresbericht der unabhängigen Bundesbeauftragen für Antidiskriminierung“ wird festgestellt, dass sich die Anfragen seit 2019 gegenüber 2022 verdoppelt haben. Dabei geht es um Benachteiligungen aufgrund verschiedener Merkmale. Die häufigste Form mit einem Anteil von 43 % ist die rassistische Diskriminierung. Es folgt die Diskriminierung aufgrund einer Behinderung, des Alters, Religion (besonders die wachsende Zahl antisemitischer Vorfälle) und sexueller Identität. Die Ungleichbehandlung von Menschen findet konkret in vielen Lebensbereichen wie Ämtern, Justiz, Bildung und Polizei statt (Antidiskriminierungsstelle des Bundes 2022). Neben den gemeldeten Fällen wird noch eine hohe Dunkelziffer vermutet.

5.3 Exkurs: Klimagerechtigkeit

Die weltweite Bedeutung des Klimawandels und die damit verbundenen komplexen wissenschaftlichen Fragen haben die Weltorganisation für Meteorologie (World Meteorological Organization/WMO) und das Umweltprogramm der Vereinten Nationen (United Nations Environmental Programme/UNEP) 1988 veranlasst den Zwischenstaatlichen Ausschuss für Klimaänderungen (Intergovernmental Panel an Climate Change/ IPCC) zu gründen. Der Weltklimarat ist ein von Regierungen unabhängiges wissenschaftliches Gremium, in dem Wissenschaftler aus der ganzen Welt mitwirken. Sie führen keine eigenen wissenschaftlichen Studien durch, sondern bewerten die Erkenntnisse aktueller und anerkannter wissenschaftlicher Veröffentlichungen zu Klimaveränderungen in regelmäßigen Sachstandsberichten. Dabei geht es besonders um die anthropogene, d. h. durch den Menschen verursachte, Klimaänderung. Es gibt global einen breiten Konsens, dass die Verursachung und die Folgen des Klimawandels zu einer großen Ungleichheit geführt haben und damit in hohem Maße für ein inclusive green growth relevant sind.

Eine der zentralen Erkenntnisse des Weltklimarates ist, dass die menschlich verursachten Emissionen an Treibhausgasen wie Kohlenstoffdioxid (CO_2), Methan (CH_4) und Lachgas (N_2O) zu einer Klimaerwärmung in bisher nicht gekanntem Ausmaß geführt haben. In dem Zeitraum von 2011 bis 2020 lag der Wert 1,1 °C über jenem von 1850 bis 1900. Dabei ist festzustellen, dass die Treibhausgase in den letzten 10 Jahren weiter angestiegen sind. Der Weltklimarat weist in jedem Gutachten darauf hin, dass Wirtschaftswachstum den Klimawandel beschleunigt. Dabei ist von einer sehr ungleichen Belastung auszugehen. Der menschengemachte Klimawandel verursacht erheblich negative Folgen auf Ökosysteme, Wasser- und Energieversorgung, Ernährungssicherheit, Wirtschaft und Gesundheit. Die bisherigen Maßnahmen haben einige Folgen gemildert. Sie reichen jedoch nicht aus, um Verluste und Schäden zu verhindern bzw. zu kompensieren (Umweltbundesamt 2023).

Wie schon erwähnt ist die Verursachung der Treibhausgasemissionen gemessen am Einkommen bzw. Reichtum sehr unterschiedlich: die reichsten 1 % der Weltbevölkerung emittieren doppelt so viel Treibhausgase wie die 50 % der einkommensmäßig unteren Weltbevölkerung (Timberley 2020). Auch in den Mitgliedsstaaten der EU ist der Ausstoß, gemessen am Einkommen, sehr ungleich. So emittieren die einkommensstärksten 10 % der Haushalte in Deutschland, Italien, Frankreich und Spanien – das entspricht etwa 28,8 Millionen Menschen – mehr als die gesamte Bevölkerung der 16 ärmsten EU-Mitgliedsstaaten (Deutscher Gewerkschaftsbund 2021, S. 25).

Aus diesen wenigen Ausführungen wird deutlich, dass die Verursachung des Klimawandels durch die Bevölkerung stark mit dem Reichtum bzw. dem Einkommen oder der Armut der Bevölkerungsgruppen korreliert.

In Deutschland wurde Klimagerechtigkeit 2007 über den Begriff der „Kohlenstoffgerechtigkeit“ eingeführt. Die ehemalige Bundeskanzlerin Merkel erklärte ihn zu dem Grundpfeiler einer zukünftigen globalen Klimaschutzpolitik (Bundeskanzlerin Merkel 2007). Die Friedensnobelpreisträgerin Wangari Maathai forderte bereits früher einen gerechten Ausgleich zwischen den reichen Ländern im Norden und den armen Ländern im Süden. Die ungleiche Betroffenheit der Länder durch den Klimawandel führte zu einer globalen Diskussion über Klimagerechtigkeit. Sie zeichnete sich durch sehr unterschiedliche Argumentations- bzw. Begründungslinien aus. Einige der Fragen hat Kurwan aufgezeigt (Kurwan 2023):

- Wie können die notwendigen Emissionsminderungen zwischen Staaten aber auch innerhalb von Staaten unter Berücksichtigung der sehr unterschiedlichen Dimension der Verursachung gerecht aufgeteilt werden?
- Wie können die Gewinne, die durch die Nutzung des gemeinschaftlichen Gutes Atmosphäre erzielt wurden und werden gerecht verteilt werden?
- Wie werden die Kosten der Klimaschutzmaßnahmen unter Berücksichtigung der unterschiedlichen Intensität von Zerstörung durch Klimawandel fair aufgeteilt?
- Wie sollen besonders vulnerable Regionen und Gemeinschaften geschützt werden und wer soll hierfür aufkommen?

Die Begrenzung des Klimawandels, so der internationale Konsens, ist eine Frage der Gerechtigkeit, die besonders zwischen dem globalen Norden und dem globalen Süden, aber auch zwischen den Generationen zu lösen ist (Latif 2023, S. 19). In diesem Kontext kam es, wie zu erwarten, zu unterschiedlichen Gerechtigkeitsvorstellungen, die ausgehandelt werden müssen. In diesem Prozess sollten alle Betroffenen an dem Aushandlungsprozess beteiligt werden. Im Folgenden sollen zwei Ansätze zur Klimagerechtigkeit, die eine besondere Bedeutung erlangt haben, vorgestellt werden. Das „Gleiche-Pro-Kopf-Rechte-Prinzip" geht davon aus, dass alle gegenwärtigen und zukünftigen Menschen das gleiche Recht haben, das Gemeinschaftsgut Atmosphäre zu nutzen. Es ermöglicht ihnen den gleichen Anteil des verbleibenden „Atmosphären Budgets", unter Berücksichtigung des Ziels 1,5°C-Erwärmung einzuhalten, zu emittieren.

Das bedeutet für Deutschland, dass die Menge an CO_2, die allen Einwohnern noch zur Verfügung steht, bis 2027 aufgebraucht wäre. Dagegen hätte beispielsweise Indien nach heutigem Stand, gemessen an den Pro-Kopf-Emissionen bis 2079 Zeit CO_2 neutral zu werden. Dabei ist der Gesamtausstoß Indiens von CO_2 deutlich höher als jener von Deutschland (Kurwan 2023).

China stößt aktuell mit mehr als 14 Milliarden Tonnen global die größte Menge an Treibhausgasen, gefolgt von Indien, aus, wobei pro Kopf weiterhin die USA führen (World Resource Institut 2021). Wie schon erwähnt gibt es auch innerstaatlich bei der Verursachung große Differenzen. In Deutschland haben zum Beispiel die reichsten zehn Prozent der Haushalte 26 % der Emissionen verursacht, während die untere Hälfte nur für 29 % der Emissionslast verantwortlich ist.

Hinzu kommt, dass das reichste ein Prozent keine Einsparungen aufweist, während die untere Hälfte ihre Emissionen um etwa 30 % verringert haben. Besonders in wirtschaftlichen Krisenzeiten verstärkt sich die Kluft, da die unteren Einkommensgruppen ihren Konsum einschränkten:

> „Zugespitzt formuliert bedeutet dies, dass die Produktion von Luxusartikeln für die oberen Klassen und deren Konsum zu einer Haupttriebkraft eines Klimawandels geworden sind, unter dessen Folgen national wie global vor allem die ärmeren, sozial besonders verwundbaren Bevölkerungsgruppen zu leiden haben. Der oftmals erzwungene Konsumverzicht in den unteren Klassen bringt den wachsenden Anteil des einkommensstärksten oberen Zehntel der europäischen Bevölkerung im statistischen Mittel zum Verschwinden." (Dörre 2022, S. 6).

Nach dem Verursacherprinzip wird argumentiert das nicht nur der aktuelle Ausstoß von Emissionen, sondern auch die historische Verantwortung zu berücksichtigen ist. Entsprechend dieser Argumentation sind es die kumulierten historischen und nicht die aktuellen CO_2 Emissionen, die zu der bisherigen Erwärmung beigetragen haben. Latif kommt daher zu der Schlussfolgerung:

> „Die Industrienationen Nordamerikas und Europas besitzen gemeinsam immer noch den Löwenanteil an den historischen Emissionen, weswegen sie auch den Großteil der Verantwortung für die Erderwärmung tragen. Sie weigern sich allerdings, ihrer historischen Verantwortung gerecht zu werden, und stoßen immer noch zu viele Treibhausgase aus. Deswegen tun es ihnen andere Länder gleich, was man an dem Anteil Asiens erkennt, der schnell wächst – vor allem aufgrund des chinesischen Anteils." (Latif 2023, S. 20)

Nach dieser Methode der Berechnung wäre das CO_2-Budget der Länder des globalen Nordens deutlich geringer als bei einer Pro-Kopf-Zuteilung. Danach hätten die USA aber auch Deutschland ihr Budget längst aufgebraucht. Das führte zu einer anhaltenden Diskussion, wonach die Länder des globalen Nordens als Hauptverursacher des Klimawandels nach dem Verursacherprinzip für die Kosten der Anpassungsmaßnahmen und klimabedingten Schäden des globalen Südens aufkommen müssten: danach schuldet der globale Norden dem Süden 170 Billionen $ für Umweltschäden (Krichmayer 2023). Bei der Klimakonferenz 2024 in Baku vereinbarten die Teilnehmerstaaten Finanzhilfen für Klimaschutz und die Anpassung an die Folgen der Erderwärmung für besonders betroffene Entwicklungsländer aufzustocken.

Als Gesamtziel wurde vereinbart bis 2035 1,3 Billionen US$ pro Jahr aus öffentlichen und privaten Quellen zur Verfügung zu stellen. Konkret wurde festgelegt mindestens 300 Milliarden US$ pro Jahr bis 2035 bereit zu stellen. Schlussfolgerung: Klimagerechtigkeit ist ein besonders relevantes Problem für inclusive green growth, da der Klimawandel die Ungleichheit verstärkt.

5.4 Empirische Erkenntnisse zur Ungleichverteilung

Seit über einem Jahrhundert gibt es eine Diskussion zu der Beziehung zwischen Ungleichheit und Wachstum. Dabei kann Ungleichheit in verschiedenen Formen auftreten. Entsprechend kann sie anhand verschiedener Dimensionen gemessen werden: (Spitzen-)Einkommen, Löhne, Konsum, Vermögen, Grund und Boden oder Chancen. Die folgenden Ausführungen begrenzen sich auf die Beziehung von Wachstum und Ungleichheit von Einkommen. Die Auswirkungen des Wachstums auf die Ungleichheit hängen von den Quellen des Wachstums ab. So kann ein Wachstum, das durch einen qualifizierten technologischen Wandel vorangetrieben wird, den Kapitaleignern und qualifizierten Arbeitnehmern überproportional zugutekommen. Dagegen kann es zum Nachteil der ungelernten Arbeitnehmer sein, deren Einkommen im Allgemeinen niedriger sind und die sich tendenziell in den untersten Quantilen der Einkommensverteilung befinden

Diese Art von technologischer Innovation ist zwar in der Regel positiv für das Wirtschaftswachstum, kann aber zu einer Zunahme der Ungleichheit führen. Daher ist die Identifizierung der Sektoren, die das Wirtschaftswachstum antreiben, von entscheidender Bedeutung für das Verständnis der Auswirkungen auf die Inklusivität. Die meisten Wachstumsquellen erzeugen unausgewogene Wachstumsraten über Sektoren, Branchen, Regionen und Faktoren hinweg, so dass es im Prinzip unzureichend ist, die Verteilungseffekte des Wachstums zu verallgemeinern. Es kommt vielmehr zu unterschiedlichen Einkommenseffekten für die verschiedenen Gruppen von Beschäftigten (Cerra et al. 2021).

Wenn einige Sektoren boomen, während andere hinterherhinken, ist es unwahrscheinlich, dass Wachstum die Einkommen in gleichem Maße erhöht. In einigen Fällen können die Zuwendungen an den Produktionsfaktor Arbeit sinken. Wenn in einem Prozess der „schöpferischen Zerstörung“ einige Branchen entstehen und andere verschwinden, könnten einige Arbeitnehmer verdrängt werden oder mit stagnierenden Löhnen konfrontiert sein. Daher gibt es ein breites Spektrum an Erkenntnissen, weshalb es bisher auch kaum einen Konsens zu der Beziehung zwischen Wachstum und Ungleichheit gibt.

Im Prinzip gibt es zu der Beziehung von Wachstum und Ungleichverteilung zwei Fragen: ist Ungleichheit gut oder schlecht für die Entwicklung von wirtschaftlichem Wachstum bzw. verringert oder verschärft Wachstum die Ungleichheit (Baselgia, Foellmi 2022). Hinzu kommen unterschiedliche ökologische Auswirkungen. Wie schon erwähnt führt eine Zunahme des Wachstums in der Regel zu einer Verschärfung des Klimawandels. Dabei gilt zu berücksichtigen, dass Wachstum verschiedener Sektoren den Klimawandel unterschiedlich stark belastet. In diesem Zusammenhang gilt es zu klären, wie Wachstum und Ungleichheit von Einkommen gemessen werden.

Wie in dem ersten Kapitel ausführlich erläutert wurde, wird Wachstum durch das Bruttoinlandsprodukt gemessen. Die aufgezeigte Differenzierung von Wachstum, wird in den folgenden Ausführungen jedoch vernachlässigt. Tendenziell ist davon auszugehen, dass wirtschaftliches Wachstum in den letzten Jahrzehnten kontinuierlich zugenommen hat. Somit stellt sich die Frage, wie sich das steigende Wachstum auf die Ungleichverteilung ausgewirkt hat. Sollte die Ungleichverteilung stark zugenommen haben, stellt sich die Frage, ob ein verteilungspolitischer Handlungsbedarf besteht, der staatliche Eingriffe in den Marktprozess implizieren würde. Die Messung der Einkommensverteilung erfolgt primär auf der Grundlage der Primäreinkommen bzw. Markteinkommen, oder der Einkommen der privaten Haushalte. Das Markteinkommen umfasst

> „die Einkommen der Haushaltsmitglieder aus selbstständiger und abhängiger Erwerbstätigkeit, aus Vermögen und selbstgenutzten Wohneigentum sowie privaten Transferleistungen. Die zusammengeführten Markteinkommen eines Haushalts bilden wiederum die Grundlage für die Berechnung der Haushaltsnettoeinkommen. Zu diesem Zweck werden zunächst zu den Markteinkommen die Ansprüche aus der gesetzlichen Rentenversicherung und staatliche Transferleistungen addiert, die Einkommenssteuer und der Arbeitnehmeranteil der Pflichtbeiträge zu den Sozialversicherungen hingegen abgezogen.“ (Feld et al. 2020, S. 233)

Die unterschiedlichen Einkommenskonzepte werden häufig auch als Primär- und Sekundärverteilung von Einkommen klassifiziert. Die Primärverteilung wendet sich den Einkommen, die unmittelbar aus dem Marktprozess hervorgehen, zu. Dabei handelt es sich um Einkommen aus selbstständiger und unselbstständiger Arbeit und Einkommen aus Vermögen und unternehmerischer

Tätigkeit. Diese originäre Primärverteilung ergibt sich ohne jeglichen staatlichen Einfluss. Die Verteilung kann jedoch durch eine Vielzahl von Instrumenten, wie Regulierungen, öffentlich bereitgestellte Güter, sowie Bildungs- und Vermögenspolitik beeinflusst werden. Die Sekundärverteilung impliziert hingegen die zahlreichen Maßnahmen des Staates zur Einkommensumverteilung. Zu nennen sind hier einerseits Einkommenszuflüsse, die ein Haushalt erhält und Transfereinkommen wie beispielsweise Renten, Arbeitslosenunterstützung, Kindergeld und weitere Leistungen. Schließlich sind Einkommensabflüsse des verfügbaren Einkommens zu berücksichtigen wozu vor allem Sozialbeiträge und direkte Steuern gehören (Krämer 2020, S. 121).

Aus den beiden Einkommensarten lassen sich unterschiedliche Erkenntnisse der Verteilung ableiten. Die Markteinkommen spiegeln die Ungleichheit der primären Verteilung von Einkommen wider. Bei den Haushaltseinkommen ist besonders mit Blick auf die staatlichen Umverteilungsinstrumente die Effektivität der verschiedenen Maßnahmen relevant. Eine weitere Differenzierung zielt auf die regionalen Unterschiede der Einkommensverteilung oder auf die Unterscheidung der Lebenseinkommen und der Einkommensverteilung zu einem bestimmten Zeitpunkt ab. Die folgenden Ausführungen beschränken sich jedoch auf die Markt- und Haushaltseinkommen. Für die Haushalte ist aus ökonomischer Sicht das verfügbare Einkommen relevanter als das Markteinkommen, da es die Konsum- und Sparmöglichkeiten bestimmt.

Für diese beiden Einkommensarten gibt es unterschiedliche Messzahlen. Die bekannteste Messzahl ist der Gini-Koeffizient. Die Extrempositionen sind wie folgt definiert: Bei absoluter Gleichheit hat der Gini-Koeffizient einen Wert von 0 und bei absoluter Ungleichverteilung, wonach sich das gesamte Einkommen auf eine Person konzentriert, ergibt sich ein Wert von 1. Je mehr sich der reale Wert 1 nähert, umso größer ist die Ungleichverteilung und vice versa. Es gilt jedoch zu berücksichtigen, dass der Gini-Koeffizient die gesamte Einkommensverteilung verdichtet und es so zu einer Kennziffer kommt. Daher erfolgt eine differenziertere Einkommensverteilung nach Dezilen.

In der folgenden Abbildung wird die Entwicklung des Gini-Koeffizienten nach Markt- und den verfügbaren Einkommen in Deutschland unterschieden. Dabei zeigt sich zunächst, dass es hier für den Zeitraum von 1980 bis 2022 teilweise erhebliche Schwankungen gab. Weiterhin gab es einen leicht steigenden Trend wonach die Ungleichverteilung leicht zugenommen hat. Ein internationaler Vergleich zeigt, dass Deutschland bei der Ungleichheit der Markteinkommen, gemessen am Gini-Koeffizienten, zu jenen Ländern der OECD wie auch Frankreich und Italien gehört, die einen relativ hohen Koeffizienten haben.

Dagegen weisen Kanada und Schweden eine deutlich gleichmäßigere Verteilung der Markteinkommen auf. Die verfügbaren Einkommen sind in allen OECD-Ländern geringer als die Markteinkommen. Daraus lässt sich ableiten, dass die staatlichen Maßnahmen der Einkommensumverteilung in allen Ländern dazu beitragen die Ungleichheit der Einkommensverteilung, die sich aus den Marktprozessen ergeben, zu verringern. Zwischen den Ländern gibt es jedoch erhebliche Unterschiede des Ausmaßes: in den USA reduziert sich die Ungleichheit der Markteinkommen viel weniger als in Deutschland. Daraus leitet sich die Erkenntnis ab, dass soziale Härten durch Umverteilung und andere Formen des sozialen Ausgleichs in Deutschland stärker abgefedert werden als in den USA (Krämer 2020, S. 123).

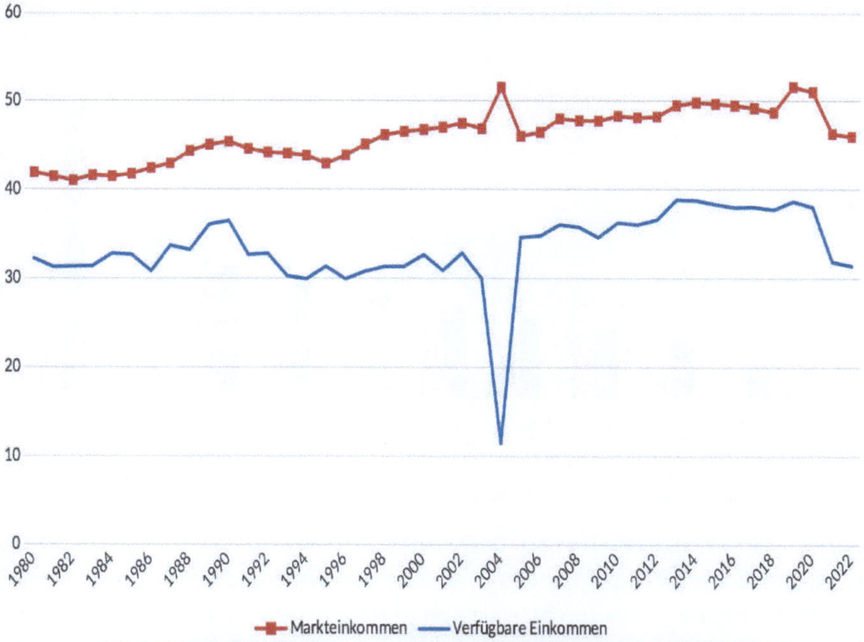

Quelle: World Inequality Database (wid.world): Pre-tax and post-tax gini coefficient. Abruf am 4.12.23. Markteinkommen: Einkommen vor Steuern und Transferleistungen; Verfügbare Einkommen: Einkommen nach Steuern und Transferleistungen. Für Personen in Haushalten mit mindestens einem erwerbsfähigen Mitglied.

Abb. 7: Gini-Koeffizient der Markt- und der verfügbaren Einkommen in Deutschland 1980-2022

Wie schon erwähnt ist der Gini-Koeffizient ein Durchschnittswert, der keine Auskunft über die Einkommensverteilung der verschiedenen Gruppen der Bevölkerung gibt. Daher wird die Einkommensverteilung, wie bereits erwähnt, nach Dezilen differenziert. Die folgende Abbildung zeigt die Einkommensverteilung nach Dezilen in Deutschland für das Jahr 2022 auf. Der erste Balken zeigt das Nationaleinkommen nach Steuern, der zweite Balken das Nationaleinkommen vor Steuern und der dritte Balken die Gleichverteilung auf. Dabei lässt sich zwischen den Dezilen auch eine unterschiedliche Entwicklung feststellen. In dem Zeitraum zwischen 1991 und 2014 ist das reale Median-Nettoeinkommen, d. h. der Mittelwert um etwa 10 % gestiegen. Das neunte Dezil verzeichnete jedoch eine nahezu doppelt so hohe Wachstumsrate wie der Median, während sich für das erste Dezil in dem Betrachtungszeitraum ein Rückgang um 10 % ergab.

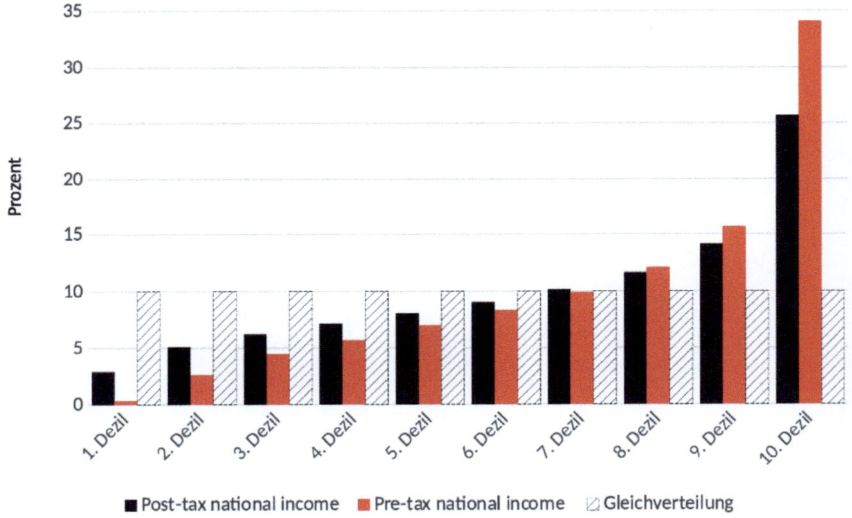

Abb. 8: Einkommensverteilung nach Dezilen in Deutschland 2022
Quelle: World Inequality Databasis (WID.word). Brutto- und Nettonationaleinkommen. Post-tax und pre-tax national income, adults, equal split (shares), Abruf am 5.12.2023. Die Markteinkommen bestehen aus der Summe der Primäreinkommen aller Sektoren (privat und öffentlich) abzüglich Steuern. Die Basis bilden Einzelpersonen über 20 Jahre nach Haushalten, wobei die Einkommen bei Paaren gleich aufgeteilt werden. Das Bruttonationaleinkommen ist die Summe aller Bruttoeinkommen der Eigentümer der Produktionsfaktoren Arbeit und Kapital vor Steuern und Transfers, aber nach Beiträgen zur gesetzlichen Rentenversicherung.

Die wachsende Ungleichheit der Einkommen, von der die unteren Einkommensgruppen besonders betroffen sind, ist auf nationaler und internationaler Ebene vielfältig. Hierzu einige Ursachen: Zu den Faktoren, wodurch die Einkommensverteilung ungleicher wurden, zählen unter anderem die Globalisierung und ein qualifikationsverzerrender technischer Fortschritt, die beide zu einer zunehmenden Spreizung der Lohnstruktur geführt haben. Aber auch die Erhöhung der Gewinnquote hat angesichts der Konzentration der Kapitaleinkommen bei den reicheren Haushalten bewirkt, dass die Einkommen ungleicher verteilt wurden. (Krämer 2020, S. 11)

Die wachsende Einkommensdisparität lässt sich auch dadurch verdeutlichen, dass im Jahr 2020 etwa 29.300 Menschen in Deutschland erfassten lohn- und einkommenssteuerpflichtigen Einkünfte von mindestens einer Million hatten. Das waren mehr als 1.900 Steuerpflichtige im Vergleich zu 2019. Dieser Einkommensgruppe stehen jene Einkommensempfänger gegenüber, die an oder unter der Armutsgrenze leben. Sie lassen sich dadurch kennzeichnen, dass sie weniger als 60 % des nationalen Medianeinkommens[11] zur Verfügung haben.

Entsprechend der Erhebung von 2023 lag der Schwellenwert für die Armutsgefährdung bei 15.765 Euro pro Jahr (60 % des Medianeinkommens) für Alleinlebende. Umgerechnet auf das monatliche Einkommen bedeutet das, dass eine Person als armutsgefährdet galt, wenn sie ein Einkommen von weniger als 1.314 Euro im Monat zur Verfügung hatte. Im Jahr 2021 lebten 16 % der gesamtdeutschen Bevölkerung in relativer Einkommensarmut. In den letzten 20 Jahren kam es bei den Monats- und Jahreseinkommen zu einer deutlichen Erhöhung der Armutsrisiken mit höheren Abständen zur Armutsgrenze, die sich auch nach 2020 weiter fortsetzte (Bundeszentrale für politische Bildung 2024, S. 208).

Die Ungleichheit der verfügbaren Einkommen wird noch durch andere Zuwendungen verstärkt. So weist Piketty darauf hin, dass auch die Gewinnquote hinsichtlich der Konzentration der Kapitaleinkommen zu der Ungleichheit der Einkommen beigetragen hat (Piketty 2016). Daher kommt er zu der Erkenntnis, dass die Reichen immer reicher werden und die Armen arm bleiben. So kommt er zu der Schlussfolgerung, dass der gesellschaftliche Reichtum zu Beginn des 21. Jahrhunderts sogar ähnlich verteilt ist wie

---

11 Unter Medianeinkommen versteht man die Einkommenshöhe, bei der die Anzahl der Haushalte mit niedrigem Einkommen gleich groß ist wie die Haushalte mit höherem Einkommen. Der Median definiert somit das mittlere Einkommen.

100 oder sogar 200 Jahre zuvor. Auch in Deutschland besteht eine relativ ausgeprägte Ungleichheit bei Vermögen. Ein Standardmaß bei der Messung der Vermögensungleichheit ist analog zur Einkommensungleichheit der Gini-Koeffizient. Im Jahr 2021 hatte er einen Wert von 0,73.

Somit ist in Deutschland die Ungleichheit der Vermögensverteilung im Vergleich zur Verteilung der verfügbaren Haushaltseinkommen mehr als doppelt so hoch. Der Koeffizient ist jedoch mit Sicherheit zu gering, da bei der freiwilligen Bevölkerungsbefragung durch die Deutsche Bundesbank typischerweise Multimillionäre kaum und Milliardäre nicht erfasst werden (Bundeszentrale für politische Bildung 2024, S. 219). Im Kontext des Capability Ansatzes von Sen weist Vermögen verschiedene Nutzungsmöglichkeiten auf: aus Vermögen kann Einkommen erzielt werden, Vermögen kann selbst genutzt werden (Immobilien) und Vermögen spielt bei der Erziehung und Ausbildung von Kindern eine wichtige Rolle (Sozialisationsfunktion). Daher wird in dem Sozialbericht 2024 für Deutschland festgestellt:

> „Der Besitz von insbesondere höherem Vermögen gewährt gesellschaftliches Prestige und damit einen höheren Rang in der gesellschaftlichen Hierarchie (Prestigefunktion); und schließlich verleiht Vermögen, insbesondere der Besitz von größerem Produktivvermögen, wirtschaftliche und gegebenenfalls auch politische Macht (Machtfunktion).Aus dieser Vielzahl von Einzelfunktionen, die weit über jene des laufenden Einkommens hinausgehen lässt sich das besondere ökonomische und gesellschaftliche Interesse an Vermögen ableiten." (S. 218)

Ergänzend zu der Ungleichheit der Einkommen sind noch Erbschaften und Schenkungen zu nennen, die zu einer Verstärkung der Ungleichheit der finanziellen Zuwendungen führen.

> So haben die Finanzverwaltungen im Jahr 2022 in Deutschland Vermögensübertragungen von Erbschaften und Schenkungen in Höhe von 101,4 Milliarden Euro veranlagt (Bundesanstalt für politische Bildung 2024, S. 197). Daraus begründet sich die Studie der OECD von 2008 „Mehr Ungleichheit trotz Wachstum."

6 Inclusive Growth

Die Erläuterung von Ungleichheit bzw. dem Nachweis der Disparitäten von Einkommen und Vermögen begründet die Relevanz des inclusive growth, das eine Teilhabe der Bevölkerung am Wachstum intendiert. Die Förderung von Wachstum wird, wie schon erwähnt, vielfach über Innovationen begründet. Innovationen sind daher sowohl im Sinn des ökonomischen Mainstreams als auch aus dem Verständnis des inclusive growth von herausragender Bedeutung. Dennoch begründet sich die Relevanz von Innovationen aus den beiden Paradigmen unterschiedlich. Innovationen sind aus der Perspektive des ökonomischen Mainstreams erwünscht, wenn sie folgende Bedingungen erfüllen: ist eine Innovation ökonomisch am Markt erfolgreich, wird sie positiv bewertet.

Aus der Perspektive des inclusive growth werden Innovationen dann positiv bewertet, wenn sie bestimmte soziale Anforderungen bei der Entstehung und Umsetzung erfüllen. Dabei gilt jedoch zu berücksichtigen, dass sich Innovationen auch im Kontext von inclusive growth am Markt erfolgreich durchsetzen müssen. Grundsätzlich kann man feststellen, dass der Anreiz aus der Sicht des Innovators, sich auf den Innovationswettbewerb einzulassen sich daraus begründet, neue Marktsegmente zu erschließen. Damit lässt sich zusätzliche Nachfrage generieren, um die der Innovator mit niemand konkurrieren muss: der Innovator erzielt zumindest vorübergehend einen Monopolgewinn bzw. eine Pionierrente (v. Hauff 2021, S. 73).

6.1 Die Bedeutung von Innovationen für Inclusive Growth

Es besteht ein breiter Konsens, dass innovative Spitzenunternehmen und regionale Innovationsführer für die Politik immer im Mittelpunkt stehen. Im Kontext des inclusive growth sollte es jedoch darum gehen, die Barrieren für weniger innovationsaktive Unternehmen und Regionen für deren Teilhabe an Innovationsprozessen abzubauen. Die Förderung bisher schwach innovationsorientierter Unternehmen und Regionen könnte zu einer Stärkung der gesamtwirtschaftlichen Innovationsleistung führen. Eine inklusive Innovationspolitik könnte nicht nur zu einer stärkeren Gleichverteilung von Innovationsimpulsen führen, sondern es könnte auch zu einer stärkeren

Teilhabe an den Erträgen der Innovationsprozesse kommen. Daher stellen Ederer et al. fest:

> „Vor diesem Hintergrund verstehen wir unternehmerische Inklusion als das Ausmaß, in dem die Möglichkeiten zur Partizipation an Innovationsaktivitäten und deren Erträgen zwischen den Unternehmen unabhängig von ihren Charakteristika (wie Größe, Alter oder Branche) gleich verteilt sind, und territoriale Inklusion als das Ausmaß, in dem die Möglichkeiten zur Partizipation an Innovationsaktivitäten und deren Erträgen zwischen den Regionen unabhängig von ihren Charakteristika (wie Verdichtungsgrad, geographische Lage oder Wirtschaftsstruktur) gleich verteilt sind." (Ederer et al. 2020, S. 118)

Die Relevanz begründet sich auch daraus, dass die vielfältigen Herausforderungen wie die Globalisierung, Digitalisierung, die Veränderung von Produktionssystemen, der demographische Wandel und dem notwendigen Übergang zu einer kohlenstoffarmen Wirtschaft innovative Lösungen erfordert (OECD 2018). Die Bewältigung dieser Herausforderungen erfordert auf Unternehmens- und regionaler Ebene besonders von weniger innovationsaktiven Einheiten eine stärkere Partizipation. Das gilt auch für kleine und mittelständische Unternehmen, aber auch für neugegründete innovative Unternehmen. Nur so ist in diesem Kontext die Vormachtstellung großer Unternehmen zu verringern.

Empirische Untersuchungen für wirtschaftlich hochentwickelte Industriestaaten zeigen, dass eine ausgewogene unternehmerische Partizipation an Innovationsprozessen bisher nicht festgestellt werden kann (Criscuolo 2018). Tendenziell ist auf Unternehmensebene vielmehr eine Verlangsamung der Diffusion technologischer Neuerungen zu erkennen. Ferner gibt es auf räumlicher Ebene für Unternehmen in einigen Regionen Agglomerationsvorteile, die zu einem Ungleichgewicht unternehmerischer und territorialer Möglichkeiten der Partizipation bei Innovationsprozessen führen.

Daher ist es von Bedeutung Ansatzpunkte für eine Innovationspolitik zu identifizieren die zu einer Verringerung des Ungleichgewichts beitragen können und die Inklusionswirkung erhöhen. Von der Vielzahl der Instrumente der Innovationspolitik sollen jene genannt werden, die für die nationale Innovationspolitik von besonderer Bedeutung sind. Es werden drei Handlungsbereiche unterschieden, denen Instrumente zugeordnet werden (Ederer et al. 2020, S. 129 ff):

- **Handlungsbereich 1:** Stärkung der Innovationsorientierung auch jenseits der Innovationszentren
  - Direkte Innovations- und F&E-Förderung
  - Steuerliche Innovations- bzw. F&E-Förderung
  - Nachfrageseitige Förderung von Innovationen
  - Finanzierung von Innovationen
- **Handlungsbereich 2:** Stärkung von Wissens-Spillovers[12] und der Diffusion von innovativen Lösungen
  - Förderung von F&E Kooperationen
  - Förderung von Clustern und Netzwerken
  - Intelligente Spezialisierung
- **Handlungsbereich 3:** Förderung innovativer Gründungen, Erneuerung des Unternehmensbestandes
  - Beratungsmaßnahmen im Bereich von Innovationen
  - Förderung von Gründungen und Start-ups sowie jungen Unternehmen

Allgemein lässt sich feststellen, dass die Erkenntnisse zu den Inklusionswirkungen der verschiedenen Instrumentengruppen noch gering sind. Die bestehenden Forschungslücken lassen sich damit erklären, dass die unternehmerische und territoriale Inklusion von Innovationspolitik erst seit wenigen Jahren erforscht wird. Daher sind die Forschungsdefizite auch eine wesentliche Barriere für eine gezielte inklusive Innovationspolitik sowohl was die Ausgestaltung als auch die Kombination der Instrumente anbetrifft. Die folgenden Ausführungen beschränken sich auf einige wenige Erkenntnisse zu den aufgeführten Instrumenten. Es besteht Konsens, dass die Innovationspolitik trotz ihrer Ausrichtung auf Exzellenz Möglichkeiten bietet, verstärkt unternehmerische und territoriale Inklusion zu fördern. Eine wesentliche Zielrichtung müsste allgemein sein, die Innovationsförderung stärker auf Unternehmen und Regionen zu richten, die bisher nicht zu den dominierenden Innovationszentren gehören.

Eine erste Erkenntnis ist, dass direkte Innovations- und F&E-Förderung besonders bei kleinen und jungen Unternehmen wegen ihrer größeren Finanzierungsrestriktionen zu positiven Effekten führen, indem sie zusätzliche F&E-Ausgaben auslösen (Zuniga-Vincente et al. 2014). Dagegen können

12 Ein Wissens-Spillover tritt ein, wenn Informationen und Wissen, die für eine bestimmte Aktivität oder ein bestimmtes Projekt gesammelt und weitergegeben werden, Möglichkeiten zur Anwendung in anderen Umgebungen schaffen.

bei großen Unternehmen nur in Ausnahmefällen Additionalitätseffekte festgestellt werden. Daher bietet sich unter der Wirkungsrichtung der Inklusion auch unter Wachstumseffekten ein großes Potential. F&E-Förderprogramme sollten daher verstärkt auf den sektoralen und regionalen Kontext ausgerichtet werden.

Steuerliche Innovations- und F&E-Förderung konzentrieren sich noch stärker als bei der direkten Förderung auf ihren Wachstumseffekt. Die Inklusionswirkungen beschränken sich dagegen auf wenige Studien, wobei auch in diesem Zusammenhang für kleine Unternehmen größere Effekte festgestellt werden konnten. Die nachfrageseitige Förderung von Innovationen, d. h. die private Innovationsnachfrage und die öffentliche Beschaffung sind ein Baustein einer inklusiven Innovationspolitik (OECD 2018 a). Insgesamt lässt sich feststellen, dass die Innovationswirkung zu unterschiedlichen Effekten führen kann, aber sich durch spezifische Maßnahmen gestalten lässt. So trägt die öffentliche Beschaffung zur Innovationstätigkeit in kleinen Unternehmen und schwächeren Regionen oft mehr bei als andere Instrumente der Innovationspolitik.

Inklusive Wirkungen von F&E-Förderungen auf Unternehmensebene oder territorialer Ebene sind nicht per se zu erwarten. Das gilt besonders für kleine Unternehmen, die nicht international eingebunden sind oder die wenig technologie- bzw. wissensintensiven Branchen zuzurechnen sind. Sie partizipieren nicht an F&E-Kooperationen. Daher werden sie nur dann an Kooperationen Interesse haben, wenn diese auf ihre Bedarfe ausgerichtet sind. So können spezifische Beratungsangebote für „kooperationsscheue" Unternehmen in der Anfangsphase und begleitende Maßnahmen zur Stärkung betriebsinterner Kompetenzen zu einem erfolgreichen Einstieg in die F&E-Kooperation führen. Ähnlich verhält es sich bei der Förderung von Clustern oder Netzwerken. So kann die Förderung von Standortgemeinschaften zwischen Hochschulen und Unternehmen über Spillover zu positiven Inklusionseffekten führen. Das gilt auch für kleine Unternehmen. Ein weiteres Förderinstrument sind Neugründungszentren an Hochschulen, die von Studierenden ausgehen.

Die Digitalisierung gilt heute international als wichtigster Innovationsbereich. Daher stellt sich die Frage, welchen Beitrag die Digitalisierung für ein inclusive growth leisten kann. Die dominierende Ausrichtung der Digitalisierung auf die technisch-ökonomische Dimension führte in diesem Kontext zu wachsender Kritik. Allgemein kann festgestellt werden, dass Digitalisierung ein großes Potential für einen dynamischen Fortschritt nachhaltiger Entwicklung und damit auch für ein inclusive growth aufweist. Daher sollte die digitale Transformation mit der Transformation zu einem inclusive growth zusammengeführt werden. Der Wissenschaftliche Beirat der Bundesregierung Globale Umweltveränderungen (WBGU) stellte daher in dem viel beachteten Gutachten „Unsere gemeinsame digitale Zukunft" fest:

> „Die Digitalisierung wird oft als gewaltiger Umbruch bezeichnet, der auf unsere Gesellschaften zukommt und dem es sich anzupassen gilt. Dieser Lesart setzt der WBGU entgegen, dass die Digitalisierung so gestaltet werden muss, dass sie als Hebel und Unterstützung für die große Transformation zur Nachhaltigkeit dient und mit ihr synchronisiert werden kann." (WBGU 2019, S. 1)

Ein wichtiger Indikator für Wachstum und Wohlstand ist, wie schon begründet, die Entwicklung der Arbeitsproduktivität. Das gilt nicht nur für den Bereich der industriellen Produktion, sondern auch für viele Sektoren wie Gesundheit, Pflege, Bildung, Landwirtschaft aber auch den Naturschutz. Hierzu lässt sich feststellen, dass ganz allgemein seit einiger Zeit Produktivitätszuwächse in vielen Industrieländern trotz einer raschen Verbreitung digitaler Technologien nur noch gering ausfallen. Dabei wird diesen häufig das Potenzial bescheinigt, die Arbeitsproduktivität deutlich zu steigern. Dabei gilt zu berücksichtigen, dass der digitale Wandel sich auf verschiedenen Pfaden auf die gesamtwirtschaftliche Produktivitätsentwicklung auswirken kann. Die Analyse konzentriert sich bisher meist auf die Bedeutung digitaler Innovationsgüter.

Dabei wird die Bedeutung digitaler Vorleistungen oft vernachlässigt. Auf der Grundlage eines makroökonomischen Mehr-Sektoren-Modells kann dagegen gezeigt werden, welche zentrale Bedeutung digitalen Vorleistungen zukommen. Kommt es also zu einer Vernachlässigung der sektoralen Verflechtungen, wird der aus der Digitalisierung resultierende Produktivitätsfortschritt oft erheblich unterschätzt. Weiterhin zeigt sich, dass die Effizienzgewinne in den Digitalsektoren die Entwicklung der Arbeitsproduktivität entscheidend beeinflusst. Somit kann man feststellen, dass ohne die Fortschritte in den Digitalsektoren die Produktivitätsfortschritte in den größten europäischen Ländern wesentlich geringer ausgefallen wären oder sogar stagnieren würden (Deutsche Bundesbank 2023). Es ist jedoch wichtig den Analyseraum der Digitalisierung über seinen Kernkompetenzbereich hinaus weiterzuentwickeln, um die Grundlage für ein inclusive growth zu schaffen. Das gilt beispielhaft für

- die Digitalisierung als Treiber einer industrieökologischen Wende,
- einen Wandel der Materialbedarfe durch digitale Geräte und Infrastrukturen zu initiieren,
- neue Ansätze des nachhaltigen Wirtschaftens im digitalen Zeitalter zu entwickeln,
- nachhaltige urbane Mobilität im digitalen Zeitalter zu fördern und
- ein digital unterstützendes Monitoring von Ökosystemen und biologischer Vielfalt aufzubauen.

Nur wenn es gelingt die digitalen Umbrüche in Richtung eines inclusive growth zu lenken, kann die Nachhaltigkeitstransformation gelingen. Ansonsten droht die Digitalisierung als Brandbeschleuniger von Wachstumsmustern zu wirken, die die planetaren Leitplanken durchbrechen. Nachhaltigkeitspioniere müssen die Chancen der Digitalisierung nutzen und zugleich deren Risiken berücksichtigen und vermeiden (WBGU 2019, S. 1).

Inclusive growth wird in der Literatur unterschiedlich abgegrenzt und unterscheidet sich auch hinsichtlich der konzeptionellen Ausgestaltung. Bei aller Verschiedenheit besteht jedoch ein Grundkonsens, wonach es zur Reduzierung von Ungleichheiten beitragen soll. In diesem Zusammenhang ist zwischen Ungleichheit und Armut, soweit Armut als Einkommensarmut verstanden wird, zu unterscheiden. Dagegen ist Ungleichheit, wie in Kapitel 5 deutlich wurde, viel breiter gefasst. Ungleichheit ist in den vergangenen Jahren ein zentraler Gegenstand wissenschaftlicher, gesellschaftlich und politischer Diskussion geworden.

Teilweise standen sich hier zwei Positionen gegenüber: einerseits wurde argumentiert, dass Wachstum zu höherer Ungleichheit führen kann, dies jedoch durch technologischen Wandel und Globalisierung bedingt sei und somit in Kauf genommen werden müsse. Diese Argumentation wurde damit gerechtfertigt insgesamt ausreichend Güter herzustellen und dadurch alle Bevölkerungsgruppen zumindest mittelbar besser stellen zu können. Dieser Position steht entgegen, dass von Wachstum keineswegs automatisch alle Bevölkerungsgruppen angemessen profitieren bzw. partizipieren. Häufig mangelt es in der Literatur bei dieser Kontroverse an einer ausreichenden theoretischen Begründung.

Eine inhaltliche Konkretisierung fand *inclusive growth*, indem es zu Chancengleichheit beitragen soll. Dadurch erhält es einen Bezug zu dem capability approach (Befähigungsansatz) von Sen, wie er in Kapitel 5.1 erläutert wurde. Daraus ergibt sich die Möglichkeit der theoretischen

Begründung von inclusive growth. Dieser Ansatz zielt auf das Wohlergehen der Menschen auf verschiedenen Ebenen ab. Daher wird der Ansatz auch als multidimensional bezeichnet, wobei hierbei das Freiheitsverständnis von Sen von zentraler Bedeutung ist. Persönliche Freiheit ist somit als Kernpunkt des Fähigkeitsansatzes zu verstehen, die zur Einschränkung bzw. Vermeidung von Ungleichheit führen kann.

Eine weitere Möglichkeit der theoretischen Begründung von inclusive growth bietet die Neue Institutionenökonomie. Dabei geht es um die Ausgestaltung von Institutionen, die in einem instrumentellen Zusammenhang zum Wachstum stehen.

> „Zu den Institutionen zählt man so verschiedene Dinge wie den Staat, die Verfassung, den Vertrag, dass Unternehmen, die Schule, die Ehe, die Sprache, das Geld, die Marktwirtschaft, Gewerbefreiheit, die Mitbestimmung, die Menschenrechte, das Schuldverhältnis, das Eigentum, die Justiz und noch vieles andere mehr... Institutionen schaffen Ordnung im Bereich des Sozialen, also überall dort, wo Menschen ihr Handeln dem Sinn nach auf das Verhalten anderer beziehen und darin in seinem Ablauf orientieren. Ordnung bedeutet, dass dieses Handeln weder zufällig noch beliebig ist, sondern eben geregelt abläuft und damit für den anderen kalkulierbar ist." (Göbel 2021, S. 15)

Hier stellt sich die Frage, ob die im Kontext von inclusive growth besonders relevanten Institutionen darauf ausgerichtet sind für alle Gruppen der Bevölkerung zur Schaffung von Opportunities (Möglichkeiten) und den Zugang zu einer stärkeren Partizipation am Wirtschaftsleben bzw. Wachstum beizutragen. Das stellt hohe Anforderungen an die Regelsetzung. Führen beispielsweise inklusiv ausgerichtete Institutionen zu Insider-Outsider-Problemen zwischen Beschäftigten und Arbeitslosen oder zwischen männlichen und weiblichen Mitarbeitern wird die konkrete Auswirkung inklusiv gemeinter Regulierung eher exklusiv im Sinne von ausschließend bzw. behindernd bei der Einkommenserzielung.

Das Ausmaß der Inklusivität des Wachstums hängt davon ab,

> „ob sich alle Gesellschaftsmitglieder oder Bevölkerungsgruppen in einem als subjektiv ausreichend empfundenen Maß in das Wirtschaftsleben und damit in die Einkommenserzielung einbringen können." (Grömling, Klös 2016, S. 12)

Dieses wird von den Freiheiten und sozialen Chancen beispielsweise durch Bildung und Gesundheit bestimmt. Einen umfangreichen Überblick über die theoretischen Konzepte zur Analyse und Messung von Chancengerechtigkeit, d. h. *equality of opportunities* bieten Ali und Son (2007).

Wie schon erwähnt gibt es unterschiedliche Positionen und Konzepte zu inclusive growth was sich damit erklärt, dass internationale Organisationen, die unterschiedliche Handlungsfelder wahrnehmen, differierende Prioritäten gesetzt haben. Dabei sind die Mehrzahl internationaler Organisationen, die ein Konzept zu inclusive growth entwickelt haben, ganz wesentlich auf Entwicklungsländer ausgerichtet. Das erklärt sich daraus, dass in Entwicklungsländern besonders viele Haushalte nicht an dem oft steigenden Wachstum ihrer Volkswirtschaft partizipierten (UNDP 2017). Die Weltbank steht mit ihrem Konzept inclusive growth weitgehend in Einklang mit dem Konzept Pro-Poor-Growth bei dem es darum geht die absolute Armut zu reduzieren.

Bei Pro-Poor-Growth handelt es sich um ein Konzept, wonach Wirtschaftswachstum es den Armen ermöglichen soll, sich aktiv an der Wirtschaftstätigkeit zu beteiligen und davon zu profitieren. Es stellt somit eine strikte Abkehr vom Konzept der „trickle-down"-Entwicklung[13] dar und ist somit ein integratives Wirtschaftswachstum. Wachstum ist entsprechend armutsorientiert, wenn die Armut sinkt, was drei potenzielle Quellen für armutsorientiertes Wachstum impliziert: eine hohe Wachstumsrate des Durchschnittseinkommens, eine hohe Sensitivität der Armut gegenüber dem Wachstum des Durchschnittseinkommens und ein armutsreduzierendes Wachstum der relativen Einkommen.

Andere Organisationen wie die Asian Development Bank (ADB) und die OECD unterscheiden sich in ihrem Verständnis des inclusive growth von der Weltbank. Die Asian Development Bank (ADB) versteht unter inclusive growth ein Wachstum, das mit Chancengleichheit einher geht. Inclusive growth muss somit darauf ausgerichtet sein, Möglichkeit zu schaffen und diese Chancen für alle zugänglich zu machen. Schließlich hat die OECD ein umfassendes Verständnis von inclusive growth, indem es Chancen für alle Bevölkerungsgruppen schafft und den wachsenden Wohlstand sowohl monetär als auch in nicht monetärer Hinsicht fördert (OECD 2014, S. 80 ff).

Das setzt die Umsetzung juristischer Gleichheit voraus, was zu einer Stärkung demokratischer Strukturen als Voraussetzung für den Abbau von

13 Der Trickle-Down-Effekt besagt, dass der Einkommenszuwachs, den die Reichen in einer Gesellschaft erfahren, sukzessive auch zu den Mittelschichten und den Ärmeren in der Gesellschaft durchsickert.

Ungleichheit führt. Somit kann festgestellt werden, dass die OECD das umfassendste Konzept vertritt, indem sie neben der ökonomischen auch die gesellschafts- und umweltpolitische Dimension in ihr Konzept mit einbezieht. Versteht man das Wohlbefinden jedes Einzelnen als letztendliches Ziel der Wirtschaftspolitik, ist Einkommensmaximierung nur ein Aspekt unter vielen. Die OECD stellt hierzu fest, dass es jedoch zu Spannungsfeldern zwischen den einzelnen Dimensionen kommen kann.

Daher sind politische Abwägungen immer ein Teil eines funktionierenden inclusive growth (OECD 2014). Auch wenn die bisher genannten Konzepte primär für Entwicklungsländer konzipiert wurden, sind sie auch für Industrieländer relevant, da auch sie sich, wie in Kapitel 5 gezeigt wurde, durch ein mehr oder weniger hohes Maß an Ungleichheit auszeichnen. Insofern kann man feststellen, dass sich die Konzepte, die für Entwicklungsländer konzipiert wurden, jenen ähneln, die den Industrieländern zugrunde liegen (Eichhorst et al. 2017, S. 23). Daher kann festgestellt werden, dass sich die vorliegenden Konzepte eines inclusive growth nicht in der Kernidee unterscheiden, wonach wirtschaftliches Wachstum und Wohlstand allen Bevölkerungsgruppen zugutekommen sollte. Die Unterschiede der Ansätze erklären sich vielmehr in der geographischen und konzeptionellen Breite. Für Industrieländer sind besonders die Ansätze der OECD aber auch der EU relevant.

Operationalisierung von Inclusive Growth

Die Operationalisierung von inclusive growth setzt Kennzahlen zur Messung von Ungleichheit voraus die es ermöglichen, dass die Wirkungen von Maßnahmen überprüfbar sind. Dabei stellt sich zunächst die Frage, welche Daten stehen in welcher Qualität zur Verfügung und wo gibt es Datenlücken. In vielen Modellen wird die Vermögensungleichheit beispielsweise aufgrund unzureichender Datengrundlage oft über die Einkommensungleichheit als Proxy-Variable ermittelt, wodurch sich die monetäre Dimension des inclusive growth gut abbilden lässt.

Der Vermögensungleichheit wird für die Berechnung von Wachstumseffekten eine hohe Relevanz zugeschrieben, da die individuellen Ersparnisse einen großen Einfluss auf die Bildung von Humankapital, die Familiengründung und die Arbeitsplatzsuche haben. Hier wird bereits deutlich, dass die Analyse der monetären Ungleichheit vor Herausforderungen steht, wonach viele Indikatoren zur Berechnung von inclusive growth erforderlich sind.

Daher gilt zu prüfen ob vorhandene Daten mehr Dimensionen abbilden als zunächst ersichtlich wird. Beispielsweise korreliert individuelle Arbeitslosigkeit mit der Einschränkung subjektiven Wohlbefindens und kann somit als Indikator einbezogen werden. Statt der Verwendung aggregierter Indizes für die gesamte Bevölkerung ist hier die Betrachtung einzelner Bevölkerungsgruppen zielführender (Eichhorst 2018, S. 24 ff).

Die quantitative Bestimmung von inclusive growth ist in einem ersten Schritt unproblematisch, indem die Entwicklung des Wirtschaftswachstums mit der Entwicklung der Einkommensungleichheit in Beziehung gesetzt wird. Es muss jedoch auch in dem Kontext der Einkommensungleichheit eine Auswahl potenzieller Indikatoren vorgenommen werden. So fordern Stiglitz et al. in ihrem Gutachten für den ehemaligen französischen Präsident Sarkozy, dass neben den ökonomischen Indikatoren auch nicht-ökonomische Indikatoren zu berücksichtigen sind. So gewinnen neben den „harten" ökonomischen Indikatoren alternative Indikatoren in zunehmendem Maße an Bedeutung (Stiglitz et al. 2009).

Eine multidimensionale Abbildung der Lebensqualität in den Mitgliedsstaaten der OECD strebt der „Better Life Index" an (OECD 2015). Die Dimensionen des Index, die nicht monetär ausgerichtet sind, aber Einfluss auf die Lebensqualität haben und somit für die Operationalisierung relevant sind, werden in der folgenden Abbildung aufgezeigt. Die einzelnen Dimensionen werden durch die Beifügung von Indikatoren quantifizierbar.

Dimensionen	**Indikatoren**
Gesundheitszustand	Durchschnittliche Lebenserwartung; subjektive Bewertung des Gesundheitszustandes
Work-Life-Balance	Anteil der Beschäftigten, die mehr als 50 Stunden pro Woche arbeiten; durchschnittliche tägliche Freizeit von Vollbeschäftigten
Bildung und Qualifikation	Verteilung von Bildungsabschlüssen; Ergebnisse bei PISA und PIAAC
Soziale Zusammengehörigkeit	Subjektive Bewertung der Qualität des persönlichen Netzwerks
Bürgerschaftliches Engagement	Wahlbeteiligung
Umweltqualität	Subjektive Bewertung der Wasserqualität; gemessene Luftverschmutzung
Sicherheit	Anzahl der Überfälle mit und ohne Todesfolge
Wohlbefinden	Subjektive Befragung zur eigenen Lebenszufriedenheit

Abb. 9: Alternative Dimensionen zur Bestimmung von Inklusivem Wachstums
Quelle: Eichhorst et al. 2017, S. 25

Bei einem umfangreichen Konzept des inclusive growth, das über die Einkommensungleichheit hinaus geht, stellt die Messbarkeit einzelner Dimensionen ein zentrales Problem dar, da es zu Messfehlern oder zu einem Mangel an Daten kommen kann.

> „Auf der anderen Seite zeigt sich zumindest in Deutschland, dass viele alternative Indikatoren, wie zum Beispiel die Gesundheit oder das ökonomische und gesellschaftliche Sicherheitsempfinden, wie sie von der Stiglitz Kommission vorgeschlagen werden, hoch mit klassischen Indikatoren wie der Arbeitslosenquote, dem Bruttoinlandsprodukt und dem Einkommen korreliert sind. Außerdem sind diese klassischen Indikatoren weniger stark von Messfehlern abhängig als alternative Indikatoren." (Eichhorst et a. 2017, S. 25)

Die einzelnen Dimensionen der Multidimensionalität wie Gesundheit, Bildung und Sicherheit beziehen sich auf die gesamte Gesellschaft. Dagegen ist die Dimension der Verteilung auf einzelne Individuen bzw. Haushalte bezogen. Somit geht es nicht um die Erfassung der gesamten Wirtschaftsleistung bzw. um Durchschnittswerte. Die Verteilung der Einkommen kann durch die Verteilung bei Bildung, Gesundheit und Arbeitsplätzen erweitert werden. Die umfassende Messung des Lebensstandards im Hinblick auf Einkommen, Gesundheit und Arbeitslosigkeit kann dazu beitragen, Kompromisse und Synergieeffekte zu identifizieren, die sich durch die Auswirkungen politischer Maßnahmen begründen (Boarini et al. 2015, S. 6).

Neben der quantitativen Größe eines Indikators sollten auch qualitative Eigenschaften, die das komplexe Umfeld des Indikators aufzeigen, bekannt sein. Der Gesundheitszustand einer Gesellschaft lässt sich nur bedingt quantifizieren. Qualitative Daten lassen dagegen gewisse Rückschlüsse auf den Gesundheitszustand zu, wenn der Konsum von Alkohol und die Zahl der Raucher bekannt ist. Die Fortschreibung von Indikatoren birgt die Gefahr, dass die komplexen Prozesse und deren mögliche Veränderungen des Umfeldes vernachlässigt werden.

Exkurs: Die Agenda 2030

Die Völkergemeinschaft hat sich 2015 zu der Agenda 2030 mit den 17 Sustainable Development Goals (SDG) und den 169 Unterzielen verpflichtet. In diesem Zusammenhang haben sich alle Länder verpflichtet eine nationale Nachhaltigkeitsstrategie entsprechend der Agenda 2030 zu entwickeln und umzusetzen. Dadurch, so die Intension, entsteht global ein gleiches Grundverständnis nachhaltiger Entwicklung. Im Kontext des inclusive growth kann die Agenda 2030 eine normative Orientierung geben und zur Förderung beitragen. Die Intention der Entwicklung und Umsetzung nationaler Nachhaltigkeitsstrategien wurde bereits im Brundtland Bericht von 1987 aufgezeigt:

> „Die Welt muss bald Strategien entwickeln, die den Ländern erlauben, aus ihren gegenwärtigen, oft destruktiven Wachstums- und Entwicklungsprozessen zu nachhaltigen entwicklungsfähigen überzuwechseln." (Hauff 1987, S. 52)

Die Indikatoren werden in drei Kategorien eingeteilt.

- **Stufe 1:** Der Indikator ist konzeptionell klar, es gibt eine international anerkannte Methodik und Standards, und die Länder erstellen regelmäßig Daten für mindestens 50 % der Länder und der Bevölkerung in jeder Region, für die der Indikator relevant ist.
- **Stufe 2:** Der Indikator ist konzeptionell klar, es gibt eine international anerkannte Methodik und Standards, aber die Daten werden nicht regelmäßig von den Ländern vorgelegt.
- **Stufe 3:** Für den Indikator gibt es noch keine international etablierten Methoden oder Standards, aber Methoden/Standards werden derzeit (oder in Zukunft) entwickelt oder getestet.

Die 2024 aktualisierte Ebenenklassifizierung enthält 161 Tier-I-Indikatoren, 62 Tier-II-Indikatoren und 8 Indikatoren, die mehrere Ebenen haben (verschiedene Komponenten des Indikators werden in verschiedene Ebenen eingestuft). Zur Erreichung der Kohärenz zwischen allen Politikbereichen empfiehlt die Agenda 2030 die Übernahme der 17 SDGs als Orientierungshilfe für alle multinationalen Organisationen, Regierungen und Behörden (UN 2019, S. 9). Zur Ermittlung der Fortschritte bei der Erreichung der SDGs hat die europäische Kommission die Entwicklung eines Referenzindikatorrahmens eingeführt. Dabei ist die Analyse von Kompromissen, Synergien aber auch unbeabsichtigten Entwicklungen aus der Beziehung der Ziele untereinander für die langfristige Erreichung einer nachhaltigen Entwicklung von besonderer Bedeutung.

Maßnahmen der OECD und der EU zur Stärkung von Inclusive Growth

Im Folgenden werden zunächst Empfehlungen der OECD vorgestellt. Anschließend werden die Maßnahmen der Europäischen Union aufgezeigt, die für Deutschland eine große Bedeutung haben. Wie schon erwähnt erfordert eine Strategie von inclusive growth integrierte und regierungsweite Ansätze. Die zentrale Zielsetzung der OECD ist ein „innovative policy design for inclusive growth" zu schaffen. Hierzu nennt sie vier Orientierungspunkte für eine inklusive Reform (Eichhorst et al. 2017):

- **Multidimensionale Reformauswirkungen:** Maßnahmen für ein inclusive growth müssen aufeinander abgestimmt werden. Konflikte mit anderen sozialen und wirtschaftlichen Zielen sind zu vermeiden.
- **Integrierte Reformen:** Es geht darum auf Wachstum und Inklusion gleichzeitig Wert zu legen. Daher müssen Maßnahmen ex ante auf ihre Verteilungswirkungen und ökonomischen Auswirkungen überprüft werden. Maßnahmen der Evaluierung sind unabdingbar, um die Entwicklung von inclusive growth beobachten zu können.
- **Gesellschaftliche Bedürfnisse:** *Inclusive growth* muss auf Auswirkungen ausgerichtet sein, die die Bedürfnisse der Gesellschaft widerspiegeln. Dazu gehört beispielsweise die Verbesserung im Bereich der Bildung, der Gesundheit und der Arbeit.
- **Soziale Ungleichheit:** Die Maßnahmen müssen auf die Reduzierung von Ungleichheiten in Einkommen und Wohlbefinden ausgerichtet sein. Aufmerksamkeit ist auf Unterschiede zwischen sozialen Gruppen und jenen jenseits des Durchschnitts gelegt werden.

Das Problem der Ungleichheit und seiner Verringerung soll an einem **Beispiel** verdeutlicht werden. Die Verringerung von Ungleichheit ist die Voraussetzung auch ökologische Probleme wie die Verringerung der CO_2 Emissionen zu lösen. Dabei gilt zu berücksichtigen, dass in einer Gesellschaft bei reichen Personen aufgrund ihres höheren Konsumniveaus die CO_2 Emissionen zehnmal höher ausfallen können als bei einer ärmeren Person. Um die Ungleichheit zu verringern ist eine verursachungsgerechte Aufteilung externer Kosten anzustreben. Das wird bei der Öffentlichkeit eher Unterstützung finden als allgemeine Belastungen der Bürger bzw. als Maßnahmen, wodurch arme Bevölkerungsgruppen stark belastet werden (Wilkinson, Pikett 2009, S. 217 ff).

Die OECD hat einen Rahmen politischer Maßnahmen für Regierungen entwickelt, um die zentralen Herausforderungen wie Klimawandel, Digitalisierung und demographischen Wandel bei der Umsetzung eines inclusive growth zu fördern. Analog zur Umsetzung der Agenda 2030 gibt es auch bei inclusive growth für die Umsetzung kein einheitliches Konzept. Eine Strategie muss vielmehr an die landesspezifischen Probleme bzw. Prioritäten angepasst werden. Es lassen sich nach der OECD jedoch drei übergeordnete Bereiche unterscheiden: Investitionen in benachteiligte Menschen und Regionen, die Förderung der Wirtschaftsdynamik und inklusiver Arbeitsmärkte und die Stärkung effizienter und handlungsfähiger Regierungen. Der letzte Bereich „effiziente und handlungsfähige Regierungen" zielt auf eine Inklusion bei der Politikgestaltung und Maßnahmen zur Gestaltung bürgernaher Politik ab.

> "Globalisation, digitalisation, demographics and climate change are transforming the way economies work, providing new opportunities for growth, but also raising the risk of deeper inequalities if the gains from growth are not evenly shared among people, firms and regions. The focus on stronger productivity growth is necessary, but not sufficient to sustain economic growth over the long-term unless equity issues are also addressed and embedded in the design of policy. The opportunities for growth at a global level could be better leveraged through domestic and international policies that can promote broad based growth that is beneficial to all." (OECD 2018, S. 6)

Die Europäische Union veröffentlichte 2010 ihre Strategie *„Europe 2020 – A European Strategy for smart, sustainable and inclusive growth."* Die Strategie sollte zu einer wissens- und innovationsbasierten Wirtschaft und über die Förderung der Ressourceneffizienz zu einem nachhaltigen Wachstum und zu einer grünen und wettbewerbsfähigen Wirtschaft führen. Einige Zielvorgaben waren, dass die Beschäftigungsquote der Bevölkerung im Alter von 20 bis 64 von 69 % auf 75 % steigen sollte und eine stärkere Einbeziehung von Frauen, älteren Menschen und Migranten in den Arbeitsmarkt erreicht werden sollte.

Zwei Bereiche sind für die Stärkung von inclusive growth besonders relevant:

1. Im Rahmen des Arbeitsmarktes sollten neue Qualifikationen gefördert und Arbeitsplätze modernisiert werden. Damit sollen die Beschäftigten

auf die Veränderungen des wirtschaftlichen Wandels vorbereitet werden.

2. Im Rahmen der zweiten Initiative sollte eine europäische Plattform gegen Armut durch die Zusammenarbeit der verantwortlichen Institutionen bzw. Behörden der Mitgliedstaaten errichtet werden.

Das Ziel war, die Bekämpfung von Armut und sozioökonomischer Marginalisierung zu stärken. Der Europäische Kommission kam die Aufgabe einer jährlichen Fortschrittskontrolle zu, bei unzureichendem Fortschritt politische Empfehlungen für die einzelnen Mitgliedstaaten zu formulieren. Zur Relevanz der Strategie stellt Silander fest (Silander 2019, S. 31):

> "The Europe 2020 strategy called for major reforms on smart, sustainable and socially inclusive growth. The strategy also called for European leadership and new, bold, innovative and ambitious ideas on political entrepreneurship to help Europe become economically and socially great again. In contrast to other studies on European entrepreneurship, this study embeds a focus on potential and existing European political entrepreneurship aiming for growth and employment in Europe. It addresses the political entrepreneurial activities beyond day-to-day activities that challenge and change traditional institutions to favour entrepreneurship for smart, sustainable and socially inclusive growth."

6.2 Begründung eines Inclusive Growth für Deutschland

Deutschland zeichnet sich im Verhältnis zu vielen EU-Nachbarländern insgesamt durch eine robuste Volkswirtschaft aus. Dies sagt jedoch wenig darüber aus, wie gut die deutsche Wirtschaft für sich ändernde gesellschaftliche Entwicklungen und globale Trends aufgestellt ist. Die insgesamt positive Entwicklung des vergangenen Jahrzehnts spiegelt auch nicht die soziale Wirklichkeit Deutschland wider, wie in dem vergangenen Kapitel teilweise schon aufgezeigt wurde. In diesem Zusammenhang werden häufig drei zentrale Herausforderungen genannt, die exemplarisch aufgeführt werden. Ihnen sollte mehr Aufmerksamkeit zukommen (Schmidt et al. 2017, S. 13 ff):

- Die Wachstumsaussichten verlieren in Industrieländern allgemein an Dynamik, was auch in Deutschland zu beobachten ist. Eine der Ursachen wird mit dem demographischen Wandel begründet. Während der

Altenquotient[14] 1990 noch bei 24 lag wird er bis 2040 voraussichtlich auf 58 steigen. Es wird erwartet, dass sich das Wirtschaftswachstum bis 2035 halbiert. Ein weiteres Phänomen ist das geringe Produktivitätswachstum. Das gilt jedoch nicht nur für Deutschland. Auch im Euro Raum verlangsamte sich das Produktivitätswachstum in den vergangenen zwanzig Jahren spürbar (Deutsche Bundesbank 2021, S. 15).

- Die Globalisierung und Digitalisierung verschärfen den Wettbewerbsdruck und die Risiken für den Wirtschaftsprozess. Während die Globalisierung den Wettbewerb weiterhin verschärft, verändert die Digitalisierung grundlegend die Arbeitswelt. Das erfordert einen kontinuierlichen Anpassungsprozess des Bildungs- und Ausbildungssystems. Dabei stellt sich die Frage, ob die Infrastruktur in Deutschland diesen Herausforderungen noch entspricht. Deutschland muss besonders in jenen Bereichen, in denen Zukunftsinvestitionen stattfinden, aufholen.
- Die Ungleichverteilung von Teilhabechancen nimmt trotz Wachstum zu. Auch bei weitgehender Vollbeschäftigung haben etwa 10 % der Erwerbspersonen einen Anspruch auf Bürgergeld. 2021 arbeiteten etwa ein Fünftel (21,2 %) aller Beschäftigten im Niedriglohnsektor. Das entspricht 7,9 Mio. der Beschäftigten.[15] Kinder aus bildungsfernen Haushalten, haben geringere Aufstiegschancen und daher haben sie ein geringeres Lebenseinkommen zu erwarten als jene Jugendlichen, deren Eltern ein höheres Bildungsniveau haben.

Es gibt für Deutschland eine Reihe von Ansätzen bzw. Empfehlungen zur Einführung bzw. Umsetzung eines inclusive growth. Die folgenden Ausführungen konzentrieren sich primär auf die „Agenda Inklusives Wachstum für Deutschland." Obwohl sie bereits 2017 vorgestellt wurde, ist sie auch heute noch von großer Bedeutung. Die Agenda unterscheidet fünf Ziele und ordnet jedem Ziel zwei Empfehlungen bei. (Schmidt et al. 2017).

1. **Standortqualität erhöhen und öffentlichen Kapitalstock sichern:** Deutschland weist bei öffentlichen Investitionen in verschiedenen Bereichen große Defizite auf. In dem Zeitraum von 2000-2014 stellte die Bundesregierung im Durchschnitt 2,2 % des Bruttoinlandsproduktes

14 Der Altenquotient ist eine statistische Kennzahl, die das Verhältnis der älteren Bevölkerung (65 Jahre und älter) zur Bevölkerung im Erwerbsalter (20 bis unter 65 Jahre) kennzeichnet.

15 Als Niedriglöhne gelten Bruttoarbeitsentgelte in der Stunde, die niedriger liegen als zwei Drittel des mittleren Stundenlohns (Median).

für den Ausbau von Straßen und den Bau von Schulen und Kitas zur Verfügung. Dagegen gaben die OECD-Länder in dem gleichen Zeitraum 3,3 % ihres Bruttoinlandsproduktes für öffentliche Investitionen aus. Deutschlands Infrastruktur ist teilweise in einem schlechten Zustand und insgesamt erodiert der öffentliche Kapitalstock. Daher gibt es sowohl beim Bund als auch bei den Ländern und Kommunen einen großen Investitionsstau, der verringert werden muss, um die Wirtschaftskraft zu stärken. Die notwendigen Investitionen führen zu positiven Wachstums- und Beschäftigungseffekten. Die zweite Empfehlung richtet sich darauf öffentliche Investitionen zu bestätigen und Kapazitäten aufzubauen. Für die Verringerung der Investitionslücke in zentralen Feldern wie Bildung und Infrastruktur, ist eine langfristige Planung erforderlich. Sollten vorhandene Mittel nicht zeitnah abfließen, sollte das nicht zu der Fehleinschätzung führen auf Zukunftsinvestitionen zu verzichten. Vielmehr sollten entsprechende Kapazitäten aufgebaut und Verwaltungsstrukturen noch effizienter gestaltet werden. Die viel diskutierte Schuldenregel sollte in Deutschland nicht dazu führen, notwendige Zukunftsinvestitionen auszulassen. Soll der öffentliche Kapitalstock erhalten bleiben, müssen Länder und Kommunen öffentliche Investitionen verstetigen. Dabei muss sichergestellt werden, dass Nettoinvestitionen nicht negativ werden.

2. **Erwerbsbeteiligung erhöhen:** Sie zielt primär darauf ab, das Betreuungsangebot auszubauen und das Bildungsniveau zu verbessern. Der Ausbau des Betreuungsangebotes für Kinder führt dazu, dass Frauen ihre Erwerbsbeteiligung erhöhen können. Das setzt den Ausbau von Ganztagsschulen und Kitas voraus. Ein qualitativ hochwertiges Bildungssystem ist die Voraussetzung für soziale Mobilität und die Verringerung von Schul- und Berufsabbrechern. Die stärkere Förderung des Bildungssystems würde den Bildungserfolg und die beruflichen Chancen von Kindern verbessern. Mehr Frauen könnten in den Arbeitsmarkt eintreten und die Einkommensungleichheit könnte sich verringern. Das würde auch zu einer Stabilisierung sozialer Sicherungssysteme und staatlicher Einnahmen beitragen. Draus erklärt sich die Relevanz das Steuer-, Abgaben- und Transfersysteme zu reformieren bzw. aufeinander besser abzustimmen, damit sich mehr Erwerbsarbeit lohnt. Das begründet sich aus der Tatsache, dass Mehrverdienst bei Geringverdienern zu Einbußen des Haushaltseinkommens durch eine Verringerung von Transferleistungen führen kann, was nicht effizient ist. Anders

formuliert: Die Systeme müssen in dem Maße aufeinander abgestimmt werden, dass sich Mehrarbeit immer lohnt.

3. **Vermögensaufbau unterstützen:** Deutschland weist im internationalen Vergleich ein geringes mittleres Vermögen und eine hohe Vermögensungleichheit auf. Etwa 40 % der Bevölkerung verfügen über kein relevantes Vermögen. Ein wesentlicher Grund hierfür ist die weitgehend orientierungslose Vermögenspolitik. Dabei wurde bereits aufgezeigt, dass durch eine ungleiche Vermögensverteilung auch die Einkommensverteilung ungleicher wird. Die Vermögenspolitik führte bisher nicht dazu, allen Bürgern Zugang zu Vermögen zu ermöglichen. Das begründet sich wesentlich daraus, dass sich die staatliche Förderung primär auf Altersversorgungskonzepte fokussiert. Vielfach sind Zahlungen und Verträge an ein festes Arbeitsverhältnis gebunden. Daher fallen immer mehr Menschen aus dem Raster und die Vermögensungleichheit nimmt zu.
4. **Mehr Gründungen bzw. Übernahmen fördern:** Es ist hinreichend belegt, dass die Dynamik einer Marktwirtschaft entscheidend von der Leistungsstärke kleiner und mittlerer Unternehmen (KMU) abhängt. Sie sind maßgeblich für Ausbildung und Beschäftigung von zentraler Bedeutung und leisten einen wesentlichen Beitrag zur Nettowertschöpfung der deutschen Wirtschaft. Weiterhin gehen von ihnen wichtige Innovationsimpulse aus. Im Bereich der Neugründung eines Unternehmens aber auch bei der Nachfolge bzw. Übernahme eines Unternehmens gibt es in Deutschland weiterhin ein großes Potenzial. Unter den Menschen mit Migrationshintergrund gibt es immer mehr Selbständige, die zusätzliche Arbeitsplätze schaffen und den Weg der Integration für sich und andere öffnen. 2021 gab es in Deutschland 703.000 Selbstständige mit Migrationshintergrund. Das waren etwa 7 Prozent mehr als 2011 (660.000). Innerhalb dieser zehn Jahre wuchs ihr Anteil von rund 15 auf 20 Prozent aller Selbstständigen. Beratungsangebote könnten dazu beitragen, dass Neugründungen auf inklusives Wachstum, d. h. auf Nachhaltigkeit ausgerichtet sind.
5. **Innovationen fördern:** Automatisierung, Digitalisierung und Künstliche Intelligenz bieten in vielen Bereichen wie dem Gesundheitswesen, der Betreuung von alten, aber auch behinderten Menschen und auch in vielen anderen Dienstleistungsbereichen noch große Potenziale. Dadurch können mehr sichere Arbeitsplätze entstehen und die Teilhabe im Arbeitsleben erhöht werden. Der Bedarf an Fachkräften ist besonders

im MINT-Bereich aber auch in vielen anderen Bereichen der Wirtschaft groß, wie hinreichend bekannt ist. Daher bedarf es entsprechender Maßnahmen den Mismatch zu verringern. Das Ausbildungssystem muss darauf ausgerichtet sein, Arbeitnehmer auf die sich ständig neuen Herausforderungen der Arbeitswelt vorzubereiten. Das gilt besonders für ältere Arbeitnehmer. Innovationen sind, wie bereits begründet wurde, die Voraussetzung Produktivität und Wohlstand zu sichern. Deutschland war lange für ein effizientes Zusammenwirken von Industrie, Staat und Forschung beispielgebend und das Bildungs- bzw. Ausbildungssystem hat dazu einen wesentlichen Beitrag geleistet. „Daraus erwuchsen wegweisende, oftmals disruptive Innovationen. Sie führten für Deutschland zu einem Technologievorsprung der sich positiv auf Löhne und Gehälter aber auch auf die Arbeitsplatzsicherheit auswirkte.“ Exemplarisch zu nennen ist der Automobilbau, der den Verkehr revolutionierte.

Ein aktuelles **Beispiel** in Deutschland ist das Unternehmen Zalando. Ursprünglich startete es als Online-Schuhhändler. Danach hat sich Zalando zu einer der größten E-Commerce-Plattformen Europas entwickelt. Das Unternehmen hat sowohl den Einzelhandel revolutioniert als auch neue Arbeitsplätze geschaffen und die Logistikbranche positiv beeinflusst. Die Einführung innovativer Technologien führte dazu, dass Zalando sich von der Konkurrenz abheben konnte. Aktuell wird jedoch bemängelt, dass Innovationen in der deutschen Wirtschaft weniger disruptiv sind. Heute dominieren Prozessinnovationen, die sich weniger stark auf Wachstum und Beschäftigung auswirken.

Die vorgestellte Agenda für Deutschland lässt sich nach einzelnen Politikfeldern weiter differenzieren. So wurde in einer Studie des Forschungsinstituts „Zukunft der Arbeit“ in die Politikfelder Arbeitsmarkt- und Sozialpolitik und benachbarte Politikfelder differenziert.

> „Inklusives Wachstum bedeutet im Hinblick auf die Entwicklung von Arbeitsmarkt und Beschäftigung vor allem politische Anstrengungen zur Verbesserung der Erwerbsteilhabe einerseits und zur Verbesserung der Qualität der Arbeit andererseits, wobei dies sowohl individuelle Kapazitäten zur Aufstiegsmobilität umfasst als auch den Abbau institutioneller Mobilitätsbarrieren. Unabhängig davon, ob es einen signifikanten kausalen Zusammenhang zwischen Wachstum und Ungleichheit gibt, sind geeignetere Formen dazu in der Lage individuelle Po-

tenziale der Erwerbspartizipation und des Aufstiegs zu mobilisieren." (Eichhorst et al. 2017, S. 43)

	Arbeitsmarkt- und Sozialpolitik	Benachbarte Politikfelder
Primärverteilung	Aktive Arbeitsmarktpolitik o Weiterbildung von Erwachsenen o Betreuung von Langzeitarbeitslosen o Lohnergänzungsleistungen Berufsbildung o Berufsbildungsübergangssystem Regulierung von Erwerbsformen o Kündigungsschutz o Regulierung von atypischer Beschäftigung Lohnstruktur o Mindestlohn o Tarifbindung	Bildung o Kinderbetreuung und vorschulische Bildung ausbauen für Vereinbarkeit Familie und Beruf und gleiche Chancen o Benachteiligte Schulen stärker finanzieren o Individuelle Förderung erhöhen und Sitzenbleiben abschaffen Wettbewerbsfähigkeit erhöhen
Sekundärverteilung	Zugang und Höhe von Sozialleistungen o Sicherungslücken schließen o Arbeitslosengeld anpassen o Versicherungszugang verbessern Sozialversicherungsbeiträge	Besteuerung o Einkommensteuer o Mehrwertsteuer o Erbschafts- und Schenkungssteuer o Ehegattensplitting

Abb. 10: Wirkungsdimensionen und Politikfelder
Quelle: Eichhorst et al. 2017, S. 31

Eine übergeordnete Herausforderung für Deutschland ist, verstärkt Investitionen in die Qualifikation der Erwerbspersonen über deren gesamten Lebenslauf zu integrieren. Das gilt für das gesamte Bildungswesen als auch für die Fortentwicklung von beruflich nutzbaren Qualifikationen im Lebensverlauf. Nur so kann vermieden werden, dass der technologische und strukturelle Wandel Arbeitskräfte und deren Arbeitsplätze bedroht. Die kontinuierliche Förderung der Qualifikation von Arbeitnehmern trägt auch zur Bekämpfung von Langzeitarbeitslosigkeit bei. Ein weiterer Bereich ist der Abbau von Hemmnissen für geringfügig Beschäftigte in Vollzeitbeschäftigung zu kommen und Unterstützung von Alleinerziehenden.

7 Vom Inclusive und Green Growth zum Inclusive Green Growth

Green growth, wie es in Kapitel drei schon erläutert wurde, ist ein wesentlicher Bestandteil eines *inclusive green growth.* Zur Erinnerung: Green growth zielt darauf ab, den Verbrauch von Rohstoffen, Energie und natürlichen Ressourcen zu verringern und Umweltbelastungen wie Emissionen zu minimieren. Dabei ist die Entkopplung von Wachstum und Umwelt von übergeordneter Bedeutung. Das Phänomen der Ungleichheit soll im Rahmen des Ansatzes „inclusive growth“, wie es in dem vorigen Kapitel ausgeführt wurde, überwunden werden. Inclusive growth und green growth werden schließlich in dem Ansatz *„inclusive green growth“* zusammengeführt. Dieser Ansatz, der zunächst primär auf Entwicklungsländer ausgerichtet war, findet heute auch in Industrieländern eine wachsende Beachtung.

Inclusive green growth wurde 2012 im Rahmen der Rio+20 Konferenz international eingeführt. Die Begründung war, dass eine „equitable green economy“ oder „inclusive green growth" dem holistischen Verständnis des Paradigmas nachhaltiger Entwicklung entspricht (Allen, Clouth 2012, S. 61). Die OECD begründet die Relevanz von „inclusive green growth“ wie folgt:

> „There is widespread recognition that gross domestic product (GDP) captures only part of economic welfare and excludes other dimensions which also matter for well-being, such as jobs, skills, and education, health, status, environment, and civic participation and social connections." (OECD 2014, S. 80)

Inclusive green growth fand bisher besonders im asiatischen Raum eine breite Zuwendung. Der Ansatz findet jedoch auch im globalen Norden zunehmend Beachtung. Da es 2015 zu der Völkerverständigung kam, wonach alle Länder eine nationale Nachhaltigkeitsstrategie auf der Basis der Agenda 2030 und den 17 SDGs entwickeln sollten, stellt sich die Frage nach der spezifischen Relevanz des Konzeptes inclusive green growth. Wie noch näher begründet wird, ist die Agenda 2030 und die daraus abgeleitete nationale Nachhaltigkeitsstrategie ein Konzept aus siebzehn Zielen. Einzelne Ziele werden durch Indikatoren quantifizierbar.

Dagegen geht es bei dem Ansatz des inclusive green growth darum den Wachstumspfad so auszurichten, dass er die Ökologisierung der Wirtschaft fördert, die Nutzung natürlicher Ressourcen nachhaltig gestaltet und gleichzeitig Armut, Ungleichheit und Arbeitslosigkeit bekämpft. Der Wachstumspfad eines Landes muss daher „grün und inklusiv“ sein. Die Herausforderung ist somit, einen konzeptionellen Rahmen zu entwickeln, der die Determinanten für einen solchen Pfad identifiziert und daraus ein Indikatorensystem zu entwickelt, das die Umsetzung eines solchen Wachstumspfades ermöglicht. Diese Herangehensweise unterscheidet sich grundsätzlich davon, den Wachstumspfad am Bruttoinlandsprodukt auszurichten bzw. zu messen.

7.1 Inhaltliche Abgrenzung von Inclusive Green Growth

Inclusive growth und green growth wurden 2012 im Rahmen der Rio+20 Konferenz erstmals in dem Ansatz inclusive green growth zusammengeführt. Die Covid-19-Pandemie und andere dramatische Ereignisse wie der Krieg zwischen Ukraine und Russland aber auch das Fortschreiten des Klimawandels mit den teilweise verheerenden Folgen haben weltweit dazu geführt, dass die Bedeutung von inclusive green growth größer ist als je zuvor (Basri et al. 2022). Er ist der umfassendste Ansatz eines nachhaltigen Wachstums und weist das Potenzial auf die drei Dimensionen nachhaltiger Entwicklung positiv zu beeinflussen (IIED 2016). Während es im angelsächsischen Sprachraum eine große Anzahl von Veröffentlichungen zu inclusive green growth gibt, fand das Thema im deutschsprachigen Raum bisher kaum Beachtung.

Zu inclusive green growth mangelt es jedoch an einer einheitlichen inhaltlichen Abgrenzung. Das begründet sich daraus, dass die regionale Differenzierung zwischen Ländern des globalen Nordens und jenen des globalen Südens zu unterschiedlichen Schwerpunkten führt. Daher ist inclusive green growth kein in sich geschlossener Ansatz. Die Ausgestaltung bzw. Umsetzung des Ansatzes sollte an die jeweiligen Rahmenbedingungen bzw. Problemlagen eines Landes angepasst werden. Die Weltbank fordert allgemein, dass gegenüber Krisen eine höhere Resilienz erreicht werden soll, indem die verfügbaren Ressourcen nicht übernutzt werden und die Einkommensdisparitäten verringert werden, um den Wohlstand aller zu festigen und damit soziale Risiken zu vermeiden (Word Bank 2012).

Dabei wird die Ungleichheit jedoch auf die Einkommensverteilung reduziert, was im Sinne von Kapitel fünf zu eng gefasst ist. Eine weitere Forderung ist, die staatliche Investitionspolitik so zu gestalten, dass sie zu einer Verringerung von Umweltbelastungen und Ungleichheiten führen.

Daher sollen Investitionen die Verteilung von Rechten und Vermögenswerten mit einbeziehen (Bouma, Berkhout 2015, S. 7). Dabei werden häufig kurzfristige und langfristige Wirkungen mit den notwendigen Investitionskosten verglichen, um die Amortisationsdauer zu bestimmen.

In diesem Kontext wird jedoch vielfach übersehen, dass die Vernachlässigung von Investitionen zur Verringerung des Klimawandels bzw. der Verringerung des Biodiversitätsverlustes zu deutlich höheren Folgekosten im Vergleich zu den Investitionskosten führen können. Gleiches gilt auch bei der Vernachlässigung von Investitionen zur Verringerung der Ungleichheit im Bildungssektor. Je höher das Ausbildungsniveau bzw. die Verfügbarkeit an Humankapital, umso positiver sind die Auswirkungen auf die wirtschaftliche Entwicklung.

Ein gewisser Konsens besteht in der Forderung nach welfare für alle wie die OECD ihn konkretisiert:

> „There is widespread recognition that gross domestic product (GDP) captures only part of economic welfare and excludes other dimensions which also matter for well-being, such as jobs, skills, and education, health status, environment, and civic participation and social connections." (OECD 2014, S. 80)

Das *Internationale Institut für Umwelt und Entwicklung (International Institute for Environment and Development IIED)* stellt fest, dass inclusive green growth einen Ausweg aus mehreren miteinander verbundenen Krisen (wirtschaftlich, ökologisch und gesellschaftlich) bietet. Es kommt zu der Schlussfolgerung, dass die meisten Bemühungen um grünes Wachstum die Wirtschaft und die Umwelt in den Mittelpunkt stellen. Soll aber grünes Wachstum sein Versprechen wirklich erfüllen, müssen auch die Menschen mit in den Mittelpunkt genommen werden, um Armut, Ungleichheit und Ausgrenzung zu bekämpfen. Sonst kann es sowohl zu einer Einschränkung das Wachstums als auch der ökologischen Nachhaltigkeit kommen. Ohne eine umfassende Förderung werden einzelne Projekte und Investitionen für grünes Wachstum nicht zu einem echten Wandel führen.

7.2 Konzeptionelle Ansätze

Konzeptionell kann inclusive green growth im Rahmen verschiedener Ansätze erschlossen werden, was exemplarisch aufgezeigt wird (Aslam, Ghouse 2023). Eine besondere Bedeutung kommt dem Konzept des Wohlbefindens zu, da es Interaktionen zwischen Menschen und Mensch und Umwelt fördert. Wohlbefinden als umfassendes Konzept bündelt Wohlstand auf persönlicher, kollektiver und ökologischer Ebene. Das Konzept geht davon aus, dass sozial integrierte Gemeinschaften stärker sind, wenn sie das Wohlbefinden über das Wachstum stellen. Soziale Inklusion schafft die Voraussetzung für den Menschen herausfordernde und drängende Ziele, wie sie in der Agenda 2030 im Rahmen der 17 SDGs gefordert werden, umzusetzen. Daher weisen Stafford-Smith et al. besonders auf SDG 17 hin:

> „The world has rightly paid attention to achieving an integrated agenda in the SDGs, however imperfect this achievement may have been in this first iteration of such a transformative agenda. However, this effort has focused particularly on integration among the substantive goals and targets. Vital as this is, here, we focus on the need for similar attention to obtaining a system's view and integrated approach to the means of implementation, scattered in an imbalanced way through all the goals and specifically in Goal 17." (Stafford-Smith et al. 2017)

Ein robustes Wohlfahrtskonzept basiert auf fünf Dimensionen:

- Zugänglichkeit und Zuverlässigkeit zu produktiven Dienstleistungen wie Gesundheitsversorgung, Bildung oder Transport
- Verringerung der sozialen oder räumlichen Distanz zwischen den produktiven Dienstleistungen und den Menschen
- Verringerung der Abhängigkeit von weit entfernten oder globalen Märkten, soweit diese nicht digital vernetzt sind
- Erhaltung von Natur und Umwelt und
- die Stärkung der Idee der Kreislaufwirtschaft, d. h. die Erforschung neuer Wege zur Bewältigung und Messung der Umweltzerstörung.

Neben einem nachhaltigen Konsum wird dem Konzept der Sharing Economy ebenfalls eine große Bedeutung beigemessen, da sie dem inclusive green growth besonders verbunden ist. Das begründet sich nach der Maxime: „growth shared, is best growth." (Ianchovichina, Gable 2012). Das Konzept basiert auf einem kollektiven Bewusstsein, wonach Wachstum durch eine Gemeinschaft entsteht, die zu einer Beziehung der Fürsorge für das Ökosystem führt. Technologische Entwicklungen haben für die Sharing Economy eine wachsende Bedeutung, indem dadurch die Zusammenarbeit von Menschen gefördert wird, anstatt sie auf Wettbewerb zu reduzieren. Die weitere Entwicklung der Sharing Economy hängt ganz wesentlich von der institutionellen Qualität eines Landes ab (Sun et al. 2022). Wie schon erwähnt versteht man in der Ökonomie unter Institutionen formale Regeln oder informelle Normen, die Anreize oder auch Fehlanreize verursachen und somit das Verhalten von Menschen beeinflussen. Je besser die Qualität von Institutionen, um so inklusiver wirken sie auf die Gesellschaft und tragen zu einem offenen Zugang zur sozialen Ordnung bei.

Ein weiterer konzeptioneller Beitrag zu einem inclusive green growth ist ein effizienter Umgang mit natürlichen Ressourcen bzw. die Ressourcennutzung zu optimieren. Hier besteht auch eine Interdependenz zu einem nachhaltigen Konsum, indem dieser zu einer Verringerung des Ressourcenverbrauchs beiträgt. In einer Erweiterung geht es neben der Optimierung der Ressourcennutzung auch darum den sozialen Nutzen zu maximieren und negative Umweltauswirkungen zu minimieren (Polanco-Diges, Debasa 2020).

Dabei handelt es sich um ein umfassendes und komplexes Vorhaben, das weiteren Forschungsbedarf aufweist.

In einer globalisierten Welt bietet der internationale Handel vielfältige Möglichkeiten für eine Förderung des inclusive green growth. Länder, die sich in den internationalen Handel integrieren, neigen tendenziell dazu schneller zu wachsen und auch innovativer zu werden, um wettbewerbsfähig zu bleiben. Das wirkt sich positiv auf die Entwicklung des Einkommensniveaus zumindest in jenen Branchen aus, die stark in den internationalen Handel integriert sind. Der internationale Handel kann weiterhin den kulturellen Austausch fördern, Konflikte verringern und die ökologische Nachhaltigkeit durch globale Vereinbarungen wie die Agenda 2030 stärken.

Daher kann festgestellt werden, dass der Handel zwischen Ländern zu einer wohlhabenderen und nachhaltigeren Welt führen kann, indem der internationale Handel Wirtschaftswachstum stärken bzw. fördern kann. Ob dieses Wachstum den Anforderungen eines inclusive green growth entspricht, ist zu prüfen. In diesem Kontext müssen daher auch die Schattenseiten insbesondere im Zusammenhang multinationaler Unternehmen erkannt werden. Abhängigkeitstheoretiker wie Prebisch haben schon früh auf die ungleiche Verteilung der Vorteile des internationalen Handels hingewiesen (Prebisch 1981).

So führt für multinationale Unternehmen oft die Profitmaximierung zu einem ressourcenintensiven und umweltschädlichen Handeln wodurch die natürlichen Ressourcen und die Arbeitskräfte besonders in Entwicklungsländen ausgebeutet werden.

> „This not only results in severe environmental degradation but can also perpetuate social inequalities and disrupt local communities. For instance, the extraction of natural resources by multinational corporations has frequently been associated with environmental pollution, deforestation, and displacement of indigenous populations. To achieve Sustainable Inclusive Green Growth, it is crucial to recognize and address these negative externalities of international trade and promote more equitable and environmentally responsible trade practices." (Aslam, Ghouse 2023, S. 7)

Abschließend lässt sich feststellen, dass der internationale Handel in Entwicklungsländern das inclusive green growth stärken kann. Das erfordert Investitionen in den Auf- bzw. Ausbau des Human- und Sachkapitals. Humankapital erfordert Investitionen in eine nachhaltige Bildung bzw. Ausbildung, was in vielen Entwicklungs-, aber auch Industrieländern noch eher eine Ausnahme ist. Die Verbesserung der Produktivität und technologische Innovationen können durch beide Kapitalarten gefördert werden. Dabei ist für ein inclusive green growth nicht nur das physische Kapital von Bedeutung, sondern es ist auch von dem Wert und der Erhaltung der natürlichen Ressourcen, abhängig. Sala et al. verdeutlichen das am Beispiel der Produktion und des Konsums von Lebensmitteln und kommen zu der Schlussfolgerung:

> „There is a long way to go to enable food systems to be more sustainable. Ensuring a transition towards more sustainable production and consumption patterns requires a holistic approach and life cycle thinking is increasingly seen as a key concept for supporting this aim. Beyond specific methodological improvements to better tailor LCA studies to food systems, there is a clear need for the LCA community to "think outside the box", exploring complementarity with other methods and domains." (Sala et al. 2017)

Die Akkumulation von Sach- und Humankapital steigern die Kapitalerträge als Voraussetzung für ein inclusive green growth. Eine weitere Voraussetzung ist die gesamtwirtschaftliche Stabilität. So belasten beispielsweise steigende Inflationsraten die unteren Einkommensgruppen stärker als die oberen Einkommensbezieher, was die Einkommensdisparität erhöht und die Inanspruchnahme von Gesundheits- und Bildungsleistungen der Bezieher geringerer Einkommen beeinträchtigt (Pattanaik, Nadhanael 2013). Es gibt national in vielen Ländern aber auch international Projekte und Vereinbarungen, die dem Anspruch eines inclusive green growth im Ansatz entsprechen. Insgesamt dominieren jedoch die nicht-inclusive green growth Entwicklungen eindeutig. Einige Belege hierfür sind Overshoot Days.

7.3 Modellbasierte Ansätze zu Inclusive Green Growth

Im Kontext des inclusive green growth gibt es modellbasierte Ansätze, die im Folgenden kurz vorgestellt werden. Dabei können die Indexansätze und Indikatoransätze unterschieden werden. Die Indexansätze basieren auf einer Data Envelopment Analysis (DEA) (Wu et a. 2021, S. 7). Hierbei handelt es sich um eine Methode zur Messung der Effizienz von Entscheidungseinheiten. Die Dimensionen werden durch die Analyseeinheiten und durch die verwendeten Merkmale (Input- und Outputvariablen) determiniert. Eine DEA benötigt die Spezifizierung einer Ursprungsdatenmatrix. Die Ergebnisse der Effizienzanalyse sind schließlich hinsichtlich ihrer Qualität zu bewerten (Hammerschmidt et al. 2009).

Sun et al. nutzen im Kontext des inclusive green growth Modell als Input

- die Arbeitskraft (gesamte Zahl der Arbeitskräfte der Region),
- Kapital (Gesamtinvestitionen in das Anlagevermögen) und
- Energie (Energiekonsum in kWh).

Der gewünschte Output ist das Bruttoinlandsprodukt und die unerwünschten Outputs das Industrieabwasser und die Höhe der Schwefeldioxidemissionen (Sun et al. 2020, S. 6). Somit lässt sich durch die DEA-Analyse die Effizienz mehrerer Entscheidungseinheiten miteinander vergleichen. Hierzu wird ein relativer Effizienzwert und Gewichte für die Input- und Outputkomponenten berechnet.

Sun et al. und Ye (2018, S. 4) erweiterten die DEA um ein slack-basiertes Modell. Dagegen führten Chen et al. einen Malmquist-Lueneberger und Hicks-Moorsteen Index ein. Damit kann das Ergebnis der Berechnungen den Vergleich zwischen Regionen vereinfachen. Das lässt sich damit begründen, dass eine zeitliche Entwicklung des inclusive green growth Niveaus abgebildet werden kann. Aus der Analyse der zeitlichen Veränderung und regionalen Unterschiede lassen sich politische Maßnahmen ableiten, um das Niveau von inclusive green growth zu verbessern. Daraus begründen sich die Vorteile der DEA: es können effiziente und ineffiziente Entscheidungen voneinander getrennt werden und es müssen keine Gewichtungen des Inputs und Outputs von vornherein definiert werden. Dagegen ist nachteilig, dass nur relative und keine absoluten Effizienzen betrachtet werden können. Weiterhin weisen DEA basierte Ansätze oft nur eine Bewertungsdimension wie beispielsweise das BIP auf. Daher können sie inclusive green growth nicht umfassend beschreiben.

Eine Alternative hierzu sind Indikatorsysteme. Dieser Ansatz wird in der Literatur häufig verwendet (World Bank 2012; Sun et al. 2022). Der Vorteil besteht darin, dass multiple Indikatoren in ein Modell aufgenommen werden können. Die Voraussetzung hierfür ist, dass eine Datenbasis besteht, die eine Analyse der Abhängigkeit einzelner Indikatoren untereinander erlaubt. Die Einteilung der Indikatoren erfolgt nach Wang et al. (2022) nach vier Klassen:

- Wirtschaftliche Entwicklung
- Soziale Chancengerechtigkeit
- Grüne Produktion und Konsum
- Ökologischer Umweltschutz.

Daneben gibt es weitere Klassifizierungen. So unterscheiden Narloch et al. (2016) fünf Klassen:

- natürliche Ressourcen,
- Ressourceneffizienz und Entkopplung,
- Risiken und Resilienz,
- wirtschaftliche Chancen und
- Inklusivität.

Bei einigen Indikatorsystemen werden einzelne Indikatoren gewichtet, was bereits im Vorfeld erfolgt. Das kann für verschiedene Regionen mit der gleichen Gewichtung errechnet werden. Grundsätzlich basiert jede Gewichtung auf einer Abwägung der Relevanz einzelner Indikatoren. Die Gewichtung wird damit begründet, dass eine Gleichgewichtung einzelner Indikatoren zu einer über- oder Unterschätzung führen kann. In jedem Fall kommt es bei der Umsetzung der verschiedenen Indikatorensysteme zu einem Inclusive Green Growth Index.

7.4 Erkenntnisse zur Umsetzung

Der Forschungsschwerpunkt im Kontext von inclusive green growth richtete sich bisher im Wesentlichen auf empirische Studien. Dabei ging es primär um die Komponenten Umweltschutz, Wirtschaftswachstum, produktive

Beschäftigungsmöglichkeiten und Ungleichheit und Armut. Somit ging es stärker um einzelne Komponenten als um den Ansatz inclusive green growth (Adeleye et al. 2021). Daraus wird deutlich, dass inclusive green growth bisher breit diskutiert wurde, wobei die einzelnen Komponenten und deren Zusammenhänge im Mittelpunkt standen. Daher sollte bei den weiteren Forschungsbemühungen bei der Erreichung eines inclusive green growth das Konzept mehr Beachtung finden. Es geht besonders um die Frage, wie inclusive green growth zum Umweltschutz und zur Verringerung von Ungleichheit und Armut konkret beitragen kann. Wichtig hierbei sind auch die Auswirkungen wachstumsfördernder Maßnahmen auf die Umwelt.

In diesem Kontext wird, wie schon erwähnt, vielfach kritisch angemerkt, dass es zu einer Schwächung der Mittelschicht in Industrienationen gekommen sei. Die Ausgrenzung breiter Bevölkerungsschichten habe zu einer langsamen, aber stetigen Erosion des Optimismus bei vielen Menschen geführt (Kabeer 2021).

Zunehmend mehr Menschen haben das Gefühl, dass das System gegen sie gerichtet ist. Das Gefühl der Ausgrenzung und Desillusionierung führt auch zu einem Anstieg von Populismus und Nationalismus (Mathers 2020). Daher ist es notwendig verstärkt auf die Bedürfnisse der sich ausgegrenzt fühlenden Bevölkerungsgruppen einzugehen. Das ist für die Aufrechterhaltung der sozialen und politischen, aber auch wirtschaftlichen Stabilität von großer Bedeutung.

> „This changing landscape poses both challenges and opportunities for individuals, businesses, and governments around the world, as they must adapt to a new reality where traditional power structures are no longer sufficient." (Aslam, Ghouse 2023, S. 13)

Vielfach wird in diesem Zusammenhang die Globalisierung als zentrales Problem erachtet. Sie hat dazu geführt, dass es Gewinner und Verlierer gab. Vor dem 19. Jahrhundert waren die Gewinner noch in der Überzahl. In den letzten Jahrzehnten hat jedoch die Zahl der Verlierer auch im Rahmen verschiedener Krisen zugenommen. Die COVID-19-Pandemie hat besonders dazu geführt, dass viele Menschen dauerhaft krank wurden bzw. gesundheitliche Folgewirkungen aufweisen und teilweise ihre Arbeit verloren haben. Zusätzlich sind Menschen, besonders Jugendliche, durch die COVID-19-Pandemie psychisch erkrankt. Dadurch kam es für die Betroffenen zu erheblichen wirtschaftlichen Härten wie den Verlust des Arbeitsplatzes. Viele erhielten keine angemessene Entschädigung (Sheffi 2020). Aber auch die wachsende Bedrohung ökologischer Systeme und ihre Folgewirkungen beeinträchtigt das Wohlbefinden vieler Menschen. Daher wird zunehmend gefordert, über die Fokussierung auf Wirtschaftswachstum hinauszugehen (Habito 2010). So wird auch in diesem Kontext der ganzheitliche Ansatz eines inclusive green growth gefordert.

Wie schon erwähnt hat im Rahmen der Globalisierung die Zahl der Verlierer zugenommen. Dieses Problem wurde bereits von Stiglitz vor einem Vierteljahrhundert für die USA und westeuropäische Länder aufgezeigt und auch in der Neuauflage seines Buches erneut bestätigt, wobei sich das Problem nach Stiglitz verschärft hat (Stiglitz 2018). Daher kommt er zunächst allgemein zu der Erkenntnis, dass es durch die Globalisierung zu einer neuen Schicht der Verlierer bzw. Unzufriedenen kam. Die „systematische Ungerechtigkeit" des transnationalen Waren-, Dienstleistungs- und Kapitalverkehrs richtet sich gegen die Mittelschicht, die ursprünglich ganz wesentlich die Regeln dieses Systems festlegten. Die ungezügelte Globalisierung habe seit Ende der 1990er Jahre eine Vielzahl von Wirtschaftskrisen verursacht. Unter der dadurch erzeugten Instabilität hat die große Mehrzahl der Länder und Regionen weltweit gelitten.

Die Globalisierungskritik von Stiglitz richtete sich zunächst gegen die dramatischen Folgen für die Entwicklungsländer. Stiglitz räumte später ein, dass er die negativen Folgen für die industrialisierten Länder deutlich unterschätzt habe. So stellt er fest, dass ein großer Teil der unteren und mittleren Einkommensschichten in den führenden Industrienationen zu den Globalisierungsverlierern zählen. Die starke Deregulierung der Finanzmärkte und die Profitorientierung der Akteure habe zu der weltweiten Finanzkrise von 2008/2009 geführt, von der die Mittelschicht am stärksten betroffen wurde. Dagegen waren die Globalisierungsgewinner deutlich geringer, so Stiglitz, als er selbst lange annahm. Der sogenannte freie Handel war im Sinne von Unternehmens- und Finanzinteressen ein gelenkter Handel.

So kam es zu der Diskrepanz zwischen den Erwartungen vieler Menschen an die Globalisierung, von der alle profitieren sollten und der Realität, was in zunehmendem Maße von Populisten wahrgenommen wird. Sie nutzen nach Stiglitz die entstandene Wut mit Versprechen, diese Ungerechtigkeiten zu beseitigen, aus. Die populistischen Reaktionen richten sich entsprechend auf den Rückzug vom weltweiten Handel durch den Schutz der eigenen Märkte, was Stiglitz als den verfehlten Weg bezeichnet. Vielmehr sei es notwendig die Fehlentwicklungen und damit die negativen Auswirkungen der Globalisierung zu beseitigen.

Seine Schlussfolgerung in der Neuauflage seines Buches ist, dass Globalisierung so gestaltet bzw. gelenkt werden solle, dass der größte Teil der Weltbevölkerung in Entwicklungs- und Industrieländern daran teilhaben könne. Das erfordert den Ausbau von Umschulungsmaßnahmen für Beschäftigte, eine deutlich strengere Regulierung der Finanzmärkte im Sinne nachhaltiger Entwicklung und Umschuldungsmaßnahmen für hochverschuldete Länder. Schwellen- und Entwicklungsländern sollte ein größeres Mitspracherecht bei der Gestaltung des globalen Systems wie beispielsweise dem internationalen Handelssystem zukommen. Hierfür bedarf es neuer Institutionen, die mit international anerkannten Einflussmöglichkeiten ausgestattet sind. Und schließlich müssten „entrechtete Arbeitnehmer aus ihrer Unterdrückung befreit" werden.

Neben der Globalisierung ist auch die institutionelle Ausstattung bzw. sind die institutionellen Qualitätsvariablen eines Landes für ein inclusive green growth von großer Bedeutung. Zu nennen sind die Rechtsstaatlichkeit, die politische Stabilität, die Effektivität der Regierung und die Kontrolle der Korruption. Diese institutionellen Faktoren beeinflussen wirtschaftliche Anreize und sind eine wichtige Voraussetzung für die Förderung eines inclusive green growth. Wie schon erwähnt werden im Rahmen der Institutionenökonomie Institutionen als formelle Regeln oder Vorschriften und informelle Institutionen als informelle Normen interpretiert. Sie haben Einfluss auf menschliche Interaktionen bzw. Verhaltensweisen und können diese verändern. Entsprechend haben sie auch Auswirkungen auf das Wachstum der Produktivität, Ungleichheit und Beschäftigung (Manyika 2016).

Es ist daher festzustellen, dass sowohl formelle als auch informelle Institutionen für die Förderung eines inclusive green growth relevant sind. So sind Wahlen und Demokratie formelle Institutionen, die eine notwendige, aber nicht hinreichende Bedingung für inclusive green growth sind. Haben klientelistische oder lobbyistische Einflüsse auf Wahlen oder politische Entscheidungsprozesse einen starken Einfluss, kann dadurch inclusive green growth beeinträchtigt oder verhindert werden (Spohr 2023). Es gibt mächtige Wirtschaftsvertreter oder in der Politik Autokraten die primär ihre eigenen Interessen verfolgen und dadurch zu einer Schwächung der Demokratie beitragen.

Bei der Untersuchung der Beziehung zwischen Institutionen und inklusivem Wachstum wurden die direkten und indirekten Auswirkungen von Institutionen an der Durchsetzung von Anreizen, Fehlanreizen, formellen

Regeln, Verhaltensweisen und informellen Normen ermittelt. Dabei wurde deutlich, dass aus der endogenen Perspektive von Institutionen die indirekten Auswirkungen von Institutionen erfasst werden können, wie z. B. der Aufbau von Vertrauen der Menschen in Institutionen und die Steigerung der Fähigkeit des Landes, gutes und hochqualifiziertes Personal anzuziehen, während gleichzeitig Verbesserungen an sechs „exogenen Fronten" erzielt werden:

1. Rechtsstaatlichkeit und Ordnung,
2. Effektivität der Regierung,
3. politische Stabilität,
4. bürokratische Qualität,
5. Kontrolle der Korruption und
6. Rechenschaftspflicht.

Aus externer Sicht wirken sich Institutionen direkt auf das Wirtschaftswachstum und ein inclusive green growth aus (Aslam, Ghouse 2023, S. 19).

Dabei unterscheiden sich Entwicklungs- von Industrieländern ganz wesentlich: Entwicklungsländer haben im Verhältnis zu vielen Industrieländern eine schwache institutionelle Struktur, wodurch die Stärkung eines inclusive green growth, d. h. ein umweltfreundliches Wachstum und eine Verringerung von Ungleichheit ganz wesentlich beeinträchtigt werden. Soziale Eingliederung ist ein wesentlicher Beitrag Ungleichheit zu verringern. Dagegen wirkt sich soziale Ausgrenzung negativ auf inklusives Wachstum und damit auf produktive Beschäftigung aus (Wang et al. 2020). Technologische Veränderungen führen oft dazu, dass einzelne Sektoren sich wirtschaftlich unterschiedlich entwickeln. Das kann zu einer steigenden Ungleichheit der Beschäftigten und der damit verbundenen Umweltkosten führen. Nach Tinson et al. sind sozial ausgegrenzte Menschen davon am stärksten betroffen (Tinson et al. 2016).

Soziale Ausgrenzung begründet sich wesentlich durch geschlechtsspezifische, einkommensbezogene, rassistische bzw. ethnische und religiöse Nachteile bzw. Diskriminierung. Bei steigender Ungleichheit kann sie sich negativ auf das Wachstum auswirken.

Daher ist die soziale Eingliederung bzw. auch die digitale Eingliederung für ein inclusive green growth von großer Bedeutung. Die Beziehung zwischen inclusive green growth und sozio-digitaler Nachhaltigkeit zeigt, dass sich die ökologische, ökonomische und soziale Dimension bedingen. Daher wird in der Literatur zunehmend eine Verlagerung der politischen

Maßnahmen zum Auf- bzw Ausbau von Humankapital durch sozialen Zusammenhalt sowie der Partizipation der Beschäftigten am Wachstum durch digitale Medien angeregt (Aslam 2021). Es besteht ein weitgehender Konsens, dass ein wesentlicher Anreiz inclusive green growth zu fördern darin besteht, einen Wettbewerbsvorteil durch den Ausbau von Humankapital zu erlangen, das sozial und digital eingebunden ist. Als wichtige Herausforderungen werden die dafür notwendigen Kosten für die Umstellung auf umweltfreundliche Technologien genannt (Aslam, Ghouse 2023).

7.5 Das Beispiel China für ein Inclusive Green Growth

China ist im Rahmen von inclusive green growth in besonderem Maße ausgewiesen. Das erklärt sich aus der Tatsache, dass die Regierung Chinas die Widersprüche zwischen dem Anspruch eines sozialistischen Wirtschafts- und Gesellschaftssystems einerseits und den wachsenden Umweltbelastungen und der steigenden Verteilungsdisparität von Einkommen und Vermögen andererseits erkannte und bestrebt ist, diese zu verringern bzw. zu überwinden. Daher bietet es sich an China als Fallstudie für inclusive green growth zu präsentieren. Hierfür ist es notwendig zunächst einige Merkmale der wirtschaftlichen Entwicklung Chinas, die in diesem Kontext besonders relevant sind, aufzuzeigen. China hat 1978 nach der Einleitung grundlegender Wirtschaftsreformen in den folgenden Jahrzehnten ein beachtliches und kontinuierliches Wirtschaftswachstum erlebt. Von 1978 bis 2012 stieg das Pro-Kopf Bruttoinlandsprodukt (BIP) von 381 Yuan auf 6628 inflationsbereinigte Yuan. Das entspricht einer durchschnittlichen jährlichen Wachstumsrate von 8,76 %.

Seit den Wirtschaftsreformen hat jedoch die Einkommensungleichverteilung stark zugenommen. Weiterhin stagnierte das Gesundheitsniveau bei der Bevölkerung und die Lebenserwartungen haben sich verringert. Dagegen wird festgestellt, dass es vor 1978 zu einer Umverteilung von der reichen zu der armen Bevölkerung kam, die auch zu einer Verbesserung des Gesundheitsniveaus und der Lebenserwartung der Bevölkerung führte. Das wird mit der Verbesserung der allgemeinen Bildung und den öffentlichen Gesundheitskampagnen begründet. Dagegen war die Lebenserwartung in China bei der Geburt 1995-1999 nicht positiver als in Ländern mit einem ähnlichen wirtschaftlichen Entwicklungsstand in der Welt. Auch bei der Senkung der Sterblichkeitsrate bei Kindern unter fünf Jahren kam China von einer überdurchschnittlich positiven Ausgangssituation (die Senkungsrate lag über der erwarteten Rate) in den 1960er und 1970er Jahren zu einem unterdurchschnittlichen Niveau in den 1980er und 1990er Jahren (Lindelow, Wagstaff 2005).

Die Stagnation des Gesundheitsniveaus der Bevölkerung der vergangenen Jahre wird unterschiedlich begründet. Teilweise wird das mit allgemeinen Schwächen des chinesischen Gesundheitssystems begründet. Andere Studien führen das Phänomen auf die zunehmende Luftverschmutzung als Nebenprodukt der wirtschaftlichen Entwicklung zurück. Neben diesen Begründungen wird auch argumentiert, dass der Anstieg der Einkommensungleichheit in den letzten Jahrzehnten in China hierzu einen Beitrag geleistet hat. Zwischen 1978 und 2012 hat sich der Gini-Koeffizient von 0,279 auf 0,557 fast verdoppelt. Diese Einkommensungleichheit korreliert mit der Verschlechterung des Gesundheitsniveaus (Luoa, Xieb 2020).

Positiv ist festzustellen, dass die Wachstumsdynamik in China zu einer Reduzierung der absoluten Armut führte. In diesem Zusammenhang wird auch von dem Mirakel der Armutsbekämpfung gesprochen. Daher kam es 2019 zu dem Strategiewechsel von der Bekämpfung der absoluten Armut zur Bekämpfung der relativen Armut. Untersuchungen in China zeigen, dass die Bedeutung des Wachstums bei der Bekämpfung der absoluten und relativen Armut sehr unterschiedlich ist. Wachstum hat einen großen Beitrag zu dem Mirakel der Armutsreduzierung geleistet. Zur Erinnerung: Die absolute Armut beschreibt einen Zustand, bei dem eine Person nicht in der Lage ist, ihre grundlegenden Bedürfnisse wie Nahrung, Unterkunft und Kleidung zu bestreiten. Relative Armut bezieht sich dagegen auf den wirtschaftlichen Status einer Person im Verhältnis zu anderen Mitmenschen in der Gesellschaft. Absolute Armut ist ein objektiver Zustand des Mangels der teilweise auch als existenzielle Armut bezeichnet wird, während sich die relative Armut auf die Lebens- und Entwicklungschancen in der Gesellschaft bezieht.

Während sich jedoch die absolute Armut stark verringerte, nahm die relative Armut stetig zu. Daher erscheint es für China sinnvoll die absolute Armut mit einer höheren Armutsgrenze zu korrigieren. Marktorientiertes Wachstum kann jedoch nicht zu einer Reduzierung der relativen Armut führen. Daher müssen staatliche Maßnahmen zur Bekämpfung der relativen Armut eingesetzt werden. Die üblichen Maßnahmen wie Sozialhilfe, Förderung der Beschäftigung, Bildung und Ausbildung müssen durch weitere Maßnahmen ergänzt werden, zumal Armutsbekämpfung eine der drei nationalen Kampagnen ist, die China seit 2017 durchführt. Betrachtet man die Situation Chinas, so haben die MDGs und SDGs einen großen Beitrag zur Armutsbekämpfung geleistet.[16] Nach den Daten der Povcal-Webseite der Weltbank hat China zwischen 1990 und 2015, dem Zeitraum, in dem nach den MDGs die Armut halbiert werden sollte, die Armut um 63,9 % reduziert.

Gegenwärtig steht China vor großen Herausforderungen. So ist das Wachstum der Wirtschaft 2024 auf 5 % gesunken und die Weltwirtschaft ist relativ schwach, was sich auf die Exportwirtschaft Chinas negativ auswirkt. Aber auch die Inlandsnachfrage gilt als unbefriedigend, obwohl die chinesische Regierung eine Reihe von Konjunkturprogrammen auflegte. Dabei gilt noch zu berücksichtigen, dass die Werte des Wirtschaftswachstums teilweise bezweifelt werden. So stellt der Wirtschaftswissenschaftler Xu Chenggang von der Stanford University in den USA fest, dass gesetzte Ziele erreicht werden, unabhängig davon was passiert.

So kamen Wirtschaftswissenschaftler bei einer Überprüfung des BIP zu dem Ergebnis, dass es unter fünf Prozent liegt. In jedem Fall ist es das geringste Wachstum seit Jahrzehnten. Wie sich das auf die zuvor aufgezeigten Zusammenhänge auswirkt, ist noch zu untersuchen. In der gesamtwirtschaftlichen Lage wirkt sich auch die langanhaltende Krise im Immobiliensektor besonders negativ aus. Weiterhin verschärfen sich die geopolitischen Konflikte.

Im Kontext von inclusive green growth ist neben Fragen der Verteilung bzw. Ungleichverteilung die Beziehung von Wachstum und der Umwelt von zentraler Bedeutung. Die 1978 begonnene Öffnungspolitik und die folgenden Wirtschaftsreformen führten nicht nur zu einem raschen Wirtschaftswachstum, sondern konfrontierten das Land auch mit massiven Umweltproblemen, von denen besonders die Luftbelastung in Form von Ruß, Staub und Schwefeldioxid hervorzuheben sind (Zeng et al. 2019). Regional kann festgestellt werden, dass die Küstenregionen im Durchschnitt sowohl wirtschaftlich als auch ökologisch besser abschneiden als die Regionen im Landesinneren. Eine Kreuztabelle, die den Unterschied zwischen BIP-orientierter Leistung und umweltverschmutzungsorientierter Leitung verdeutlicht, dass die Küstenregionen den größten Anteil an den Benchmarks für ökonomisch-ökologische Optimierung ausmachen.

2001 wurde die Volksrepublik China in die Welthandelsorganisation aufgenommen, wodurch die Dynamik des wirtschaftlichen Aufschwungs

16 China gehört zu den 193 Unterzeichnerstaaten der beiden internationalen Abkommen.

noch verstärkt wurde. Aus globaler Perspektive ist China zur zweitgrößten Wirtschaftsmacht aufgestiegen. China ist der größte Produzent von Stahl, Zement und Automobilen und anderen Wirtschaftsgütern (OECD 2022). Das führte dazu, dass China bereits 2006 zum größten Emittenten von Treibhausgasen aufstieg. 2020 verursachte China 30 % der weltweit emittierten Treibhausgase und 28 % der globalen CO_2-Emissionen. Während im Jahr 1998 der CO_2-Ausstoß pro Kopf noch 2 t betrug, liegt China mit 10,1 t pro Kopf und Jahr gleichauf mit den OECD-Staaten und übertrifft den Durchschnittswert der EU 27.

Gleichzeitig wird China massiv von dem Klimawandel betroffen, was durch die Zunahme an Dürren, Hitzewellen, Starkregenereignissen u. a. zu einem Rückgang landwirtschaftlicher Erträge geführt hat. China leidet neben der Trockenheit auch vermehrt an Schädlingsbefall und dem Anstieg des Meeresspiegels in den ökonomisch bedeutenden Deltaregionen des Yangzi verursacht durch abschmelzende Gletscher im Hochland von Tibet (Sternfeld 2022).

Schließlich sind die zunehmenden gesundheitlichen Belastungen der Bevölkerung durch die Emissionen und die Hitzeperioden zu nennen. China muss daher den Herausforderungen wie Ernährungssicherung, Katastrophenschutz und ein Ausbau des Gesundheitswesens als Folge des Klimawandels verstärkt entsprechen. Abschließend lässt sich feststellen, dass in mehreren Untersuchungen nachgewiesen wurde, dass die ungleiche Einkommensverteilung und die hohe Umweltbelastung zu einer Verringerung der Lebenserwartung und des Gesundheitsniveaus der Menschen in China unter Berücksichtigung regionaler Unterschiede führten (Luo 2020; Wan et al. 2021).

> „In summary ... inequitable income distribution in China leads to life loss and that men suffer more than women from income inequality. Our results thus shed new light on the puzzle of China's pace of health gains slowing down despite its ever-growing economy during the reform decades. We know that China's income inequality is largely driven by regional difference and rural/urban divide. As a consequence, accompanying the slow-down health gains in China have been increases in health disparities by these two structural dimensions over recent decades. For example, within China, improvement in life expectancy has been slower in poor provinces than in rich ones." (Wan, Hu, Liu 2021)

Betrachtet man den Energiesektor Chinas aus den Perspektiven wirtschaftlichen Wachstums und ökologischer Auswirkungen, so ergibt sich ein äußerst ambivalentes Bild. Der starke Anstieg der Treibhausgasemissionen begründet sich wesentlich durch die hohe Abhängigkeit von fossilen Energieträgern. Daher wird oft festgestellt, dass China sein wirtschaftliches Wachstum ganz wesentlich durch Kohle „befeuert" hat. Der Verbrauch an Kohle ist seit 1965 um mehr als das sechzehnfache gestiegen. Die aktuell noch großen Kohlevorkommen führen dazu, dass Kohle auch in Zukunft maßgeblich für die Erzeugung von Energie genutzt wird.

Gegenwärtig wird die Kapazität ausgebaut, indem viele neue Kohlekraftwerke gebaut bzw. projiziert werden, um Energieengpässe zu vermeiden und das Wirtschaftswachstum nach der Covid-19-Pandemie wieder zu aktivieren. China hat 2020 neue Kohlekraftwerke mit einer Kapazität von 29 Gigawatt in Betrieb genommen, während im Rest der Welt die Kapazitäten um 17,2 Gigawatt abnahmen. Für den Zeitraum von 2021 bis 2025 wurden Kohlekraftwerke mit einer Gesamtleistung von 200 Gigawatt geplant. 2022 wurde etwa 60 % der Stromerzeugung aus Kohle gespeist. Im Vergleich hierzu hatte Deutschland 2020 Kohlekraftwerke mit einer Kapazität von 42,5 Gigawatt (Sternfeld 2022). Für 2025 geht man von einer Kapazität von 31,19 GW aus.

Gleichzeitig hat China in den vergangenen Jahren mit großer Intensität in erneuerbare Energien investiert. China ist bestrebt Marktführer in diesem Sektor zu werden und gilt aktuell weltweit im Bereich erneuerbarer Energie als Vorreiter. Der Anteil nicht fossiler Energieträger (einschließlich Atomkraft) soll am Primärenergieverbrauch bis 2030 25 % und bis 2060 90 % erreichen. 2023 betrug nach Auskunft der Nationalen Energieagentur der Anteil 18,3 %. Die Dynamik des Ausbaus regenerativer Energie ist beachtlich. Im Jahr 2022 stellten sie 76,2 % aller neu installierten Stromkapazitäten.

Betrachtet man die führenden regenerativen Energieträger in China so ergibt sich bei den wichtigsten regenerativen Energieträgern Solarenergie (PV) und Windkraft exemplarisch folgendes Bild: die installierte Gesamtleistung von Fotovoltaikanlagen nahm 2022 gegenüber dem Vorjahr um 28,1 % auf 392,6 Gigawatt zu. Die Leistung von Windkraftanlagen nahm um 11,2 % auf 365,4 Gigawatt zu. Die Leistung der Wasserkraft erhöhte sich um 5,8 %.

Die Regierung Chinas strebt bis 2030 eine installierte Gesamtleistung von PV- und Windkraftanlagen von 1.200 Gigawatt an. Es wird erwartet, dass dieses Ziel früher erreicht wird und auch das Ziel 2025 ein Drittel des Stroms aus erneuerbaren Energien zu gewinnen erscheint realisierbar (Abele 2023). Diese Entwicklung begründet sich wesentlich aus den subventionierten Fotovoltaikinstallationen in der Industrie und auf privaten und kommerziellen Hausdächern. Hinzu kommt, dass Großprojekte für Wind und Solar beispielsweise in der Wüste Gobi umgesetzt werden. Interessant hierbei ist, dass bei Ausschreibungen der günstigste Anbieter den Zuschlag erhält. Da Atomkraft in China zur regenerativen Energie gerechnet wird, soll abschließend noch erwähnt werden, dass 2024 an 16 Standorten 58 Reaktorblöcke betrieben werden, 29 Reaktorblöcke im Bau sind und 17 weitere Blöcke durch den Staatsrat genehmigt wurden (an 6 neuen und 7 alten Standorten). Ob es China gelingt die hohe Abhängigkeit von der Kohle in den nächsten Jahren essenziell abzubauen, was ein wesentlicher Beitrag für die Klimapolitik Chinas wäre, bleibt jedoch abzuwarten.

7.6 Bewertung von Inclusive Green Growth in China

China zeichnet sich im Rahmen von inclusive green growth durch eine sehr umfangreiche Strategie aus. Die Erkenntnisse aus der Bewertung lassen sich im Folgenden nur exemplarisch aufzeigen, wodurch sich zumindest die Breite der Forschung verdeutlichen lässt. Ein wichtiger Beitrag zu einem inclusive green growth trägt nach Song et al. eine neue und umfangreichere Infrastruktur bei (Song et al. 2024). Der Aufbau von Netzwerken und Informationsinfrastrukturen gelten zur Förderung des sozioökonomischen Fortschritts als zentrale nationale Strategie. Dabei sollen die Auswirkungen auf ein inclusive green growth intensive analysiert werden.

Im Rahmen des gestaffelten Differenz-in-Differenz-Ansatzes (Staggered DID) wurde der Einfluss der neuen Infrastruktur auf inclusive green growth im Rahmen von Daten chinesischer Städte auf Präfektur Ebene von 2011 bis 2019 untersucht. Dabei wurde die „Broadband China Strategy (BCS)“ als quasi-natürliches Experiment genutzt. Die Ergebnisse zeigen eine signifikante Verbesserung auf Grund neu errichteter Infrastruktur auf, die auch nach strengen Robustheitsbewertungen aufrechterhalten werden kann. Zusätzliche Tests mit der räumlichen Durbin-DID-Methode verdeutlichen, dass die Brodband China Strategy einen signifikant positiven Spillover-Effekt auf inclusive green growth in benachbarten Gebieten hat. Weiterhin lässt sich feststellen, dass positive Wirkungen auch in Städten ohne industrielle Basis und in Städten, die nicht auf Ressourcen basieren, auftreten.

Die digitale Wirtschaft, die sich auf

- das Internet der Dinge,
- Big Data und

- künstliche Intelligenz

stützt, erlebt auch in China eine beachtliche Dynamik. Dabei kommt der digitalen Wirtschaft bei der Optimierung der Ressourcenzuweisung und den Energieverbrauch zu senken, nach Xin et al., eine große Bedeutung bei der Förderung des inclusive green growth zu (Xin 2023). Mit Paneldaten von 281 Städten für den Zeitraum von 2011 bis 2020 wurden die Auswirkungen der digitalen Wirtschaft auf inclusive green growth untersucht. Zunächst wurden theoretisch die potenziellen Auswirkungen der digitalen Wirtschaft anhand der beiden Hypothesen „Beschleunigung grüner Innovationen“ und „Förderung des industriellen Upgrading-Effekts“ analysiert. Danach wurden traditionelle ökonometrische Schätzmodelle und Algorithmen des maschinellen Lernens auf die empirische Analyse angewendet. Die Ergebnisse zeigen, dass Chinas digitale Wirtschaft inclusive green growth erheblich fördert. Gleiches gilt auch für Innovationen und industrielle Aufwertung die ebenfalls ein inclusive green growth fördern. So kommen sie in ihrer Studie zu der Erkenntnis:

> „Furthermore the heterogeneity test results show that the digital economy's contribution to inclusive green growth is prominent in large cities, cities in central China, and cities with a high degree of marketization. Overall, this study has shown that there exists a positive association between the digital economy and inclusive green growth in China. This evidence will help governments in China and developing countries like China formulate policies that scientifically promote the digital economy to drive inclusive green growth." (Xi et al. 2023, S. 30367)

In der Politik sollten eine Reihe von Maßnahmen angestrebt werden, um ein inclusive green growth zu initiieren bzw. zu stärken. Im gesamten Land soll der Aufbau digitaler Infrastrukturen beispielsweise durch die Realisierung von Glasfaser- und 5G-Netzen gefördert werden. Die Ausstattung der Städte mit digitalen Technologien ist in China ein wichtiger Beitrag für die Realisierung von Smart Cities. Weiterhin kann die verstärkte Nutzung digitaler Technologien zur Modernisierung traditioneller Branchen mit geringer Wertschöpfung beitragen und gleichzeitig Branchen mit hoher Wertschöpfung und Innovationskraft zu mehr Wirtschaftswachstum führen. Und schließlich könnte es dazu beitragen die Gesellschaft inklusiver und die Umwelt umweltfreundlicher zu gestalten.

Zweitens sollten die Stadtverwaltungen Maßnahmen zur Entwicklung bzw. Stärkung der digitalen Wirtschaft ergreifen, indem sie gut qualifizierte junge Nachwuchskräfte gewinnen, um die digitalen Kenntnisse der Bewohner in Städten durch Schulungen zu verbessern. Eine weitere Maßnahme wäre die Rechtsvorschriften für die digitale Wirtschaft zu verbessern bzw. zu qualifizieren, um damit die Wirtschaft zu unterstützen ohne Spekulationsblasen zu erzeugen. Eine weitere Möglichkeit wäre Unternehmen und auch Einzelpersonen auszuzeichnen, die hervorragende Beiträge zur Förderung der digitalen Transformation in Städten leisten.

Weiterhin wird empfohlen, Universitäten und wissenschaftliche Forschungseinrichtungen zu fördern, die einen Beitrag zur digitalen Transformation der Wirtschaft und besonders der lokalen Unternehmen leisten. Und schließlich sollen drittens politische Entscheidungsträger in kleinen Städten mit geringerem Marktanteil die Entwicklung ganz allgemein von inclusive green growth fördern, um dadurch eine digitale Kluft zwischen Regionen zu vermeiden bzw. zu verringern. Dadurch könnten Transaktionskosten verringert und Skaleneffekte aktiv genutzt werden.

Ein weiterer umfassender Forschungsansatz, der nach Zhou von großer praktischer Relevanz ist, zielt auf die Messung des inclusive green growth ab, indem Strukturmerkmale, die sich im zeitlichen Verlauf ändern und räumliche Heterogenität analysiert werden. Dabei gilt zu berücksichtigen, dass die meisten vorliegenden Studien zum Design von Indices für inclusive green growth primär die Situation bzw. Entwicklung Chinas berücksichtigen. Dadurch fehlt es diesen Studien an internationalen Vergleichswerten. Die Auswahl ist relativ einfach, wobei die zeitlichen Merkmale und die räumliche Heterogenität nur in Ausnahmefällen gleichzeitig untersucht werden. In der vorliegenden Studie werden jedoch die zeitlichen Merkmale und die räumliche Heterogenität des inclusive green growth analysiert.

Dabei kommt es zu folgenden Ergebnissen:

1. Geht man davon aus, dass wirtschaftliche Entwicklung, faire Chancen, umweltfreundliche Produktion und Konsum und Umweltschutz wichtige Faktoren sind, um das Niveau des inclusive green growth positiv zu beeinflussen, lässt sich feststellen, dass ihre Entwicklung nicht ausgewogen ist.
2. Inclusive green growth weist offensichtlich Zeitreihenmerkmale auf, wonach es große Unterschiede zwischen Provinzen und Regionen gibt.
3. Inclusive green growth weist eine signifikante räumliche Heterogenität auf.

In dem Zeitraum von 2010 bis 2019 weist das inclusive green growth eine dynamische Entwicklung auf. Die Ergebnisse des Moran's IIndes Global Spatial Test zeigen, dass es offensichtlich eine räumliche Autokorrelation aufweist, wonach es große räumliche Unterschiede gibt. Weiterhin zeigen lokale Testergebnisse, dass inclusive green growth große räumliche Aggregationsmerkmale aufweist. Daher ist es nach Zhou wichtig, die Entwicklung des inclusive green growth zwischen den Provinzen und Regionen zu koordinieren, um das Gesamtniveau des Landes in Zukunft zu verbessern.

Die Besonderheit der Studie ist, dass sie sich nicht nur auf die Entwicklung Chinas beschränkt, sondern auch internationale Vergleiche berücksichtigt. Ein wesentliches Ergebnis für China ist, dass in den Bereichen wirtschaftliche Entwicklung und Umweltschutz, die mehr als 80 % des Gesamtgewichts ausmachen, wichtige Fortschritte erzielt wurden. In Bezug auf faire Chancen sowie grüne Produktion und Konsum, besteht noch Bedarf einer Verbesserung. Insgesamt ist das Niveau des inclusive green growth seit 2010 jedoch stetig gestiegen und die meisten Provinzen weisen einen ähnlichen Trend auf. Abschließend kommt die Studie zu der Erkenntnis, dass inclusive green growth nicht nur in den verschiedenen Jahren, sondern auch zwischen den Provinzen variiert.

Neben den bisher eher allgemein angelegten Studien zu der Entwicklung inclusive green growth in China, wird nun das Niveau unter Berücksichtigung von Indikatorensystemen verschiedener Untersuchungen aufgezeigt. Dabei liegt der Schwerpunkt primär auf dem Vergleich einzelner Regionen, da die Vielfalt der Standorte, besonders der Umweltbedingungen und der Ressourcenverfügbarkeit, zu einem regionalen Ungleichgewicht beim inclusive green growth führte. Sun et al. verwenden in ihrer Studie 34 Indikatoren auf der Grundlage von Daten für den Zeitraum von 2008 bis 2018, um das inclusive green growth Niveau der Regionen Chinas näher zu bestimmen (Sun et al. 2022).

Das Indikatorensystem basiert auf den schon genannten vier Dimensionen

- wirtschaftlicher Entwicklung,
- sozialer Chancengleichheit,
- umweltfreundliche Produktion und Umweltschutz und Konsum
- und Umweltschutz.

Die Ergebnisse für die 30 Provinzen Chinas zeigen auch in dieser Untersuchung, dass die östlichen Provinzen ein höheres Niveau des inclusive green growth aufweisen, wobei der Aufholeffekt in den zentralen und westlichen Provinzen signifikant ist. Die positiven Werte für die östlichen Provinzen begründen sich aus der Infrastruktur, der Verfügbarkeit von Humankapital und einer entsprechenden Politikgestaltung. Die Ergebnisse schwächerer Regionen begründen sich hauptsächlich aus ihrer geringeren Finanzkraft, die dazu führt, dass die Infrastruktur nicht verbessert werden kann. Analysiert man die Entwicklung des Niveaus des inclusive green growth ist es über den genannten Zeitraum gestiegen. Im Jahr 2008 lag der Wert des inclusive green growth in mehr als der Hälfte der chinesischen Provinzen unter 1 und in keiner Provinz über 1,5. Im Jahr 2018 lag das Niveau in den meisten Provinzen über 1 und ein Drittel der Provinzen erreichten einen Wert von 1,5 (Sun et al. 2022).

Die Region Peking weist die höchste Bewertung auf, wogegen Qinghai das geringste Niveau aufweist. Die positive Bewertung von Peking ist primär auf die wirtschaftliche Entwicklung und die soziale Chancengleichheit zurückzuführen, während Defizite in den Bereichen umweltfreundlicher Produktion und Verbrauch aber auch im Umweltschutz festgestellt wurden. Die größere wirtschaftliche und bevölkerungsmäßige Agglomeration in den östlichen und zentralen Provinzen stellt eine größere Herausforderung im Hinblick auf die Ausstattung mit natürlichen Ressourcen und der Umweltverwaltung dar. Dadurch wird die Entwicklung von inclusive green growth gehemmt.

Ein Defizit besteht hinsichtlich einer unausgewogenen Planung der Nutzung von Landflächen. Die Schätzung des räumlichen Regressionsmodells zeigt, dass die Fehlallokation von Landressourcen räumliche Spillover-Effekte verursacht hat. Dabei geht es beispielsweise um Industrie- und Gewerbeflächen. Die Fehlallokation von Landressourcen wird z. B. durch den lokalen Wettbewerb verursacht und wirkt sich nicht nur negativ auf das inclusive green growth in der Region aus, sondern kann auch die Verbesserung des inclusive green growth in benachbarten Regionen beeinträchtigen. In der Studie von Wang et al. wird die schlechte Bewertung zur ökonomischen Situation der Region Qinghai bestätigt. Sie kommen jedoch zu einer vergleichsweise guten Bewertung der Nachhaltigkeits- und Umweltziele. Die große Ungleichheit des Niveaus zwischen den einzelnen Regionen lässt sich nach Wang et al. primär auf das starke wirtschaftliche Gefälle zurückführen. Daher wird der chinesischen Regierung empfohlen der regionalen Ungleichheit proaktiv gegenzusteuern (Wang et al. 2022).

> „The test results imply that, due to the long-lasting regional gaps of economic development and social opportunity, the existence of static disparity in China's regional inclusive green growth is reasonable to a certain extent. Whereas, every province in China is positively adjusting its development strategy in line with the national sustainable development goals. The insignificance of dynamic disparities in regional IGG proves the effectiveness of China's continuous efforts to pursue the SDGs, and further strengthening the implementation of sustainable developments is highly recommended."

Die unterschiedlichen Niveaus des nationalen inclusive green growth ergibt sich somit aus zwei Gründen. Wie auch andere Studien schon aufzeigten, wurden Disparitäten zwischen verschiedenen Provinzen bei der wirtschaftlichen Entwicklung und der sozialen Chancengleichheit im Osten und der nachhaltigen Produktion und des nachhaltigen Konsums sowie des Umweltschutzes im Westen festgestellt. Die politischen Empfehlungen richten sich daher besonders auf die Verringerung der wirtschaftlichen Ungleichheiten zwischen den Provinzen. Die östliche Region sollte der Verringerung der provinziellen Ungleichheiten bei der sozialen Chancengleichheit große Beachtung zukommen lassen. Die Provinzen in der westlichen Region sollten trotz ihrer überlegenen ökologischen Ausstattung von den Erfahrungen anderer Regionen lernen und qualifizierte Pläne zur Koordination von Ressourcenmanagement und des Umweltschutzes entwickeln.

Der ganzheitliche Trend ist quellenabhängig. Während die Studie von Sun et al. einen schwankenden Aufwärtstrend der westlichen und zentralen Regionen und einen schwankenden Abwärtstrend der östlichen Regionen aufzeigt, beschreiben Wan et al. den Trend aller Regionen als negativ. Dabei werden die Indikatoren den Klassen

- der ökologischen Entwicklung,
- Forschung, Technologie und Bildung (z. B. Abschlussquote der Pflichtschule, Patente pro 1000 Einwohner),
- Rohstoffe und Umwelt (z. B. Ackerland in Millionen Hektar, Reduzierung des Wasserverbrauchs pro Einheit industrieller Wertschöpfung) und
- Lebensstandard (z. B. Lebenserwartung, Deckungsrate der staatlichen Krankenkasse)

zugeordnet. Um die Zielwerte der Indikatoren zu erreichen, werden die notwendigen Reformen und Gesetze eingeführt. Das 14. Entwicklungskonzept wurde 2021 veröffentlicht. Es greift die Indikatoren des 13. Entwicklungskonzeptes auf und erweitert es um den Bereich der digitalen Infrastruktur. Die Zielwerte des 14. Entwicklungsberichtes sollen bis Ende 2025 umgesetzt werden (Costigan, Webster 2021).

Schließlich ist noch zu erwähnen, dass Li et al. in ihrer Studie einen Ländervergleich im asiatisch-pazifischen Raum durchgeführt haben. China belegt bei dieser vergleichenden Studie den 10. Rang und befindet sich damit im oberen Drittel von 37 Ländern. Die Verfasser der Studie kommen zu dem Ergebnis, dass das Niveau des inclusive green growth in der Region in hohem Maße vom wirtschaftlichen Entwicklungsstand des jeweiligen Landes abhängt. Die Heterogenität der Entwicklungsstadien der Länder erklärt, warum sich die Länder in der Region in Bezug auf inclusive green growth stark unterscheiden. Die Länder Ostasiens und Ozeaniens weisen ein höheres Maß an inclusive green growth auf als Länder Südostasiens wie Timor-Leste, Vanuato, Tuvalu, und die Föderierten Staaten von Mikronesien.

Die Heterogenität des inclusive green growth in den verschiedenen Ländern steht in engem Zusammenhang mit ihren unterschiedlichen sozialen und wirtschaftlichen Entwicklungsstufen. Der wirtschaftliche Wohlstand bestimmt weitgehend wie gleichmäßig ein Land seinen Wohlstand und seine Ressourcen verteilt, was sich auf das allgemeine Wohlbefinden der Gesellschaft und die Gerechtigkeit auswirkt (Li et al. 2021).

Insgesamt lässt sich feststellen, dass die Industrieländer mit anderen Problemen konfrontiert sind als Entwicklungsländer. Entwicklungsländer stehen primär vor der Herausforderung durch Wachstum Armut und Ungleichheit zu bewältigen und Umweltprobleme, die durch unkontrolliertes Wachstum verursacht werden, zu vermeiden. Die Heterogenität erfordert somit entsprechende Maßnahmen, um das Paradoxon von Wachstum und Umwelt in den Ländern und der Region zu lösen. Für Industrieländer stellen Li et al. fest, dass der wirtschaftliche Wohlstand dieser Länder die Möglichkeit bietet, ihren Einwohnern mehr gesellschaftlichen Reichtum, d. h. Ressourcen sowie Dienstleistungen bzw. öffentliche Güter zukommen zu lassen und verstärkt Kapital und Technologien in den Umweltschutz zu transferieren, um dadurch das soziale Wohlergehen weiter zu verbessern. Dieser „positiv stimulierende Kreislauf" trägt grundsätzlich dazu bei, die Ergebnisse eines inclusive green growth in allen vier Dimensionen Wirtschaft,Gesellschaft, Ressourcen und Umwelt zu stärken.

Aus diesem Grund schneiden die Industrieländer bei der sozialen Eingliederung, Ressourcennutzung und der ökologischen Nachhaltigkeit tendenziell gut ab. Das ermöglicht grundsätzlich eine ausgewogenere, integrative Entwicklung. Kapitel vier und fünf haben gezeigt, welche Potenziale in diesem Kontext für Deutschland noch bestehen.

Betrachtet man die Vielzahl der Länder im asiatisch-pazifischen Raum, so bietet die APEC[17] nach Li et al. vielfältige Möglichkeiten der Kooperation an. Relevante Bereiche wären die Effizienz der Ressourcennutzung und Energienutzung zu verbessern, die Nutzung erneuerbarer Energien auszuweiten, den ständig steigenden Abfall zu reduzieren und die Abfallbeseitigung zu verbessern, Möglichkeiten für ökologisch orientierte Unternehmen zu schaffen bzw. zu verbessern und damit eine grüne, „synergetische Entwicklung" zu fördern. Weiterhin sollte die Stärkung kohlenstoffarmer und grüner Technologien eine größere Bedeutung erlangen. Daraus begründet sich die Forderung verstärkt Synergien für die Entwicklung des asiatisch-pazifischen Raums im Kontext von inclusive green growth zu initiieren und umzusetzen.

Unter Berücksichtigung der Heterogenität zwischen aber auch in den Ländern bietet die Kooperation im asiatisch-pazifischen Raum und der anderen Mitgliedsländer noch große Potenziale. Positiv anzumerken ist, dass die APEC-Volkswirtschaften in den vergangenen Jahren im Zusammenhang mit der biologischen Vielfalt und dem Klimawandel verstärkt Maßnahmen zur Verringerung der Umweltschäden bzw. -belastung und der Auswirkungen des Klimawandels ergriffen haben. Im Bereich der grenzüberschreitenden Zusammenarbeit bestehen jedoch weiterhin noch große Potenziale z. B. bei der Einrichtung eines Koordinationsmechanismus für Umwelt- und Naturschutz. Die Länder müssen dabei die Maßnahmen für die Umweltelemente wie Meere, Wälder und Wasser koordinieren. Abschließend lässt sich zu den Konzepten eines inclusive green growth im asiatischen Raum feststellen, dass die Auswahl und die Zielvorgabe der einzelnen Indikatoren von zentraler Bedeutung sind. Bei den vorgestellten Studien wird offensichtlich, dass bei der Mehrzahl der Konzepte dem Wachstum eine besondere Bedeutung beigemessen wurde, was zum Umweltschutz konfliktär sein könnte.

---

17 Die APEC (Asia-Pacific Economic Cooperation) ist eine 1989 gegründete, länderübergreifende Organisation mit aktuell 21 Mitgliedsländern. Zusätzlich zu den asiatischen Anreinerstaaten gehören auch die Vereinigten Staaten, Kanada, Mexiko und Chile dazu.

7.7 Die Bedeutung von Inclusive Green Growth für Deutschland

In Deutschland gibt es entsprechend der bisherigen Ausführungen kein indikatorengestütztes Konzept eines inclusive green growth. Dagegen gibt es eine Vielzahl von Ansätzen, die sich entweder dem inclusive growth oder dem green growth zuwenden und damit eine gute Grundlage für eine inclusive green growth Strategie bilden. Weiterhin ist festzustellen, dass die nationale Nachhaltigkeitsstrategie eine wichtige Grundlage für ein inclusive green growth bietet. Die folgenden Ausführungen werden exemplarisch einige Ansätze bzw. Empfehlungen für Deutschland aufzeigen. Inclusive growth zielt, wie schon begründet, besonders auf mehr Teilhabe der Bevölkerung am Wirtschaftswachstum, die Einbindung aller Gruppen in den Arbeitsmarkt, faire Löhne und den Abbau struktureller Ungleichheiten ab.

In der „Agenda inklusives Wachstum für Deutschland" werden fünf Handlungsfelder genannt. Betrachtet man beispielhaft das zweite Handlungsfeld „Beschäftigungsanreize stärken" führt es zu der Empfehlung,

> „dass Steuern Abgaben und Transfers so aufeinander abgestimmt werden müssen, dass die Verläufe der effektiven Grenzbelastung geglättet werden und sich Mehrarbeit in jedem Fall lohnt." (Schmidt et al. 2017, S. 27)

Diese Empfehlung ist auch in der Politikgestaltung von hoher Relevanz und wurde schon häufig, aber auch kontrovers, diskutiert. Daraus wird deutlich, dass Empfehlungen nicht immer konsensfähig sind. Die Bedeutung von inclusive growth wird auch von anderen Autoren betont. So fordern die Autoren Gath et al., dass der steigenden Ungleichheit entgegengewirkt werden sollte (Gath et al. 2017). Die Relevanz dieser Empfehlung wurde bereits in Kapitel fünf ausführlich diskutiert.

Institutionen aber auch eine Vielzahl von Veröffentlichungen wenden sich den strukturellen Herausforderungen für die Realisierung eines green growth zu. Ziel ist es die ökologische mit der ökonomischen Dimension zusammen zu führen und so den Wohlstand zu stärken und Umweltschäden zu reduzieren bzw. zu vermeiden. Hierzu werden die folgenden zehn Handlungsfelder genannt (Renault et al. 2016):

- **1. Handlungsfeld:** Vermeidung von Umweltverschmutzung
- **2. Handlungsfeld:** Kreislaufwirtschaft stärken
- **3. Handlungsfeld:** Ressourcen- und Energieeffizienz erhöhen

- **4. Handlungsfeld:** ausschließliche Nutzung nachwachsender Rohstoffe
- **5. Handlungsfeld:** vollständige Versorgung durch erneuerbare Energien
- **6. Handlungsfeld:** Schutz biologischer Vielfalt und der Ökosysteme
- **7. Handlungsfeld:** Stärkung der Produktion und des Konsums umweltfreundlicher Produkte und Dienstleistungen
- **8. Handlungsfeld:** Einbeziehung aller Wirtschaftszweige inklusive Dienstleistungen
- **9. Handlungsfeld:** Erhöhung der internationalen Wettbewerbsfähigkeit
- **10. Handlungsfeld:** Erhöhung der Widerstandsfähigkeit gegenüber Schwankungen der Verfügbarkeit von Rohstoffen.

Ein wesentliches Ziel für die Umsetzung der Handlungsfelder ist, den Rohstoffverbrauch und das Wirtschaftswachstum zu entkoppeln. Die Handlungsfelder weisen jedoch Defizite bei der Umsetzung auf oder positiv formuliert: sie weisen noch vielfältige Potenziale ihrer Umsetzung auf. Daher müssen die Effizienzlücken weiter geschlossen werden, was auch weitere Forschungsaktivitäten erfordert. Die Differenzierung in inclusive growth und green growth kann zu Zielkonflikten führen, da inclusive growth nicht grundsätzlich ökologisch und green growth nicht grundsätzlich inclusive ist. Wie schon erwähnt bietet die nationale Nachhaltigkeitsstrategie, in der es darum geht, die drei Dimensionen

- Ökologie,
- Ökonomie und
- Soziales

zusammen zu führen, eine wichtige Basis für ein Konzept inclusive green growth. Das soll beispielhaft aufgezeigt werden. In SDG 8 wird, wie bereits erläutert, dauerhaftes, breitenwirksames und nachhaltiges Wirtschaftswachstum, produktive Vollbeschäftigung und menschenwürdige Arbeit für alle gefordert.

Eine weitere Konkretisierung zielt u. a. darauf ab, dass Kreativität und Innovationen gefördert werden sollen, aber auch Wachstum von Kleinst-, Klein- und mittelständischen Unternehmen durch den Zugang von Finanzdienstleistungen begünstigt werden. Die weltweite Ressourceneffizienz bei der Produktion und dem Konsum soll bis 2030 verbessert und eine Entkopplung von Umweltbelastung und Wirtschaftswachstum angestrebt werden. Dabei gilt jedoch zu berücksichtigen, dass der Indikator für nachhaltiges Wachstum das Bruttoinlandsprodukt pro Kopf ist, das den Anforderungen nachhaltiger Entwicklung nicht entspricht. Dennoch enthält das SDG 8 wichtige Hinweise für ein inclusive green growth.

Der Dimension Ökologie sind die SDGs

- 7 bezahlbare und saubere Energie,
- 12 nachhaltiger Konsum und Produktion,
- 13 Maßnahmen zum Klimaschutz,
- 14 Leben unter Wasser und
- 15 leben an Land (Land Ökosysteme schützen).

zuzuordnen. Im Kontext der sozialen Dimension lassen sich die SDGs

- 3 Gesundheit und Wohlergehen,
- 4 hochwertige Bildung und
- 5 Geschlechter-Gleichheit,

d. h. alle Frauen und Mädchen zu Selbstbestimmung befähigen, zuordnen. Das erfordert eine Steuerung und Koordination in den Politikfeldern Wirtschafts-, Europa-, Energie-, Industrie-, Außenwirtschafts-, Digital-, Innovations- und Mittelstandspolitik. Die Defizite und mangelnde Konsistenz bei der Umsetzung der nationalen Nachhaltigkeitsstrategie Deutschlands wurden in der Literatur umfangreich diskutiert. Die Bundesregierung stellt hierzu fest:

> „Um die Ziele der Deutschen Nachhaltigkeitsstrategie und der Agenda 2030 zu erreichen, müssen wir den Weg einer wirklich anspruchsvollen Transformation gehen, der wichtige Bereiche wie Energie, Kreislaufwirtschaft, Wohnen, Verkehr, Ernährung und Landwirtschaft umfasst. In Deutschland wollen wir mit der Weiterentwicklung unserer Nachhaltigkeitsstrategie und insbesondere mit Bildung, Forschung und Innovationen den Transformationsprozess voranbringen.“ (Bundesregierung 2021, S. 1).

Positiv zu werten ist, dass es bei der Weiterentwicklung die Nachhaltigkeitsstrategie durch zusätzliche Indikatoren zu einer Ausdifferenzierung bzw. Erweiterung kam. Es kamen folgende Indikatoren hinzu:

- Globale Pandemie-Prävention (Indikator 3.3),

- Frauen in Führungspositionen im öffentlichen Dienst des Bundes (Indikator 5.1.c),
- Väterbeteiligung beim Elterngeld (Indikator 5.1.d),
- Breitbandausbau (Indikator 9.1. b),
- Kulturerbe/Zugang zum Kulturerbe verbessern (Indikator 11.4),
- weltweiter Bodenschutz (Indikator 15.3.b).

Im Rahmen des Dialogs zur Weiterentwicklung wurden auch Transformationsbereiche mit mehreren Zielen angeregt, was im Kontext von inclusive green growth von Relevanz ist. Dadurch sollten die Wechselwirkungen, d. h. Konflikte aber auch positive Synergieeffekte analysiert werden. Die Ausgestaltung und Umsetzung der Transformationsbereiche muss noch erfolgen, was umfangreiche Forschungsaktivitäten zur Nutzung von Synergieeffekten und zur Vermeidung von Konflikten erfordert. Die Bundesregierung hält folgende Transformationsbereiche für besonders relevant (v. Hauff 2014, S. 83 ff):

1. Der Transformationsbereich Menschliches Wohlbefinden und Fähigkeiten zur sozialen Gerechtigkeit verknüpft die SDGs 1, 3, 4, 5, 8, 9 und 10.
2. Der Transformationsbereich Energiewende und Klimaschutz (SDG 7 und 13) erfordert ausgehend vom Schutz des Klimas einen integrierten Ansatz.
3. Der Transformationsbereich Kreislaufwirtschaft (SDGs 8, 9, 12) trägt der Notwendigkeit Rechnung, das Wachstum vom Ressourcenverbrauch zu entkoppeln. Konsum und Produktion müssen innerhalb der planetaren Grenzen stattfinden.
4. Bei dem Transformationsbereich nachhaltiges Bauen und Verkehrswende werden der Bau- und Gebäudebereich und der Verkehrssektor zusammengeführt. Er bezieht sich auf die SDGs 7, 8, 9, 11, 12 und 13.
5. Für Fortschritte im Transformationsbereich nachhaltiger Agrar- und Ernährungssysteme (mit Bezügen zu den SDGs 2, 3, 12 und 15) bedarf es eines ganzheitlichen Blicks auf die Thematik. Der Begriff „Ernährungssysteme" beschreibt die komplexen Zusammenhänge und Interdependenzen zwischen Art und Weise der Produktion der Agrarrohstoffe, ihrer Verarbeitung, ihrem Transport sowie dem Konsum und Umgang mit Lebensmitteln. Die Bundesregierung unterstützt den auch von der Ernährungs- und Landwirtschaftsorganisation (FAO) verfolgten integrativen Ansatz und arbeitet darauf hin, die Ernährungssysteme in Deutschland und in der EU im Sinne der SDGs weiterzuentwickeln.

6. Eine schadstofffreie Umwelt schafft die Grundlage für Gesundheit und Wohlergehen, sowohl physische als auch psychische Gesundheit. Dieser Transformationsbereich adressiert neben allen die Ökologie betreffenden SDGs (6, 13, 14, 15) auch einige soziale Ziele (SDGs 3, 11) und wirkt sich unmittelbar auf ökonomische Ziele aus (insbesondere SDG 8).

Einen weiteren Bezug zu inclusive green growth weist der Nationale Wohlfahrtsindex (NWI) auf. Obwohl der Index allgemein auf die Wohlfahrt ausgerichtet ist, basiert er ebenfalls auf einem Indikatorsystem, das gewisse Überschneidungen zu den schon erläuterten inclusive green growth Indikatorsystemen aufweist. Der Nationale Wohlfahrtindex basiert auf 21 wohlfahrtsstiftenden und wohlfahrtsmindernden Aktivitäten. Der größte Faktor ist der mit der Einkommensverteilung (Gini-Index) gewichtete private Konsum, aber auch wohlfahrtssteigernde Bereiche wie Hausarbeit, ehrenamtliche Tätigkeiten und Ausgaben für Bildung und Gesellschaft. Wohlfahrtsmindernd wirken sich dagegen Kosten für verschiedene Umweltschäden und Kriminalität aus (IMK 2022). Abschließend wird noch der Jahreswirtschaftsbericht 2022 genannt, der ein Sonderkapitel „Nachhaltiges und inklusives Wachstum – Dimensionen der Wohlfahrt messbar machen" enthält. Dabei werden Indikatoren für die folgenden Teilbereiche genannt:

1. Wachstum, Einkommen und Beschäftigung,
2. Umwelt und Klimaschutz,
3. Bildung, Forschung und Innovation,
4. Soziales, Demographie und Integration,
5. Öffentliche Finanzen und gleichwertige Lebensverhältnisse.

In dem Jahreswirtschaftsbericht wird Wachstum auch auf der Grundlage des BIP pro Kopf gemessen. Gleichzeitig wird jedoch betont, dass Wohlfahrt und Lebensqualität der Gesellschaft jenseits des BIP abgebildet werden sollten, indem weitere Indikatoren berücksichtigt werden (BMWK 2022). So ist abschließend festzustellen, dass Deutschland keine inclusive green growth Strategie hat, jedoch eine Reihe von Dokumenten, die eine Basis für die Entwicklung einer solchen Strategie bieten.

8 Schlussfolgerungen

Die Wachstumskontroverse bewegt sich zwischen dem Bruttoinlandsprodukt und einem inclusive green growth. Das Bruttoinlandsprodukt ist ein weltweit eingeführter Indikator, der jedoch seit vielen Jahrzehnten kritisch hinterfragt wird und dennoch bei der Messung von Wohlstand im Mittelpunkt steht. Bei der Bewertung von Wachstum stehen sich Wachstumsbefürworter und Wachstumsgegner gegenüber. Im Kontext des Paradigmas der nachhaltigen Entwicklung hat sich die Kontroverse intensiviert, da Wachstum von den Vertretern der Ökologischen Ökonomie und anschließend sehr explizit von Vertretern eines Postwachstums bzw. Degrowth grundsätzlich in Frage gestellt wird.

Inclusive green growth ist ein Indikatorbasierter Ansatz mit mehr als 30 Indikatoren, der besonders im asiatischen Raum eingeführt wurde. Der Ansatz wurde sowohl von Entwicklungs- als auch Industrieländern eingeführt, die sich durch unterschiedliche geographische Merkmale als auch durch unterschiedliche ökonomische und ökologische Entwicklungsniveaus auszeichnen. Daraus begründen sich auch die unterschiedlichen Gewichtungen der Indizes. Dennoch sind die Ergebnisse bzw. Handlungsempfehlungen der verschiedenen Studien zumindest für Entwicklungsländer ähnlich.

Die Ergebnisse der verschiedenen Studien zum inclusive green growth wurden häufig für die Ableitung bzw. Begründung von regionalen bzw. nationalen Maßnahmen der Politik genutzt. So kann auf Defizite beim Zugang zu öffentlichen Dienstleistungen und zur Infrastruktur mit politischen Gegenmaßnahmen reagiert werden, wodurch sich diese verringern bzw. kompensieren lassen. Auch die wachsenden Umweltprobleme können durch entsprechende Maßnahmen und durch Verhaltensänderungen der Bevölkerung begrenzt werden. Durch ein entsprechendes Monitoring- bzw. Evaluierungssystem können negative Effekte ermittelt und wenn nötig gegengesteuert werden.

Bisher konzentrieren sich die einzelnen Studien zu einem inclusive green growth auf die Unterschiede zwischen Regionen eines Landes, woraus sich der regionale bzw. nationale Handlungsbedarf begründen lässt. Es wird jedoch zunehmend gefordert international vergleichende Untersuchungen durchzuführen, um Niveauveränderungen länderübergreifend aufzeigen zu können und verstärkt zwischen Ländern zu kooperieren. Analog hierzu kann die Strategie Europa 2020 genannt werden. Sie wurde 2010 vom Europäischen Rat verabschiedet und von der Europäischen Union als Beschäftigungs- und Wachstumsstrategie ausgewiesen. Sie soll zu einem intelligenten, nachhaltigen und integrativen Wachstum der Staaten beitragen. Der Fortschritt der Strategie Europa 2020 wird analysiert, wodurch die Entwicklung der jeweiligen Kernziele bzw. Leitinitiativen erkennbar wird. Die EU-Strategie ist in Form nationaler Unterziele verankert (Mischke 2013). Somit bietet auch die Strategie EU 2020 eine Grundlage für ein inclusive green growth.

Für die Realisierung einer inclusive green growth Strategie ist die Vermeidung von Zielkonflikten im Rahmen der drei Dimensionen nachhaltiger Entwicklung eine besondere Herausforderung (Gath, Schwickart 2017). Schon bei der Umsetzung der nationalen Nachhaltigkeitsstrategien wurde teilweise festgestellt, dass den Dimensionen Ökologie und Ökonomie eine gewisse Priorität zukommt und die soziale Dimension nicht die gleiche Wertigkeit erhält. In den USA wird beispielsweise zu der ökonomischen Dimension der Genuine Progress Indicator (GPI)[18] mit einbezogen, wodurch die soziale Dimension gestärkt wird.

In Europa entstand die „Beyond GDP“ Initiative, die zu dem sogenannten „Better Life Index“ führte der von der OECD entwickelt wurde. Dabei stehen besonders Einkommen und Beschäftigung, Bildung und Sicherheit und Work-Life-Balance im Fokus. Hierzu wurde eine Webseite eingerichtet, auf der jeder Bürger den Wohlstand des eigenen Landes entsprechend der eigenen Wahrnehmung bewerten und seine Einschätzung einbringen kann. Nach diesen kurzen Ausführungen ist ein Aspekt, der bei dem Ansatz inclusive green growth bisher vernachlässigt wurde, die Partizipation der Bevölkerung. Bei der Entwicklung eines Indikatorsystems ist die Gesellschaft mit einzubeziehen, um sich bei der Umsetzung einer inclusive green growth Strategie aktiv einzubringen.

Die weltweite Vereinbarung des Paradigmas der nachhaltigen Entwicklung, die zu einer ausgewogenen Zusammenführung der drei Dimensionen Ökologie, Ökonomie und Soziales führen soll, muss sich auch bei dem Wirtschaftswachstum im Rahmen des inclusive green growth widerspiegeln. Dieser Logik stehen jedoch vielfältige Interessen entgegen. Auffällig ist, dass

18 Der Genuine Progress Indicator (Indikator echten Fortschritts) ist ein Indikator, der das BIP ersetzen soll, um eine bessere Einschätzung von Volkswirtschaften zu ermöglichen. Er ist aus dem früheren Index of Sustainable Economic Welfare hervorgegangen.

besonders die asiatischen Länder bemüht sind sich dieser Herausforderung zu stellen. Dagegen haben viele industrialisierte Länder es bisher vermieden die durch Wachstum mitverursachte Umweltbelastung und Ungleichheit im Rahmen einer inclusive green growth Strategie aktiv anzugehen.

Literatur

Acemoglu, D.: Introduction to Modern Economic Growth, Princeton and Oxford 2009.

Achten, S. et al.: Die Umwelt-Kuznets-Kurve und internationaler Handel, ifo Dresden berichtet, Dresden, Vol.25, Iss.05, 2018, S. 29-31.

Adeleye, B.N., Adedoyin, S., Nathaniel, S.: The criticality of ICT-trade nexus on economic and inclusive growth, in: Information Technology Development 27(2) 2021, S. 293-313.

Adler, B., Dystra, M., Winterstein, M.: Grenzen des Wachstums, in: Adler, B., Dykstra, M., Winterstein, M. (Hrsg.): Energie- und Produktionswende im ländlichen Raum, Wiesbaden 2021, S. 1-5.

Adler, F.: Wachstumskritik Postwachstum Degrowth – Wegweiser aus der (kapitalistischen) Zivilisationskrise, München 2022.

Adriaans, J., Liebig, S.: Unterschiedliche Bewertungsmaßstäbe für eine gerechte Einkommensverteilung, Sozialbericht 2024.

Aghion, P. et al.: The economics of growth, Cambridge 2009.

Aghion, P., Howitt, P.: Wachstumsökonomie, Berlin 2015.

Ali, I., Son, H. H.: Measuring inclusive growth, in: Asian Development Review, 27. Jg. Nr. 1, S. 11-31.

Allen, C., Clouth, S.: Guidebook to the Green Economy. Issue 1: Green Economy, Green Growth, and Low-Carbon Development-history, definitions and a guide to recent publication, Division for Sustainable Development, UNDESA 2012.

Anderson, B., M'Gonigle, M.: Does Ecological Economics Have a Future? Contradiction and Reinvention in the Age of Climate Change, in: Ecological Economics 84, 2012, S. 37-48.

Antidiskriminierungsstelle des Bundes: Jahresbericht der unabhängigen Bundesbeauftragten für Antidiskriminierung, Berlin 2022.

Arthur, W. B.: Increasing returns and path dependence in the economy, Ann Arbor, MI: University of Michigan Press 1994.

Aufderheide, V., Steven, M.: Gewichtung von Umweltbelastungen im Green Productivity Index, in: Wellbrock, W., Ludin, D. (eds.): Nachhaltiger Konsum, Wiesbaden 2021. https://doi.org/10.1007/978-3-658-33353-9_7.

Aslam, A., Naveed, G., Shabbir, G.: Is it an Institution, digital or social inclusion that matters for inclusive growth? A panel data analysis, in: Qual Quantity 55(1) 2021, S. 333-355. https://doi.org/10.1007/s11135-020-01008-3

Aslam, A., Ghouse, G.: Targeting the new sustainable inclusive green growth: A review, in: ScienceDirect Vol. 11, 2023.

Auschra, C., Gersch, M.: Theorie der Pfadabhängigkeit, in: Monitor Versorgungsforschung (03/2022), S. 54-56. http://doi.org/10.24945/MVF.03.22.1866-0533.2412.

Bachmann, G.: Die Deutsche Nachhaltigkeitsstrategie 2016 – Stand und Perspektiven, in: Michelsen, G. (Hrsg.): Die Deutsche Nachhaltigkeitsstrategie – Wegweiser für eine Politik der Nachhaltigkeit, Wiesbaden 2017, S. 41-54.

Barrett, S.: Self-Enforcing International Agreements, Oxford Economic Papers Nr. 46, 1994, S. 878-894.

Baruth, S., Schnapp, K.U.: Ministerialbürokratien als Lobbyadressen, in: Seth, R., Zimmer, A. (Hrsg.): Lobby Work, Wiesbaden 2015, S. 245-260.

Baselgia, E., Foellmi, R.: Inequality and growth: A review on a great open debate in economics, WIDER Working Paper 2022.

Basri, M.C. et al.: Economic Recovery Requires Global Efforts, Vol. 8, New Normal, New Technologies, New Financing, 2022.

Berg, A., Ostry, J. D.: Inequality and Sustainable Growth: Two Sides of the Same Coin?, IMF Staff Discussion Note, SDN/11/08, 2011.

Bersch, J. et al.: Abnehmendes Produktivitätswachstum – zunehmende Produktivitätsunterschiede, ZEW policy brief, Nr. 4, 2018.

Beckerman, W.: Economic Growth and the Environment: Whose Growth? Whose Environment?, in: World Development, Vol. 20, 4, 1992, S. 481-496.

Deutsche Bundesbank: Zur Verlangsamung des Produktivitätsfortschritts im Euroraum, Monatsbericht, Januar 2021.

Beyer, J.: Pfadabhängigkeit ist nicht gleich Pfadabhängigkeit! Wider den impliziten Konservativismus eines gängigen Konzepts, in: Zeitschrift für Soziologie, Jg. 34, Heft 1, 2005, S. 5-21.

Beyer, J.: Pfadabhängigkeit, in: Wenzelburger, R., Zohlnhöfer, R. (Hrsg.): Handbuch Policy-Forschung, Wiesbaden 2015.

Binswanger, H.C.: Der NAWU Report: Wege aus der Wohlstandsfalle. Strategien gegen Arbeitslosigkeit und Umweltkrise, Frankfurt 1978.

Binswanger, H.C.: Die Wachstumsspirale, Marburg 2006.

Bleischwitz, R. et al.: Wirtschaftliches Wachstum mit weniger Ressourcennutzung – Die absolute Entkopplung ist möglich, in: Ökologisches Wirtschaften ist möglich, 2. 2012, S. 30-33.

Boarini, R., Murtin, F., Schreyer, P.: Inclusive Growth – The OECD Measurement Framework, OECD Statistics Working Papers, No. 2015/06, Paris 2015.

Boons, F., McMeekin, A. (eds.): Handbook of Sustainable Innovations, Edward Elgar Publishing 2019.

Boulding, K. E.: Die Ökonomie als Moralwissenschaft; in: Boulding, K. E. (Hrsg.): Ökonomie als Wissenschaft; München 1976; S. 123–143.

Bouma, J., Berkhout, E.: Inclusive Green Growth, Netherlands Environmental, Assessment Agency. PBL Publication 2015

Bovenberg, A.L., Smulders, S. (1995): Environmental Quality and Pollution-augmenting Technological Change in a Two-sector Endogenous Growth Model, Journal of Public Economics, 57, S. 369-391.

Brand, U.: Degrowth: Der Beginn einer Bewegung? In: Blätter für deutsche und in ternationale Politik 10/2014, S. 29–32.

Brown, P.G., Timmermann, P (eds.): Ecological Economics for the Anthropocene Emerging Paradigm, New York 2015.

Bundesministerium für Finanzen: Produktivität in Deutschland – Messbarkeit und Entwicklung, Monatsberichte Oktober 2017.

Bundesregierung: Deutsche Nachhaltigkeitsstrategie – Weiterentwicklung 2021, Berlin 2021.

Bundeszentrale für politische Bildung: Sozialbericht 2024 – Ein Datenreport für Deutschland, Bonn 2024.

Cameron A., C., Stuart C.: A guidebook to the Green Economy Issue 1: Green Eco nomy, Green Growth, and Low-Carbon Development – history, definitions and a guide to recent publications. Division for Sustainable Development, UNDESA, August 2012.

Castro, C. G. et al.: The rebound effect of circular economy: Definitions, mechanisms and a research agenda, in: Journal of Cleaner Production 345, 2022, S. 1-13.

Cerra, V., et al.: Links between Growth, Inequality, and Poverty- A Survey, World Bank Group 2021.

Chen, C. W.: Clarifying rebound effects of the circular economy in the context of sustainable cities. Sustainable Cities and Society, 66, 102622, 2021.

Clark, C.: The conditions of economic progress, Macmillan And Co. 1940.

Clausen, J., K., Fichter, K.: Die Diffusion von Umweltinnovationen – Ein Beitrag zur Weiterentwicklung der deutschen Umweltinnovationspolitik, Herausgeber Umweltbundesamt 2021.

Common, M., Stagl, S.: Ecological Economics – an Introduction, Cambridge 2005.

Costanza, R., Cumberland, J., Daly, H. E., Goodland, R., Norgaard, R., Eser, T. W., Schwaab, J. A., Seidl, I., Stewen, M.: Einführung in die Ökologische Ökonomik; Stuttgart 2001.

Criscoulo, C.: „Slow and divided: What Policies can lift Economics and restart Engines of Growth for All?" in: European Commission, Science, Research and Innovation Performance of the EU 2018, Luxembourg 2018.

Daly, H.E.: The Steady-State Economics, San Francisco 1973.
Daly, H.E.: The Economic Growth Debate: What Some Economics Have Learnt But Many Have Not, in: Journal of Environmental Economics and Management, Vol. 14, No. 4, 1983, S. 323-336.
Daly, H.E.: Steady State Economics, 2. edition, Washington 1991.
Daly, H.E.: Reply to Solow/Stiglitz, in: Ecological Economics 22, 3 1997, S. 261-273.
Daly, H.E.: Wirtschaft jenseits vom Wachstum – Die Volkswirtschaftslehre nachhaltiger Entwicklung, Salzburg, München, Original: Beyond Growth, The Economics of Sustainable Development, Boston 1999.
Daly, H. E.: The Concept of a Steady State Economy, in: Redclift, M. (ed.): Sustainability, London 2005, S. 121-156.
Daly, H., Farley, J.: Ecological Economics, Second Edition, Washington 2011.
David, P. A.: Clio and the economics of QWERTY, in: American Economic Review 75,2 1985, S. 332-337.
Deaton, A., Drèze, J.: Poverty and Inequality in India: A Reexamination, Working Paper 107, Princeton University 2002.
Deutsche Bundesbank: Die Bedeutung der Digitalisierung für die Entwicklung der Arbeitsproduktivität, Monatsbericht März 2023, Frankfurt 2023.
Deutscher Gewerkschaftsbund: Verteilungsbericht, Berlin 2021.
Die Bundesregierung: Deutsche Sustainable Finance-Strategie – Sustainable Finance, Berlin 2021.
Dinda, S.: Environmental Kuznets Curve Hypothesis: A Survey, in: Ecological Economics 49, 2004, S. 431–455.
Döring, T.: 50 Jahre "Grenzen des Wachstums" – Von der Wachstums- zur Post-Wachstumsökonomie, in: Aus Politik und Zeitgeschichte 2022.
Ederer, S. et al.: Produktivität und inklusives Wachstum. Wettbewerb, Investitionen und Innovationen für Wachstum und Teilhabe, Bertelsmann Stiftung Hrsg., Gütersloh 2020.
Eichhorst, W. et al.: Wissenschaftliche Auswertung über Theorien und Instrumente für ein Inklusives Wachstum in Deutschland, Herausgeber Bundesministerium für Arbeit und Soziales, Berlin 2018.
Ellger, C.: Informationssektor und räumliche Entwicklung dargestellt am Beispiel von Baden-Württemberg, Tübingen 1988.
Endres, A.: Umweltökonomie, 5. Aufl., Stuttgart 2022.
Escobar, A.: Degrowth, postdevelopment, and transitions: a preliminary conversation, in: Sustainable Science 19, 2015, S. 451-462.
European Environmental Bureau: Decoupling debunked – Evidence and argument s against green growth as a sole strategy for sustainability. In: EEB 2019.

Feld, L. et al.: Verteilungsfragen in Deutschland: Herausforderungen der Messung und der zielgerichteten Umverteilung, in: Wirtschaftsdienst Vol. 100, 2020, S. 233-237.

Fieber, A.: Handbuch Nachhaltigkeit – Ziele, Klimawandel, Politik, München 2024.

Finke, P.: Was heißt „Neue Wissenschaft?“ Zehn wissenschaftstheoretische Thesen. In: Plöger, P., Lang, E. (Hrsg.): Ökologische Ökonomie: Eine neue Wissenschaft? , Vereinigung für Ökologische Ökonomie, Beiträge und Berichte 5/2005, S. 21–37.

Fourastie, J.: Le Grand Espoir du XXe siècle. Progrés économique, progress social, 1949.

Fratzscher, M.: Die Neue Aufklärung – Wirtschaft und Gesellschaft nach der Corona Krise, Berlin 2020.

Frondel, M.: Wirtschaftswachstum und Umweltschutz. Zum Nobelpreis 2018 für William D. Nordhaus und Paul M. Romer, in: WiSt Heft 12, 2018.

Gath, M., Schwickert, D.: Warum ein inklusives Wachstum das Ziel für die Soziale Marktwirtschaft von morgen sein muss, Progressives Zentrum 2017

Gene M. Grossman, G.M., Alan B. Krueger: Economic Growth and the Environment, in: Quarterly Journal of Economics 110(2), 1995.

Georgescu-Roegen, N.: The Entropy Law and Economic Process, Cambridge 1971.

Göbel, E.: Neue Institutionenökonomie, München 2021.

Gran, C.: Perspektiven einer Wirtschaft ohne Wachstum – Adaption des kanadischen Modells LowGrow an die deutsche Volkswirtschaft, Marburg 2017.

Grömling, M., Klös, H.-P.: Inklusives Wachstum – Potenziale und Grenzen eines Konzepts. Eine institutionenökonomische Analyse, Institut der deutschen Wirtschaft 2017.

Grossman, G. M., Krueger, A.: Economic Growth and the Environment, in: Quarterly Journal of Economics, 110 (2), 1995, S. 353-377.

Habito, C.: An Agenda for High and Inclusive Growth in the Philippines, in: Asian Development Bank 2010.

Hallegatte, S.; Heal, G.; Fay, M. und Treguer, D.: From Growth to Green Growth – A Framework, The World Bank, Sustainable Development Network, Washington, Toulouse, New York 2011.

Hammerschmidt, M., Wilken, R., Staat, M.: Methoden zur Lösung grundlegender Probleme der Datenqualität in DEA-basierten Effizienzanalysen, in: Die Betriebswirtschaft, 69(2), 2009, S. 289-309.

Hasenmüller, M.-P.: Herausforderungen im Nachhaltigkeitsmanagement – Der Beitrag der Pfadforschung zur Erklärung von Implementationsbarrieren, Wiesbaden 2013.

Hauff, V. (Hrsg.): Unsere gemeinsame Zukunft – Der Brundtland-Bericht der Weltkommission für Umwelt und Entwicklung, Greven 1987.

Hauff, von, M. Jörg, A.: Nachhaltiges Wachstum, 2. Aufl., Berlin Boston 2017.

Hauff, von M., Huber, E.: Ökonomische Auswirkungen des Klimawandels – Am Beispiel von Rheinland-Pfalz, Volkswirtschaftliche Diskussionsbeiträge Nr. 40-15, Kaiserslautern 2015.

Hauff, von M.: Nachhaltige Entwicklung – Grundlagen und Umsetzung, 3. Auflage, Berlin Boston 2021.

Hauff, von M.: Wald und Klima – Aus der Perspektive nachhaltiger Entwicklung, München 2023.

Hauff, von M.: Grundwissen Circular Economy – Vom internationalen Nachhaltigkeitskonzept zur politischen Umsetzung, 2. Aufl., München 2024.

Hauff, von M: Nachhaltigkeit – Paradigma und Pflicht der Völkergemeinschaft, München 2024.

Heise, A.: Green Growth oder Postwachstum – einige Anmerkungen zum Beitrag von Fabian Lindner, in: Wirtschaftsdienst – Zeitschrift für Wirtschaftspolitik, 104 Jahrgang, Heft 2, 2024, S. 123-127.

Held, B., Rodenhäuser, D., Diefenbacher, H.: NWI 2020 – Auswirkungen der Pandemie auf die Wohlfahrt, IMK Policy Brief 96 August 2020.

Hickel, J.: Degrowth: a theory of radical abundance, in: real-world economics review, issue No. B7, 2019, S. 54-86.

Hickel, J., Kallis, G.: Is Green Growth Possible?, New Political Economy 2019. DOI: 10.1080/13563467.2019.1598964

Hickel, J., Kallis, G., Jackson, T. et al.: Degrowth Can Work – Here's How Science Can Help, in: Nature 2022, S. 400-403.

Hinterberger, F., Pirgmaier, E.: Die ökonomischen Grenzen des Wachstums – Kann unsere Wirtschaft anhaltend wachsen? in: Wissenschaft und Umwelt Interdisziplinär 13/2009.

Hinterberger, E. et al.: Green Growth: From labour to resource productivity, United Nations Industrial Development Organization, New York 2013.

Hofferberth, E., Schmelzer, M.: Sozial-ökologische Planung für eine demokratische Postwachstumsökonomie, in: Ökologisches Wirtschaften 39,1 2024, S. 26-27.

Holstead, K. et al.: Environmental governance and the street: Towards an expanded research agenda on street-level bureaucrats, in: Earth System Governance, Volume 9, September 2021, S. 1-19.

Holzinger, K.: Vom unbeliebten Störenfried zum akzeptierten Paradigma? Zum Stand der (Neuen) Politischen Ökonomie in Deutschland, in: Politische Vierteljahresschrift 50, 2009, S. 539-576.

Holzmann, S. et al.: Wachstum oder Schrumpfung in der sozial-ökologischen Transformation: Eine Frage der Entkopplung, Nachhaltige Soziale Marktwirtschaft Focus Papier / #8, Bertelsmann Stiftung 2023.

Horbach, J., Reif, C.: New Developments in Eco-Innovation Research, in: New Developments in Eco-Innovation Research, Springer Nature, 2018.

Hosagrahar, J.: Culture: at the heart of SDGs", UNESCO-Kurrier, April-Juni 2017.

IMK (Institut für Makroökonomie und Konjunkturforschung): Methodenbericht Nationaler Wohlfahrtsindikator 3.0, Working Paper and Studies 2022.

International Institute for Environment and Development (IIED): Informality and Inclusive Green Growth: Evidence from "The biggest private sector" event, London 2016.

International Resource Panel (IRP): Global Resources Outlook 2019. National Resources for the Future We Want. United Nations Environment Programme, Nairobi 2019.

Jevons, W. S.: The Coal Question, Macmillan and Co. 1865.

Jackson, T., Victor, P. A.: Does slow growth lead to rising inequality? Some reflections on Piketty´s `fundamental` laws of capitalism, Prosperity and Sustainability, in: The Green Economy, Working Paper Series 14-01, 2014.

Jackson, T., Victor, P.: Credit creation and the growth imperative a quasi-stationary economy with interest-bearing money, in: Ecological Economics, Volume 120, 2015, S. 32-48.

Jacobs, M: The Green Economy: Environment, Sustainable Development and the Politics of the Future, UBC Press 1991.

Jacobs, M.: Green Growth, in: Falkner, R. (Hrsg.): The Handbook of Global Climate and Environmental Policy, Oxford 2013, S. 197-214.

Jackson, T.: Wohlstand ohne Wachstum – Grundlagen für eine zukunftsfähige Wirtschaft, München 2017.

Jörg, A.: Die Beziehung von Wirtschaftswachstum und Umwelt – Eine umweltpolitische Implikation, Regensburg 2007.

Kabeer, N.: Gender equality, inclusive growth, and labour markets, in: Women's Economic Empowerment: Insights from Africa and South Asia, 2021.

Kapp, W.K.: Soziale Kosten der Marktwirtschaft, Frankfurt, Original: Social Costs of Business Enterprise, Bombay 1979.

Kemp, R., Pearson, P.: Final Report MEI Project About Measuring Eco-Innovation, Maastricht www.merit.unu.edu/MEI 2008.

Kirsch, G.: Neue Politische Ökonomie. 5. Auflage, Stuttgart 2004.

Klump, R.: Wirtschaftspolitik – Instrumente, Ziele und Institutionen, 4. Auflage, München 2020.

Kollmann, A., Schneider, F.: Warum ist die Umweltpolitik in repräsentativen Demokratien unzureichend? Eine Public Choice Analyse, Energie Institut an der Johannes-Kepler-Universität Linz 2011.

Kopfmüller, J., Nierling, L.: Postwachstumsökonomie und nachhaltige Entwicklung – Zwei (un)vereinbare Ideen?, in: Technikfolgenabschätzung – Theorie und Praxis 25. Jg., Heft 2, 2016, S. 45-54.

Kramer, H.: Verteilungspolitische Interventionen – Eingriff in die Primärverteilung vs. Korrektur der Marktergebnisse, in: List Forum 46, 2020, S. 117-155.

Krichmayr, K.: Globaler Norden schuldet dem Süden 170 Billionen Dollar für Umweltsünden, in: Natur-Der Standard 2023.

Kreinin, H., Aigner, E.: From "Decent work and economic degrowth": a new framework for SDG 8, in: Empirical (49), 2022, S. 281-311.

Krugman, P., Wells, R.: Volkswirtschaftslehre, 3. Aufl., Stuttgart 2023.

Kunze, P., Mai. C.-M.: Arbeitsproduktivität – Nachlassende Dynamiken in Deutschland und Europa, Statistisches Bundesamt, WISTIA 2, 2020.

Kurwan, J.: Klimagerechtigkeit, Bundeszentrale für politische Bildung, Berlin 2023.

Kurz, R., Spangenberg, J.H., Zahrnt, A.: Das fehlende Szenario „Klimaschutz ohne Wachstum", in: ÖkologischesWirtschaften 2, 2019, S. 35-39.

Kurz, R.: Wachstumsabhängigkeit: Transformation und Wohlstand erneuern – ohne Wachstum, in: Wirtschaftsdienst Vol. 103, 2023, S. 445-449.

Latif, M.: Klimagerechtigkeit, in: Latif, M.: Gerechtigkeit im 21. Jahrhundert – Zwischen Klimawandel und Künstlicher Intelligenz, Freiburg, 2023, S. 18-22.

Layard, R.: Die glückliche Gesellschaft. Kurswechsel für Politik und Gesellschaft, Frankfurt 2005.

Leibenstein, H.: Allocative Efficience versus X-Efficience, in: American Economic Review, 56, 1966, S. 392-415

Lenger, A., Wolf, S.: Empirische Gerechtigkeitsforschung, in: Goppel A. et al.: Handbuch Gerechtigkeit, Heidelberg 2016, S. 68-77.

Leschke, M: Alternativen zur Marktwirtschaft. Ein kritischer Blick auf die Ansätze von Niko Paech und Christian Felber aus Sicht der konstitutionellen Ökonomik, in: Beiträge zur Jahrestagung des Ausschusses für Wirtschaftssysteme und Institutionenökonomik im Verein für Socialpolitik: „Marktwirtschaft im Lichte möglicher Alternativen", 27.-29. September 2015, Bayreuth, Verein für Socialpolitik, Ausschuss für Wirtschaftssysteme und Institutionenökonomik, Münster 2015, S. 1-23.

Li, M., Zhang, Y., Fan, Z., Chen, H.: Evaluation and Research on the level of Inclusive Green Growth in Asia-Pacific Region, in: Sustainability, (13), 7482, 2022, S. 1-30.

Lighart, J.E., van der Ploeg, F.: Pollution, the Cost of Public Funds and Endogenous Growth, in: Economic Letters 1994, S. 339-349.

Lindelow, M., Wagstaff, A.: China's Health Sector – Why Reform Is Needed. Briefing Notes Series No. 3, Rural Health in China, The World Bank, Washington, DC 2005.

LobbyControl: Newsletter, Berlin April 2021.

LobbyControl: Lobbyreport 2024, Berlin 2024.

Luo, W., Xie, Yu.: Economic Growth, Income Inequality and Life Expectancy, in: Social Science and Medicin, Volumne 256, 2020, https://doi.org/10.1016/j.socscimed.2020.113046

Lückgen, I. et al.: Bürokratische Hürden bei der Realisierung von Umweltinnovationen kleiner und mittlerer Unternehmen – Eine Fallsammlung, in: IfM-Materialien, No. 159, 2003.

Manyika, J., Pinkus, G., Ramaswamy, S.: The US Economy: an Agenda for Inclusive Growth, New York 2016.

Martens, P. et al.: Climate Change: Responding to a Major Challenge for Sustainable Development, in: Heinrichs, H. u. a. (eds): Sustainable Science. An Introduction, Heidelberg, New York, London 2016, S. 303-310.

Meadows, D. L., Meadows, D. H., Zahn, E.: Die Grenzen des Wachstums – Bericht des Club of Rome zur Lage der Menschheit; Stuttgart 1972 (Original: Meadows, D. L., Meadows, D. H., Randers, J., Behrens, W. W.: The Limits to Growth – a Report for the Club of Rome's Project on the Predicament of Mankind; New York 1972).

Meadows, D. L., Meadows, D. H., Randers, J.: Beyond the Limits, Chelsea Green Publishing Company 1992.

Meadows, D. L., Meadows, D. H., Randers, J.: Limits to Growth – The 30-Year Update, Chelsea Green Publishing Company 2004.

Methling, W.: Klimawandel, Ressourcen und Energieversorgung der Zukunft – Gründe für eine schnellstmögliche Energiewende (ökologische, ökonomische, soziale), Leibniz Online, Nr. 46, 2022.

Meyer, M., Distelkamp, M.: Modeling Green Growth and Resource Efficiency: New Results, in: Mineral Economics 2/2012, S. 145-154.

Milanovic, B.: Degrowth: Solving the impasse by magical thinking, World Economy Trade and Finance 2021.

Muraca, B.: Wider den Wachstumswahn: Degrowth als konkrete Utopie, in: Blätter für deutsche und internationale Politik 2/2015.

Nakajiama, K. O. et al.: Thermodynamic analyses of contamination by alloying elements in aluminium recycling, in: Environmental Science & Technology 44(14) 2010, S. 5594-5600.

Narloch, U., Kozluk, T., Lloyd, A.: Measuring Inclusive Green Growth at the Country Level: Tacking Stock of Measurement Approaches and Indictors, Working Paper No. 2. Green Growth Knowledge Platform. GGKP Research Committee on Measurement and Indicators, 2016.

Naumer, H.-J.: Grünes Wachstum – Mit Green Growth gegen den Klimawandel und für Nachhaltigkeitsziele, 2. Aufl., Wiesbaden 2023.

Neck, R., Schneider, F.: Wirtschaftspolitik, Oldenbourg 2012.

Neuhäuser. C.: Amartya Sen: Ein Denker echter Freiheit, Soziopolis: Gesellschaft beobachten 2020.

Niskanen, W.A.: Bureaucracy and representative government, Chicago 1971.

Nordhaus, W. D.: The Climate Casino: Risk, Uncertainty, and Economics for a Warming World, New Haven 2013.

Nordhaus, W. D.: The Spirit of Green – The Economics of Collisions and Contagions in a Crowded Word, Princeton University Press 2021.

Nussbaum, M., Sen, A.: The Quality of Life, Oxford University Press 1993.

Nussbaum, M.: Gerechtigkeit oder das gute Leben, Frankfurt 1999.

Nussbaum, M.: Upheavals of Thought: The intelligence of Emotions, Cambridge 2003.

OECD (Organisation for Economic Cooperation and Development): Mehr Ungleichheit trotz Wachstum? Einkommensverteilung und Armut in OECD- Ländern, Paris 2008.

OECD (Organisation for Economic Co-operation and Development): Divided we Stand: Why Inequality Keeps Rising, Paris 2011.

OECD: Towards Green Growth, Paris 2011.

OECD (Organisation for Economic Cooperation and Development): Making Inclusive Growth Happen, Paris 2014.

OECD (Organisation for Economic Cooperation and Development): In it together – Why less inequality Benefits all, Paris 2015.

OECD (Organisation for Economic Cooperation and Development): The Framework for Inclusive Policy Action on Inclusive Growth, Paris 2018 a.

OECD (Organisation for Economic Cooperation and Development): Enhancing Productivity in SMEs, Meeting of the OECD Council at Ministerial Level, Paris 2018.

OECD (Organisation for Economic Cooperation and Development): Statistics. 2023 https://stats.oecd.org, World Population Review/ https://worldpopulationreview.com/country-rankings/steel-production-by-country,

Ortlieb, C. P.: Die verlorene Unschuld der Produktivität, in: Denknetz Schweiz (Hrsg.): Jahrbuch Denknetz 2010, Zu gut für den Kapitalismus. Blockierte Potenziale in einer überforderten Wirtschaft, 12-19, Edition 8, Zürich 2010.

Paech, N.: Befreiung vom Überfluss. Auf dem Weg in die Postwachstumsökonomie, München 2012

Paech, N.: Die Postwachstumsökonomie als Plünderungsfreier Zukunftsentwurf, in: Denknetzt Jahrbuch 2021, S. 73-82.

Panayotou, T.: Economic Growth and the Environment, CID Working Paper No. 56, Environment and Development Paper No. 4, Harvard 2000.

Paraskevopoulou, E.: Non-technological regulatory effects: implications for innovation and innovation policy", Development and Learning in Organizations, Vol. 26 No. 6, 2012 https://doi.org/10.1108/dlo.2012.08126faa.007

Pattanaik, S., Nadhanael, G.: Why persistent high inflation impedes growth? An empirical assessment of threshold level of inflation for India, in: Market Economy, 6 (2), 2013, S. 204-220.

Pearce, D. W. et al.: Blueprint for a Green Economy. Earthscan 1989.

Perrings, C.: Ecological Economics of the Millennium Assessment, in: International Journal of Ecological Economics and Statistics, 6, 2006, S. 8-22.

Petersen, T.: Markt- und Staatsversagen, München 2025.

Piketty, T.: Das Kapital im 21. Jahrhundert, 8. Aufl., München 2016.

Platon: 5. Buch der Nomoi (Die Gesetze), in: Platons Werke, vierte Gruppe, neuntes bis fünfzehntes Bändchen (nach der Übersetzung von Franz Susemihl), Stuttgart 1862.

Polanco-Diges, L., Debasa, F.: The use of digital marketing strategies in the sharing economy: a literature review, J. Spatial Organization Dynam., 8 (3), 2020, S. 217-229.

Polk, A., Mause, K. (Hrsg.): Handbuch des Lobbyismus, Heidelberg 2022.

Post Growth Institute: About Post Growth, 2016; http://postgrowth.org/learn/about-post-growth/

Pollin, R.: „De-Growth vs A Green New Deal" in: New Left Review, 2018 https://newleftreview.org/issues/II112/articles/robert-pollin-de-growth-vs-a-green-new-deal

Prebisch, R.: Raul Prebisch on Latin American development, in: Population Development Review. 7(3) 1981, S. 563-568.

Priewe, J.: Begrenzt ökologische Nachhaltigkeit das Wirtschaftswachstum?, in: Zeitschrift für Umweltpolitik und Umweltrecht, Heft 2/2002, S. 153-172.

Rainforest Action Work (RAN): Banking on Climate Chaos. Fossil Fuel Finance Report 2021.

Randalls, S.: History of the 2°Climate Target.WIREsClimate Change1 (4), 2010, S. 598-605.

Randers, J.: 2052 – A Global Forecast for the next Forty Years, University of Cambridge 2012.

Renault, D. et al.: Übergang in eine Green Economy: Notwendige strukturelle Veränderungen und Erfolgsbedingungen für deren tragfähige Umsetzung in Deutschland, Hrsg. Umweltbundesamt, Dessau-Roßlau 2016.

Rezai, A., Stagl, S.: Ecological Macroeconomics: Introduction and Review, in: Ecological Economics121, 2016, S. 181-185.

Richert, R.: Wirtschaftspolitik klipp und klar, Wiesbaden 2022.

Richters, O.: Grünes Wachstum oder die Entkopplung von Wirtschaftswachstum und Umweltbelastung, Institut für zukunftsfähige Ökonomie, Bonn 2020 https://creativecommons.org/licenses/by/4.0/

Rockström, J. et al.: Planetary Bounderies: Exploring the Safe Operating Space of Humanity, in: Ecology and Society 2/2009.

Roder, S.: Der Capability Approach von Armartya Sen und Martha Nussbaum, in: Roder, S.: Leben mit einer Neuroprothese, Wiesbaden 2020.

Rogall, H., Popovic´, T.: Innovationen für ein nachhaltiges Wirtschaften, in: 7. Jahrbuch Nachhaltige Ökonomie – Im Brennpunkt Nachhaltiges Wirtschaften und Innovationen, Marburg 2021, S. 17-3

Romer, P. M.: Mathiness in the Theory of Economic Growth, in: American Economic Review 105(5), 2015, S. 89-93.

Sala, S., McLaran, B., Notarnicola, B., Saouter, E., Sonesson, U.: In quest of reducing the environmental impacts of food production and consumption, in: Journal of Cleaner Production 140, 2017, S. 387-398.

Schaltegger, S. et al.: Konzeptioneller Rahmen zur Erforschung von unternehmensbezogenen Rebound-Effekten, Berlin 2023.

Schmelzer, M.: The Hegemony of Growth. Cambridge University Press, Cambridge / New York 2016, ISBN 978-1-316-45203-5, doi:10.1017/CBO978131645203 5.

Schmelzer, M.: Degrowth als Notwendigkeit – Wider die Legende vom grünen Wachstum, in: Blätter für deutsche und internationale Politik 10/2023.

Schmidt, A. G., Barisic, M., Brinkmann, H., Ponattu, D.: Agenda Inklusives Wachstum für Deutschland – Fünf Handlungsfelder für eine neue Wachstumsstrategie, Herausgeber Bertelsmann Stiftung, Gütersloh 2017.

Schreyögg, G., Sydow, J.: Organisatorische Pfade- Von der Pfadabhängigkeit zur Pfadkreation? In: Managementforschung 134, 2003, S. 257-294.

Schumpeter, J.: Theorie der wirtschaftlichen Entwicklung. Eine Untersuchung über Unternehmergewinne, Kapital, Kredit, Zins und den Konjunkturzyklus, München 1911.

Scitovsky, T.: The Joyless Economy: The Psychology of Human Satisfaction, New York, 1992.

Seibt, A.: Politischer Hintergrund: Politik für erneuerbare Energien in Deutschland-Triebfedern und Hindernisse für die Entwicklung des Erneuerbare-Energiengesetzes, in: Seibt, A.: Lobbying für erneuerbare Energien, Heidelberg 2015, S. 9-32.

Seidl, I., Zahrnt, A.: Postwachstumsgesellschaft – Konzepte für die Zukunft, Marburg 2010.

Selden, T.M., Song, D.: Environmental Quality and Development: is there a Kuznets Curve for Air Pollution Emissions?, in: Journal of Environmental Economics and Management, 27, 1994, S. 147-162.

Sen, A. K.: Equality of What?; in: McMurrin; S. M. (Hrsg.): The Tanner Lecture on Human Values; Salt Lake City 1980; S. 195–220.

Sen, A. K.: Ökonomie für den Menschen – Wiege zur Gerechtigkeit und Solidarität in der Marktwirtschaft; München, Wien 2000.

Sen, A.: The Idea of Justice, London 2010.

Sen, A.: The Ends and Means of Sustainability, in: Journal of Human Development and Capabilities, Vol. 14, No.1, 2013, S. 6-20.

Shafik, N., Bandyopadhyay, S. (1992): Economic Growth and Environmental Quality: Time Series and Cross-country Evidence, World Bank Background Papers, Washington, DC.

Sheffi, Y.: The New (Ab) Normal: Reshaping Business and Supply Chain Strategy beyond COVID 19, in: MIT CLT Media 2020.

Shmelev, S.: Ecological Economics – Sustainability in Practice, Heidelberg, London, New York 2012.

Silander, D.: The European Commission and Europe 2020 – smart, sustainable and Inclusive Growth, in: Karlson, C. et al. (HRSG.): Smart Sustainable and inclusive Growth – Political Entrepreneurship for a Prosperous Europe, Northampton 2019, S. 2-35.

Smulders, S.: Entropy, Environment, and Endogenous Economic Growth, International Tax and Public Finance, 2, 1995, S. 319-340.

Smulders, S. Toman, M.: Growth theory and "Green Growth", Oxford Centre for the Analysis of Resource Rich Economies, OxCarre Research Paper 135, 2014.

Solow, R.M.: The Economics of Resources or the Resources of Economics, American Economic Review 64, 1974, S. 1-14, 1974.

Solow, R.M. (1993): Sustainability: An Economist´s Perspective, in: Dorfman, R., Dorfman, N.S. (Hrsg.): Economics of the Environment – Selected Readings, New York, London 1993, S. 179-187.

Song, Y. et al.: Towards inclusive green growth in China: Synergistic roles and mechanisms of new infrastructure construction, in Journal of Environmental Management, Volume 353, 2024.

Spash, C. L.: The Shallow or the Deep Ecological Economics Movement? In: Ecological Economics, 93, 2013, S. 351-362.

Spash, C. L., Schandl, H.: Growth, the environment and Keynes. Reflections on two heterodox schools of thought, in: CSIRO Working Paper Serios 2009.

Spohr, F.: Lobbyismus? Klare Antworten aus erster Hand, München 2023

Stafford-Smith, M. et al.: Integration: the key to implementing the sustainable development goals, in: Sustainability Science 12(6), 2017, S. 911-919.

Statistisches Bundesamt: Bevölkerungsentwicklung bis 2060. Ergebnisse der 13. Koordinierten Bevölkerungsvorausberechnung. Aktualisierte Rechnung auf Basis 2015, Wiesbaden 2017.

Statistisches Bundesamt: Bruttoinlandsprodukt von 1950 bis 2022 im Durchschnitt 3,1 % pro Jahr gewachsen, Wiesbaden 2023.

Statistisches Bundesamt et al.: Sozialbericht 2024 – Ein Datenreport für Deutschland, Bonn 2024.

Stern, N.: The Economics of Climate Change: The Stern Review. Cambridge University Press, Cambridge 2006.

Sternfeld, E.: Chinas Klimapolitik, Bundeszentrale für politische Bildung 2022.

Steurer, R.: Die Wachstumskontroverse als Endlosschleife: Themen und Paradigmen im Rückblick. in: Wirtschaftspolitische Blätter. 4/2010, S. 423–435.

Stiglitz, J. E.: Growth with Exhaustible Natural Resources – Efficient and Optimal Growth Paths; in: The Review of Economic Studies, 41. Jg., 1974, S. 123–137.

Stiglitz, J. E., Sen, A.K., Fitoussi, J.-P.: Report by the Commission on the Measurement of Economic Performance and Social Progress, 2009.

Stiglitz, J.: Der Preis für Ungleichheit, München 2012.

Stiglitz, J. R.: Overcoming the Copenhagen Failure with Flexible Commitments, in: Economics of Energy & Environmental Policy 4(2), 2015, S. 29-36.

Stiglitz, J.E.: Globalization and its Discontents Revisited, New York 2018

Strahel, W. R.: The Circular Economy, in: Nature 531, 2016, S. 435-438.

Sun, Y., Ding, W., Yang, Z., Yang, G., Du, J.: Measuring China's regional inclusive green growth, in: The science of the total environment, 713, 136367, 2020, S. 1-10.

Sun, H., Mao, W., Dang, Y., Luo, D.: What inhibits regional inclusive green growth? Empirical evidence from China, in: Environmental Science and pollution research international, 29(26), 2022, S. 39790-39806.

Sun, H., Edziah, C., Kporsu, A.H.: Institutional quality and its spatial Spillover effects on energy efficiency, in: Socio-Economic Planning Sciences 83, 2022.

Tichy, G.: Nachhaltiges Wachstum?, in: Forum Wissenschaft & Umwelt (Hrsg.): Nachhaltiges Wachstum? Wien 2009, S. 4-9.

Timperley, J.: Who is really to blame for climate change?, In: www.bbc.com

Toman, M.: The Roles of the Environment and Natural Resources in Economic Growth Analysis, Discussion Paper 02-71 Resources for the Future, Washington 2003.

Tinson, C. et al.: Monitoring Poverty and Social Exclusion, UK. Key Points 2016

Tullock, G.: *Public choice*, in: Steven N. Durlauf, Lawrence E. Blume (Hrsg.): *The New Palgrave Dictionary of Economics.* Second Edition, 2008, doi:10.1057/9780230226203.1361.

Turner, G.: Is Global Collapse Imminent?, Melbourne Sustainable Institute, MSSI Research Paper 4/2014.

Umweltbundesamt: Rebound-Effekte, Dessau-Roßlau 2019 https://www.umweltbundesamt.de/themen/abfallressourcen/oekonomische-rechtliche-aspekte-der/rebound-effekt

Umweltbundesamt: Sechster Sachstandsbericht des Weltklimarates IPCC, Dessau-Roßlau 2023.

Umweltbundesamt: Historische Entwicklung der Finanzwirtschaft, 2022 Https://www.umweltbundesamt.de/print/96239.

Umweltbundesamt: Eine nachhaltige Transformation ist längst überfällig, Dessau-Roßlau 2024, https://www.umweltbundesamt.de/wissensplattform-sutainable-finance -transformation#eine-nachhaltige-transformati-on-ist-langst-uberfallig Imminent.

Umweltbundesamt: Wissenschaftsplattform Sustainable Finance – Transformation, 2024 https://www.umweltbundesamt.de/wissensplattform-sutainable-finance-transformation#schnittstellen-von-transformation-und-finanzsektor.

United Nations: The Future we want, Brazil 2012.

United Nations: Resolution Adapted by the General Assembly on 25. September 2015 – Transforming our World: the Agenda 2030 for Sustainable Development, Washington 2015.

United Nations: Horizons 2030 – Equality at the Centre of Sustainable Development, New York 2019.

UNEP: Global Green New Deal – UNEP, Geneve 2009

Unruh, G. C.: Understanding carbon lock-in; in: Energy Policy; 28. H. 12 2000, S. 817–830.

Van den Bergh, J.C.J.M., Nijkamp, P.: A multiregional Perspective on Growth and Environment: The Role of Endogenous Technology and Trade, The Annals of Regional Science, 32, 1998, S. 115-131.

Vatn, A.: What ecological economics needs to advance. In: ESEE (Ed.). 1996–2016 Anniversary Bulletin: Reflections on two decades of Ecological Economics in Europe 2016.

Victor, P., Rosenbluth, G.: Managing without Growth, in: Ecological Economics 61, 2007, S. 492-504.

Victor, P.: Managing without Growth – Slower by Design not Disaster, Cheltenham Edward Elgar 2008.

Victor, P.: Managing without Growth – Slower by design not disaster, 2. edition, Cheltenham Edward Elgar 2019.

Vollebergh, H., & Kemfert, C. (2005). The role of technological change for a sustainable development, in: Ecological Economics Vol. 54, 2005, S. 133–147.

Wan, G., Hu, X., Liu, W.: China's poverty miracle and relative poverty: Focusing on the roles of growth and inequality, in: China Economic Review, Volume 68, 2021.

Wang, D., Hou, Y., Li, X., Xu, Y: Developing a functional index to dynamically examine the spatiotemporal disparities of China's inclusive green growth, in: Ecological Indicators, 139, 2022.

Wegener, B., Liebig, S.: Empirische Gerechtigkeitsforschung, in: Goppel, A. et al.: Handbuch Gerechtigkeit, Heidelberg 2016, S. 68-77.

Welsch, H., Eisenack, K.: Energy Costs, Endogenous Innovation, and Long-run Growth, in: Jahrbücher für Nationalökonomie und Statistik, 222/4, 2002, S. 490-499.

Weitzmann, J.: Internalizing the Climate Externality: Can a Uniform Price Commitment Help? in: Economics of Energy & Environmental Policy 4(2), 2015, S. 37-50.

Wilkinson, R., Pickett, K.: The Spirit Level – Why Greater Equality Makes Societies Stronger, New York 2009.

Wilkinson, R., Pickett, K.: The Spirit Level. Why more Equal Societies Almost Always Do Better, Allen Lane London 2012.

WBGU (Wissenschaftlicher Beirat der Bundesregierung Globale Umweltveränderungen): Unsere gemeinsame digitale Zukunft, Berlin 2019.

Wissenschaftliche Dienste des Deutschen Bundetages: Das Konzept „Green Economy“ nach dem UNEP Bericht 2011, Nr. 36/12 2012.

Wu, Y., Zhou, X.: Research on the Efficiency of China's Fiscal expenditure Structure under the Goal of Inclusive Green Growth, in: Sustainability, 13(17), 9725, 2021, S. 1-24.

Xin, C. et al.: Towards inclusive green growth: does digital economy matter? in: Environmental Science and Pollution Research Volume 30, 2023, S. 70348-70370.

Zandt, F.: Die Wachstumsstärksten Branchen Deutschlands, Statista 2023, https://de.statista.com/infografik/30972/wirtschaftsbereiche-mit-hoechster-durchschnittlicher-bruttowertschoepfungsveraenderung-pro-jahr/

Zeng, Y. et al.: Air pollution reduction in China: Recent success but great challenge for the future, in: Science of The Total Environment Volume 663, 2019, S. 329-337.

Zhou, R.: Measurement and Spatial-Temporal Characteristics of Inclusive Green Growth in China, 2022, https://www.mdpi.com/2073-445X/11/8/1131/pdf (application/pdf)

Zuniga-Vincente, J.A. et al.: Assessing the Effect of Public Subsidies on Firm R&D Investment: A Survey, in: Journal of Economic Surveys, 28(1), 2014, S. 36-67.

Register

Abbildungsverzeichnis